Resteliebe Getränkekarton –
Alles verwenden. Nichts verschwenden.

Nachhaltigkeit ist uns wichtig!
Mit diesem Buch unterstützen Sie eine ökologische Produktion. Wir verwenden FSC-zertifizierte Papiere, drucken mit mineralölfreien Druckfarben, verzichten auf das Einschweißen in Plastikfolie und achten auf kurze Transportwege.

Einfach nachhaltig

Ina Mielkau

Resteliebe
GETRÄNKEKARTON

Alles verwenden. Nichts verschwenden.

DIE SCHÖNSTEN
IDEEN AUS
GETRÄNKETÜTEN

CV

Inhalt

VORWORT 6

VERBUNDMATERIAL 8

DAS DIY-MATERIAL 10

Schönes und Praktisches

SCHUTZMASSNAHME 14

IMMER MOBIL BLEIBEN! 18

FINGER WEG! 22

KLEINE GOLDBÖRSE 28

WINKELSCHALE 32

ZACKIGE SCHALE 36

JEANS-ETUI 40

BESUCH IM ZOO 44

SCHICKE TARNKAPPEN 46

UNDERCOVER 48

FRÜHSTÜCKS-ORIGAMI 52

ZARTE PFLÄNZCHEN 56

VORGARTENROMANTIK 58

ACHTUNG AMPEL! 62

SNACK-BAR 66

PICKNICK-ZEIT 70

FLECHTKÖRBCHEN 72

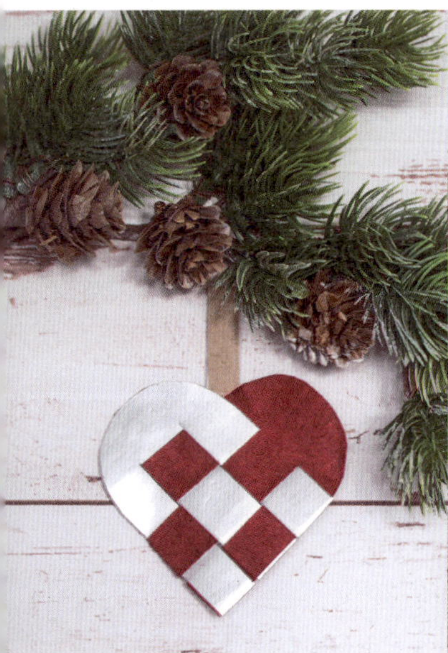

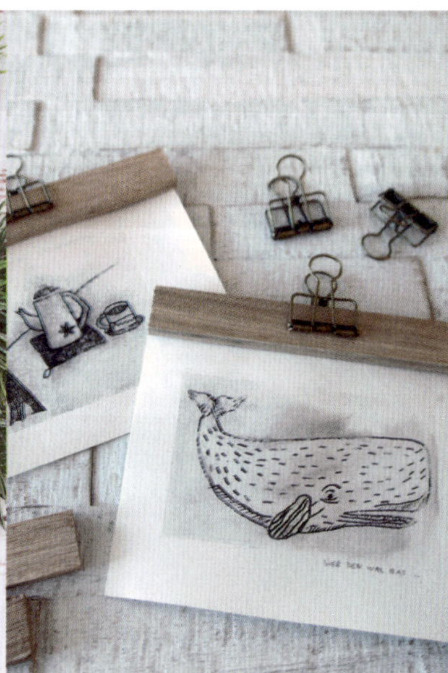

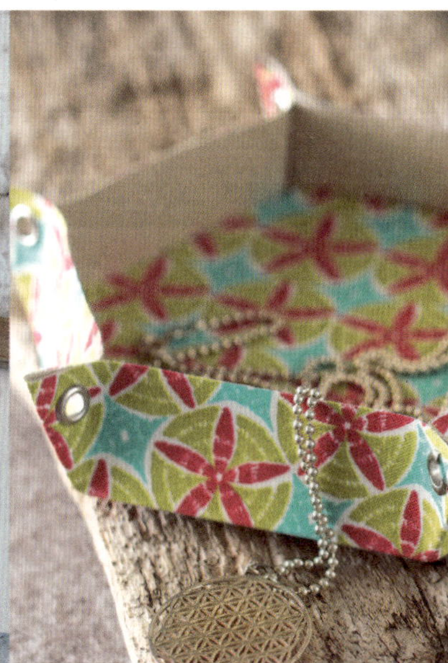

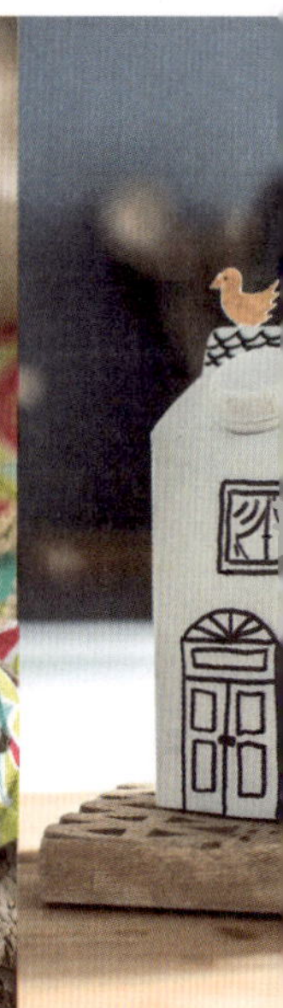

Geschenke und Dekoratives

HAPPY BIRTHDAY ... 78

KLEINER BOXENSTOPP ... 82

SCHÖNER ABSCHLUSS ... 86

COOLER MUSTERMIX ... 90

IM REISEFIEBER ... 94

ZIERFISCHE ... 98

WER DEN WAL HAT ... 102

PINGUIN-ART ... 106

DANISH HEART ... 108

HERBSTGESTÖBER ... 112

ADVENT, ADVENT ... 116

VORLAGEN ... 118

IMPRESSUM ... 128

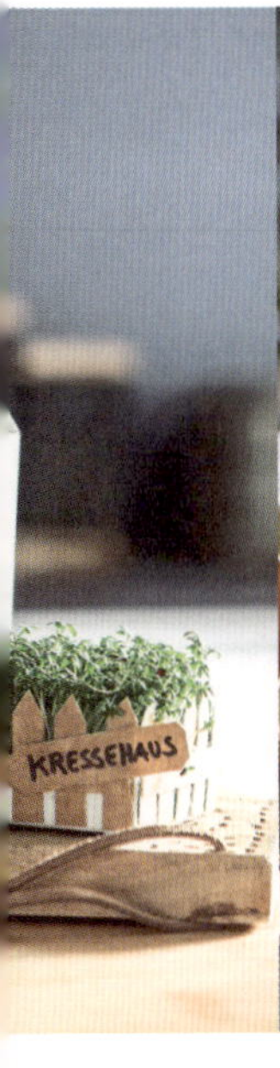

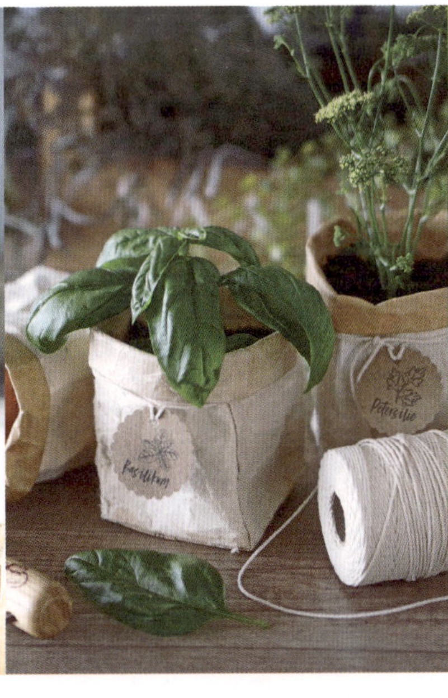

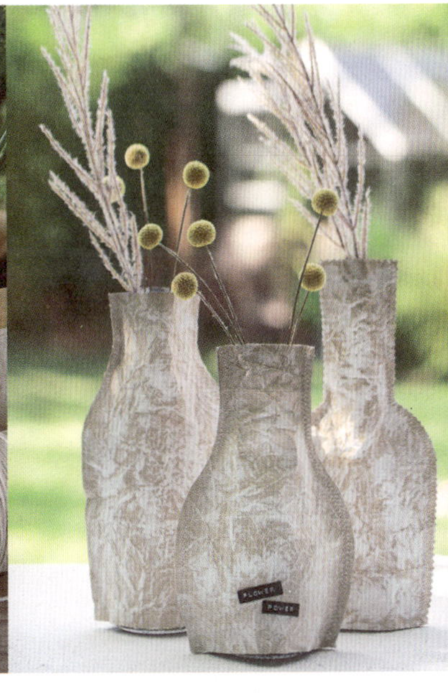

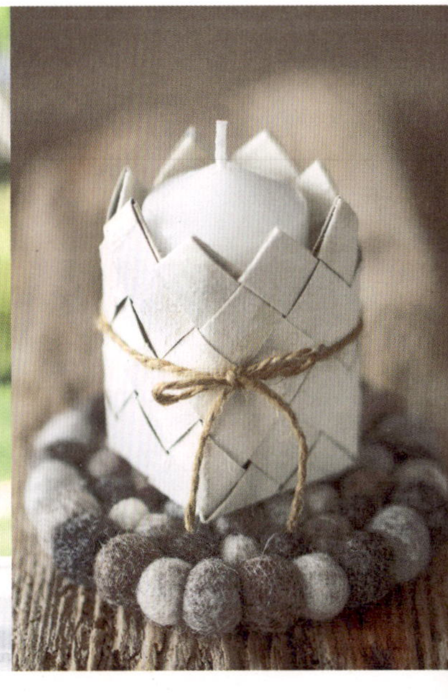

Vorwort

Als Milchkaffee-Fans trinken wir in unserem Haushalt jeden Tag mindestens einen halben Liter Milch. Auch auf Reisen mit dem Wohnmobil darf die Palette Milch im praktischen Karton aus Verbundmaterial nicht fehlen. Ich habe also nicht extra Getränkekartons gekauft, um daraus meine DIYs zu gestalten. Mittlerweile wissen auch Freunde und Nachbarn, wie sie mich beglücken können und dabei ganz nebenher auch ihren „Müll" entsorgen. Denn das ist der leere Getränkekarton ja letztendlich. (Dazu später mehr.)

Schon nach dem ersten DIY, das ich zu diesem Thema gesehen habe, wusste ich: Das ist eine geniale Idee! Nicht nur, weil man dem Verpackungsmaterial dabei ein zweites Leben schenkt, sondern auch, weil es so vielseitig ist. Es lässt sich super leicht verarbeiten und ist selbst nach dem Ablösen der bedruckten Schicht immer noch extrem robust. Das ist für einige DIYs ganz wichtig und für andere einfach angenehm, weil das Material nicht gleich einreißt, wenn es mal ein bisschen kniffelig wird.

Der Karton lässt sich anmalen, schneiden, vernähen, stanzen und bedrucken. Und wie cool ist es denn bitteschön, dass man auf die mit Aluminium beschichtete Seite Stoff aufbügeln kann, der dann fest mit dieser Schicht verbunden ist? Wer ist bloß auf diese tolle Idee gekommen?

Das Reizvolle ist, dass man hier wirklich sehr viel experimentieren und Dinge herstellen kann, die ursprünglich vielleicht aus einem ganz anderen Material gedacht waren, etwa aus Leder, Filz oder Korkstoff.

Ich wünsche jedem viel Spaß dabei, Neues zu entdecken und zu erfinden.

Wenn im Anleitungstext von vorbereiteten Kartons oder Tüten gesprochen wird, heißt das hier: Entweder ist die bedruckte Schicht abgezogen, oder das Material wurde im Wasser zerknautscht und dann die Schicht entfernt.

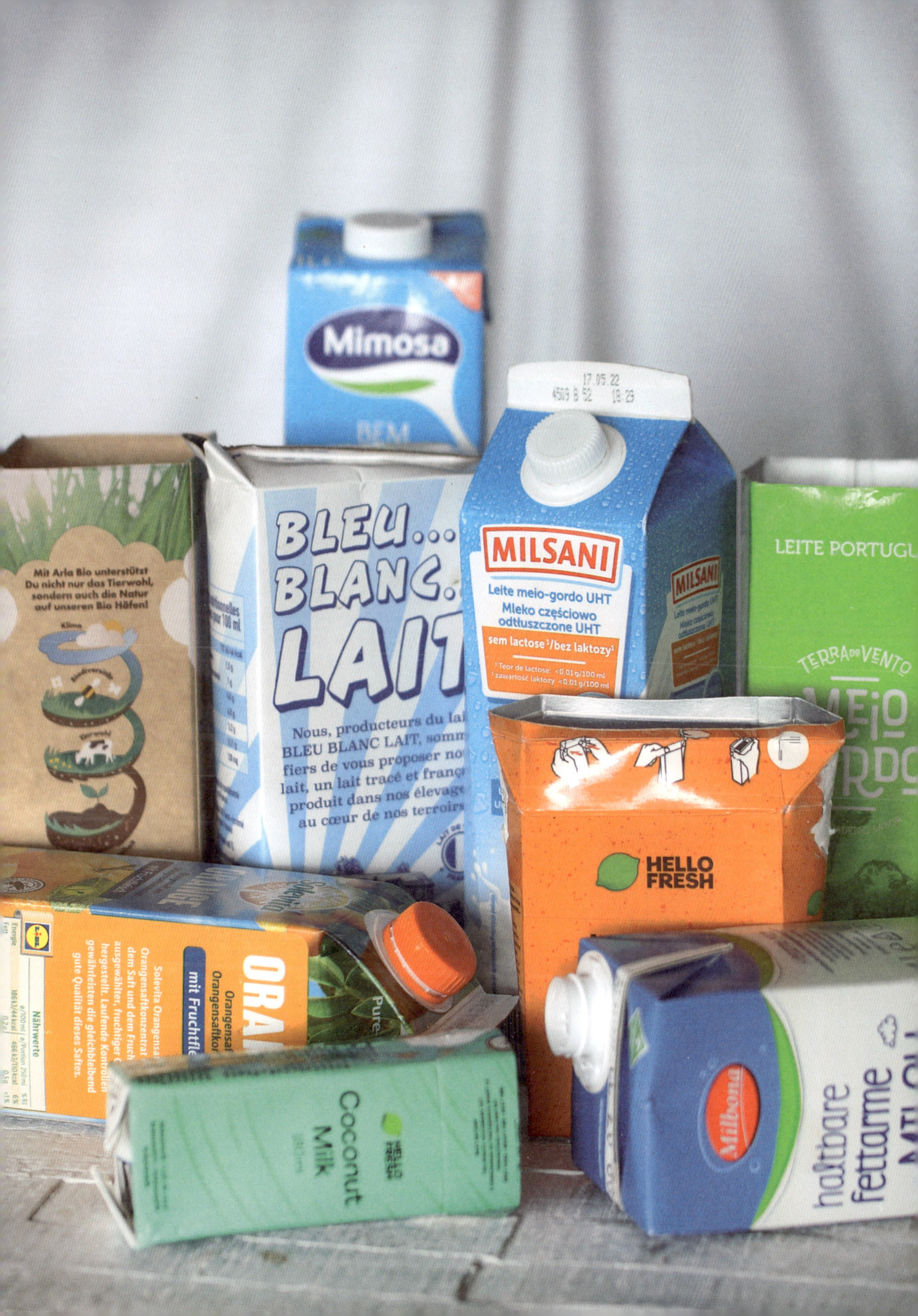
Mimosa
17.05.22
MILSANI
Leite meio-gordo UHT
Mleko częściowo odtłuszczone UHT
sem lactose¹/bez laktozy¹
LEITE PORTUGU
TERRA DO VENTO
BLEU... BLANC... LAIT
Nous, producteurs du lai
BLEU BLANC LAIT, somm
fiers de vous proposer no
lait, un lait tracé et franç
produit dans nos élevage
au cœur de nos terroirs
Mit Arla Bio unterstützt Du nicht nur das Tierwohl, sondern auch die Natur auf unseren Bio Höfen!
HELLO FRESH
Coconut Milk
mit Fruchtfle
Milbona
haltbare fettarme

Verbundmaterial

WAS HEISST DENN EIGENTLICH VERBUNDVERPACKUNG?

Verbundverpackungen sind Einwegverpackungen aus unterschiedlichen Materialien (mindestens zwei), die nicht ohne Weiteres von Hand trennbar sind. Ein Beispiel ist der Getränkekarton. Er besteht aus Karton und dem Kunststoff Polyethylen sowie häufig einer dünnen Schicht Aluminium. Diese Schichten sind vollflächig miteinander verbunden.
Hier bei uns kennt man diese Verpackungen meist unter dem Namen Tetra Pak. Das ist ein Markenname, der sich im deutschen Sprachgebrauch als Gattungsbegriff eingebürgert hat. Dabei ist Tetra Pak nur eines von vielen Unternehmen, das diese Verpackungen herstellt. Andere Firmen sind z. B. Elopak oder SIG Combibloc.

FÜR UND WIDER!

Verbundverpackungen werden über das Duale System entsorgt und können inzwischen meist problemlos recycelt werden. Getränkekartons beispielsweise werden zunächst zerkleinert und dann in einen sogenannten Pulper gegeben. Durch das Wasser quellen die Papierfasern auf und lassen sich von der Kunststoff- und Aluminiumschicht trennen. Der Faserstoff wird zur Papierherstellung verwendet. Aus dem Resteverbund werden entweder Ersatzbrennstoffe hergestellt oder man trennt das Aluminium in hoch spezialisierten Anlagen sortenrein vom Kunststoff ab.

Allerdings landen 20 % aller recycelbaren Verpackungen **nicht** in der vorgesehenen Sammlung – also im gelben Sack, der gelben Tonne oder im entsprechenden Container an der Sammelstelle. Alles, was stattdessen im Restmüll landet, kann auch nicht wiederverwertet werden.

Je nach Zustand der Verpackung landen weitere etwa 10 % der Verpackungen aus der Sammlung nicht im Recyclingvorgang, weil die Sortiermaschine sie nicht identifizieren kann. Dank Infrarot-Technik werden allerdings die meisten Verbundkartons erkannt. So haben ca. 70 % aller Verbundverpackungen die Chance, wiederverwertet zu werden. Dass am Ende nur 26 % tatsächlich recycelt werden, hängt einerseits mit der weltweiten Abfallwirtschaft zusammen. Andererseits liegt es an der aufwendigen Wiederverwertung der Getränkekartons.

Also doch lieber Milch und Saft in Flaschen kaufen?
Es gibt viele Studien zu diesem Thema. Vom IFEU (Institut für Energie- und Umweltforschung Heidelberg) oder der Deutschen Umwelthilfe DUH. Mal schneiden die Verbundkartons besser ab, mal die Mehrweg-Glasflaschen. Die Berechnungen sind schwierig. Sind es die langen Transportwege der Flaschen, ist es die Produktion von Karton und Aluminium? Ob Getränkekartons oder Glasflaschen nachhaltiger sind, hängt davon ab, wie man die einzelnen Faktoren bewertet. Die DUH plädiert deshalb dafür, dass auch das Verbundmaterial mit Pfand versehen wird. So kann man sie getrennt entsorgen und recyceln. Bei Mehrweg-Pfandsystemen ist die Rücklaufquote nahezu 100 %.

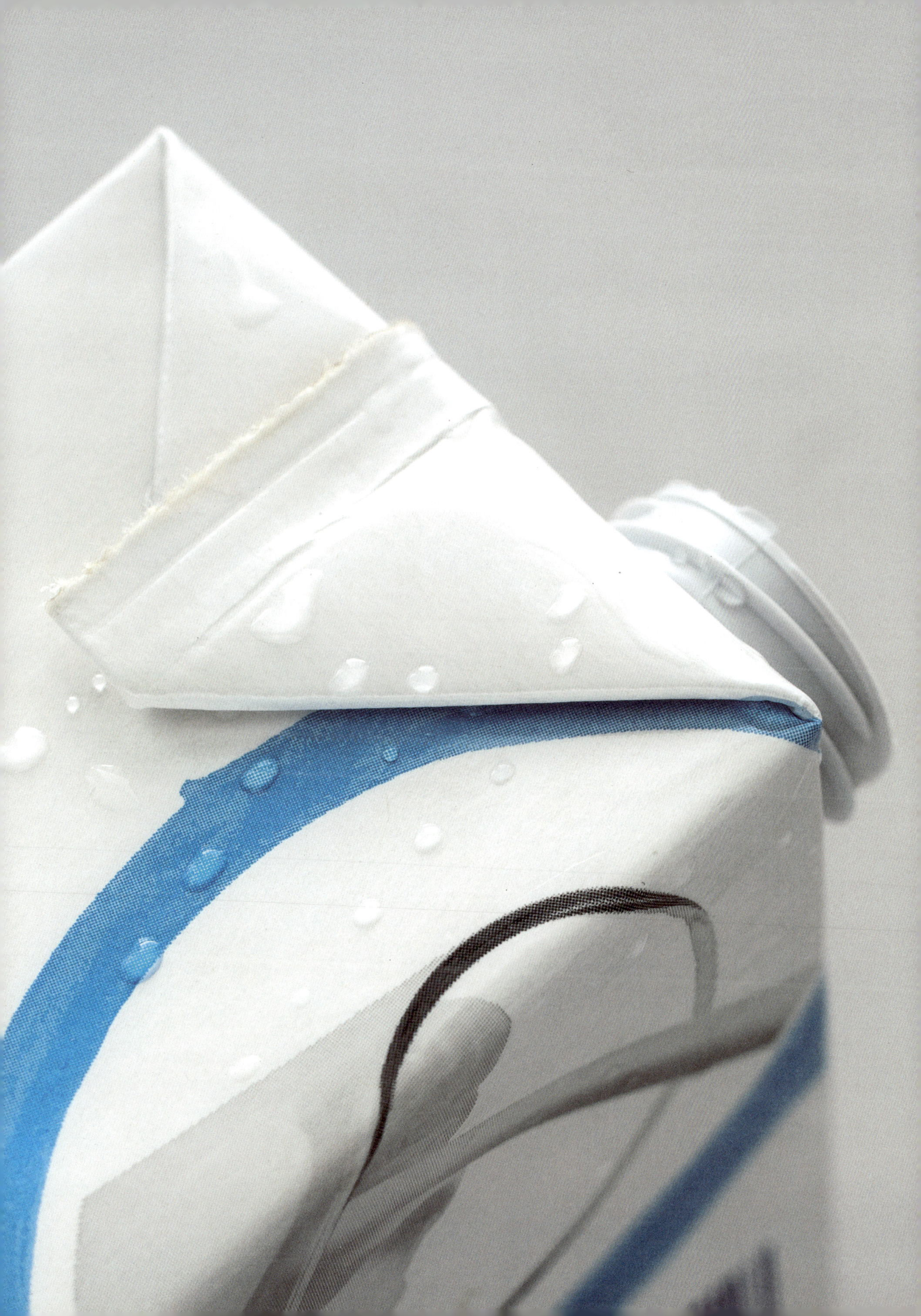

Das Diy-Material

MATERIAL VORBEREITEN

Das wichtigste vorab: Die Milch- oder Safttüten nach Gebrauch gleich ausspülen. Am besten schneidet man den oberen Teil mit der Schere ab und spült die Tüte mit klarem Wasser aus. Manche Tüten sind sowohl oben als auch unten gefaltet – hier öffnet man die Laschen komplett, spült die Tüten aus und legt sie anschließend flach hin. Den oberen Rand kann man am besten gerade abschneiden, indem man die Tüte zusammendrückt und dann schneidet.

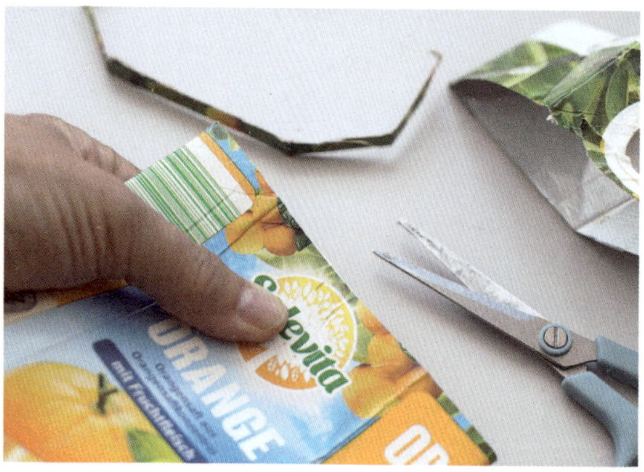

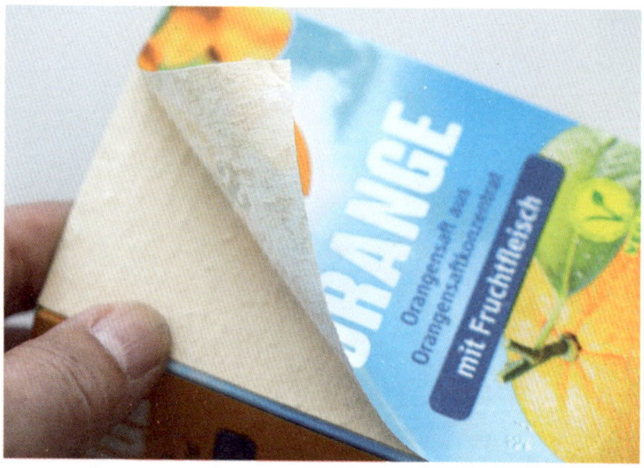

Es gibt natürlich Projekte, da möchte man die bedruckte Seite des Kartons sehen. Das hat seinen ganz eigenen Reiz. Für alle Projekte in diesem Buch wurden aber die bedruckten Schichten abgezogen. Das geht eigentlich ganz leicht. Man muss sich nur die Nahtstelle suchen, an der die Schichten aneinanderstoßen. Hier knibbelt man ein bisschen den Karton auf und schon kann man die obere Schicht meist recht gut abziehen. Wieder an der Kante angekommen schneidet man mit der Schere oder dem Cutter die Beschichtung gerade ab.

Für einen Knitterlook weicht man dann die Tüte im Wasser ein und knautscht sie mit den Händen richtig gut durch. Anschließend grob glätten und trocknen lassen

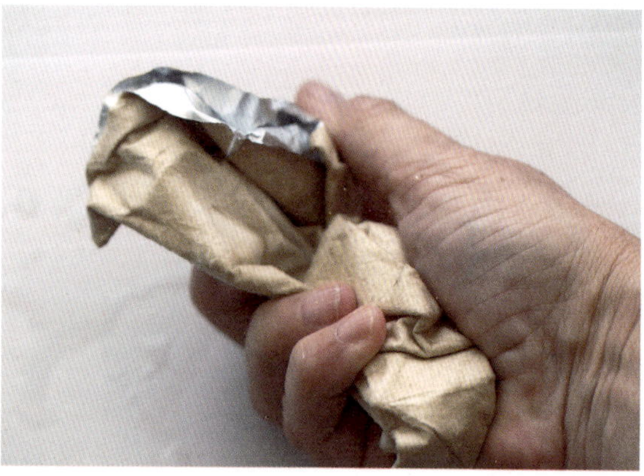

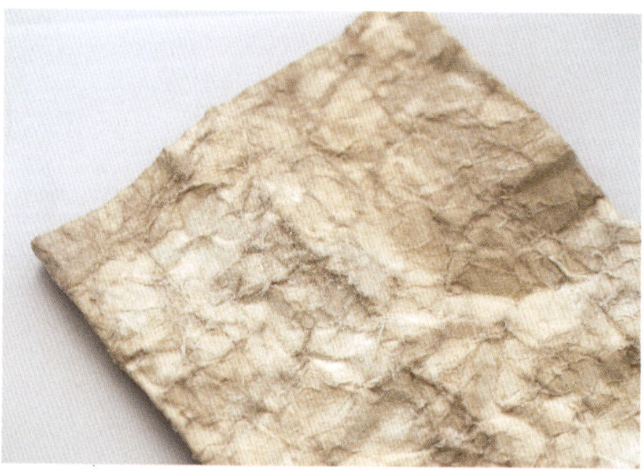

MATERIAL BEARBEITEN

Hier sind der Fantasie keine Grenzen gesetzt. Alles, was an Stiften und Farben zur Verfügung steht, lässt sich verwenden. Es lohnt sich aber, zuvor einen kleinen Test auf einem Reststück zu machen. Hält die Farbe? Deckt sie? Oder verläuft der Stift? Was kann man übereinander malen? Welcher Kleber funktioniert am besten?

Und natürlich ist das Aufbügeln von Stoff auf die aluminiumbeschichtete Seite eine tolle Idee. Es verschönert das Material und verstärkt es nebenbei noch etwas. Am besten ein Tuch als Unterlage verwenden und darauf den Karton mit dem Stoff legen. Darüber ein Stück Backpapier und dann mit dem Bügeleisen (ohne Dampf!) so lange bügeln, bis sich der Stoff mit der Aluminiumschicht verbunden hat. Genial!

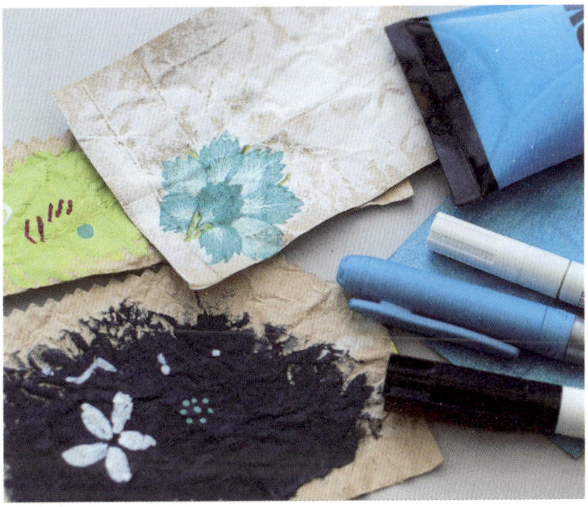

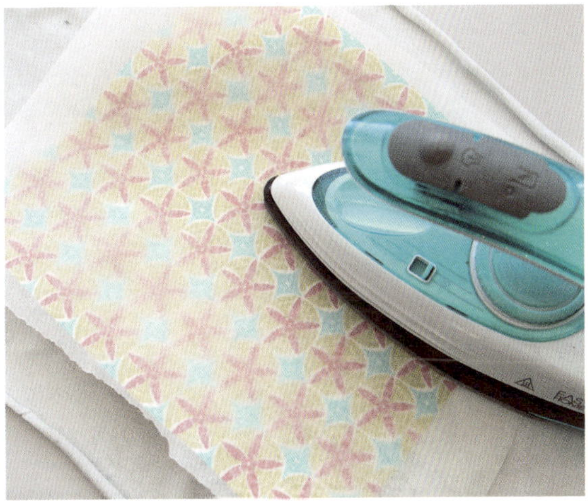

WERKZEUGE

Bei den Arbeiten mit Getränketüten hat sich die Heißklebepistole bewährt. Sie klebt sicher und vor allem schnell, besonders wenn man die Laschen der geöffneten Milch- oder Safttüten am Boden wieder befestigen möchte.

Ansonsten lässt sich das vorbereitete Material mit Schere und Cutter super schneiden. Und sogar die Nähmaschine verarbeitet den Karton recht gut. Hier sollte man allerdings die Stichlänge so lang wie möglich einstellen, damit man den Karton nicht zu sehr perforiert.

Eine Ahle leistet gute Dienste zum Markieren von Schnittstellen oder der Position von Ösen – eine dicke Nadel tut es aber auch. Wer kein Falzbein hat, kann auch die stumpfe Rückseite eines Messers verwenden.

Schönes und Praktisches

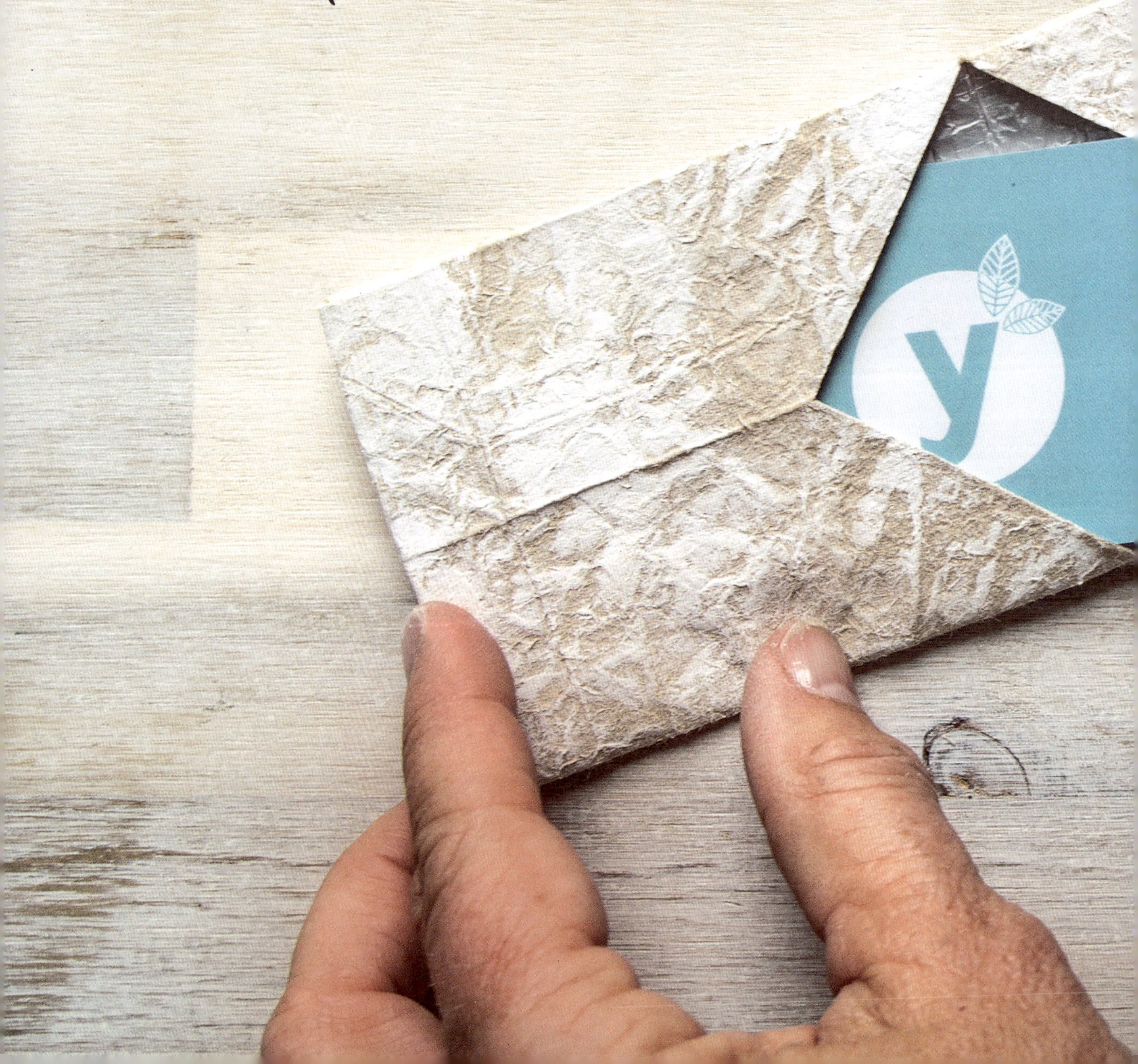

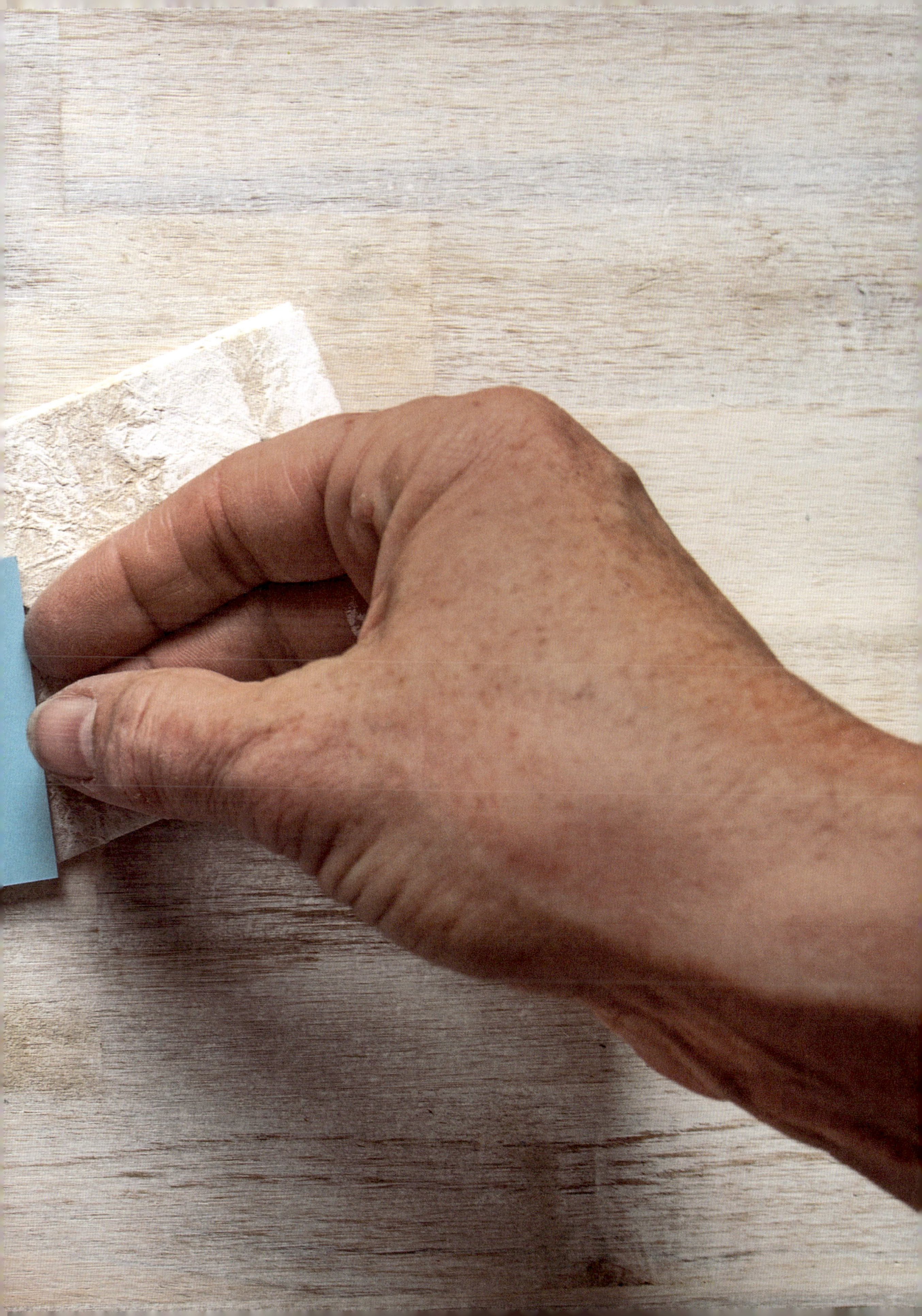

Schutzmaßnahme

MATERIAL:
GETRÄNKEKARTON, SCHERE, LINEAL, NÄHMASCHINE, MOTIVSTANZER, LOCHZANGE, NIETE, NIETENZANGE, SCHNUR, STEMPEL, ACRYLFARBE

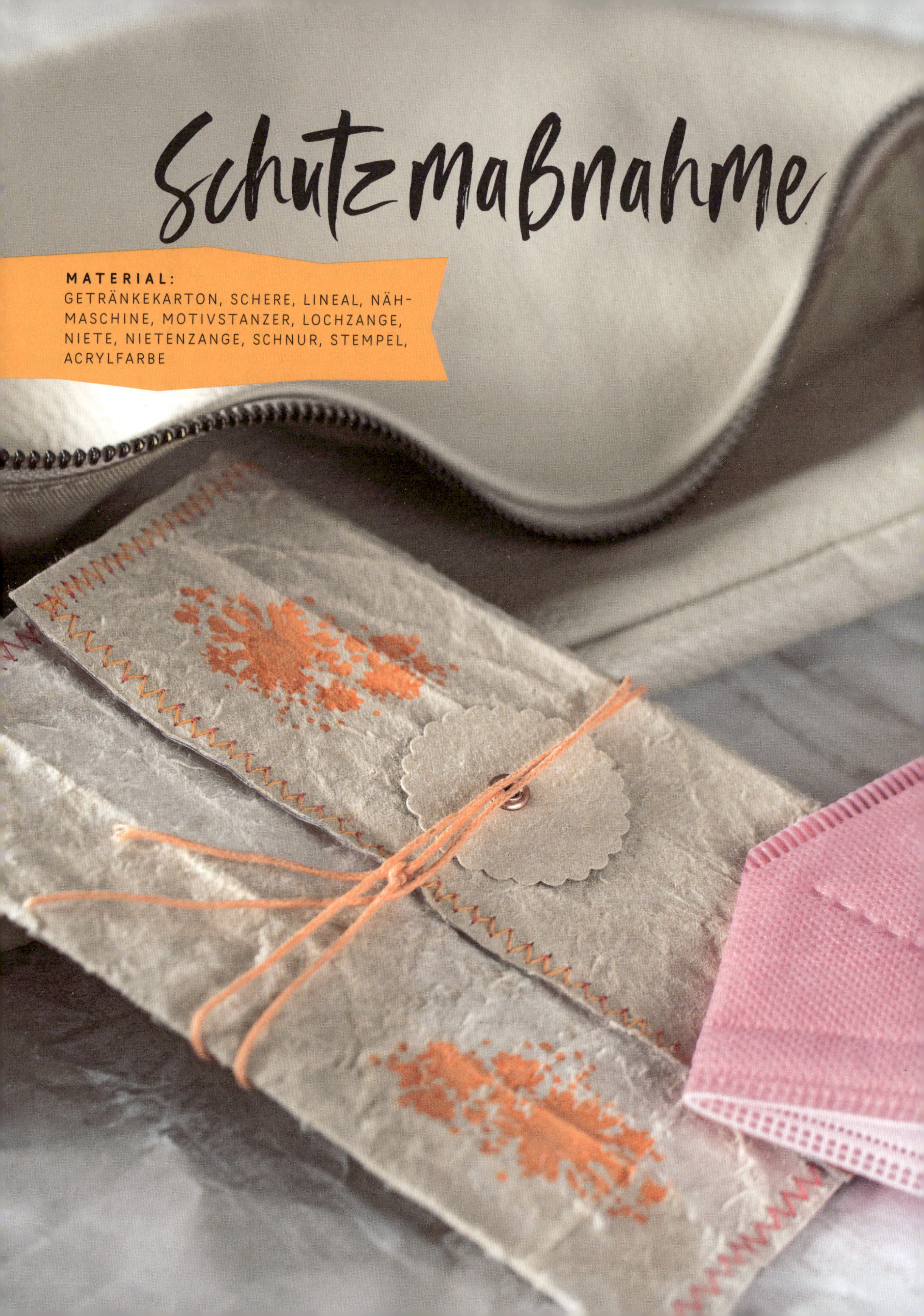

DIE SCHUTZMASKE IST ZUM WICHTIGEN UTENSIL GEWORDEN, DAS MAN IMMER DABEI HABEN SOLLTE. DAMIT SIE ABER NICHT EINFACH LOSE IN EINER TASCHE HERUMLIEGT, BEKOMMT SIE EINE SICHERE HÜLLE AUS DEM PRAKTISCHEN VERBUNDMATERIAL EINER MILCH- ODER SAFTTÜTE.

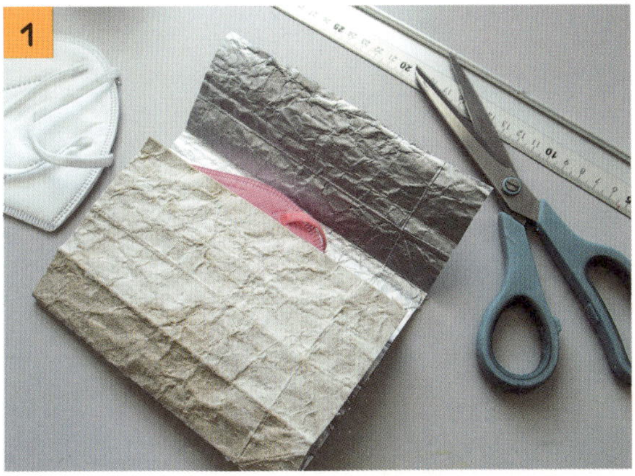

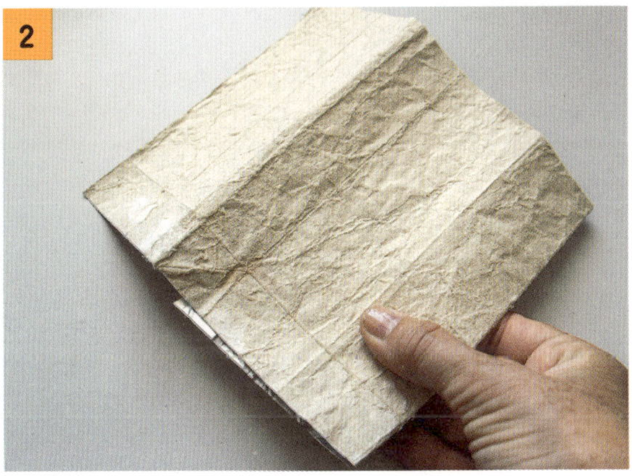

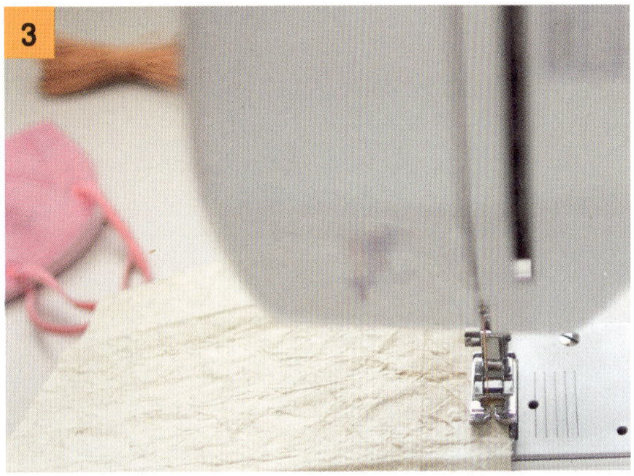

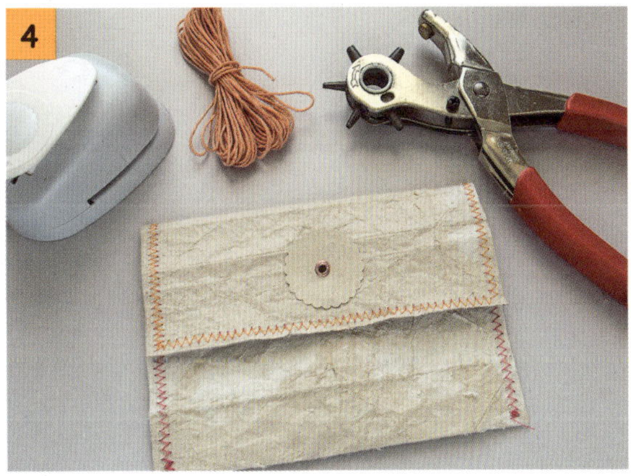

1. Im ersten Schritt ermittelt man die Größe der Hülle. Dafür einfach eine Schutzmaske als Maß verwenden. Das Verbundmaterial ausmessen und passend zuschneiden.

2. Dann die Hülle einmal umfalten, sodass die Maske darin Platz finden würde.

3. Nun mit der Nähmaschine alle Kanten einmal rundherum im Zickzackstich abnähen, außer an der unteren Falzung. Die Nahtbreite beträgt 4 mm und die Stichlänge 2 mm.

Nähen lässt sich das Material mit einer Universalnadel. Bei geraden Stichen sollte man die Stichlänge nicht zu eng wählen, damit man das Material nicht perforiert.

4. Mit einem Motivstanzer den Verschluss aus einem Reststück des Verbundmaterials ausstanzen. Das ausgestanzte Motiv und die Lasche der Hülle mit der Lochzange lochen und das Motiv dann mit einer Niete auf dem oberen Teil der Schutzhülle befestigen.

Fortsetzung auf der nächsten Seite

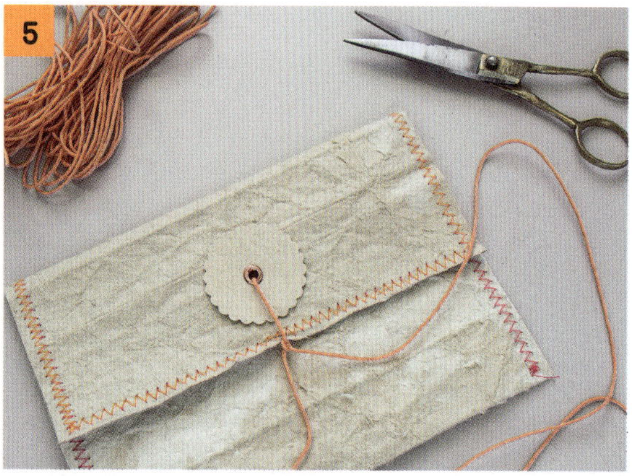

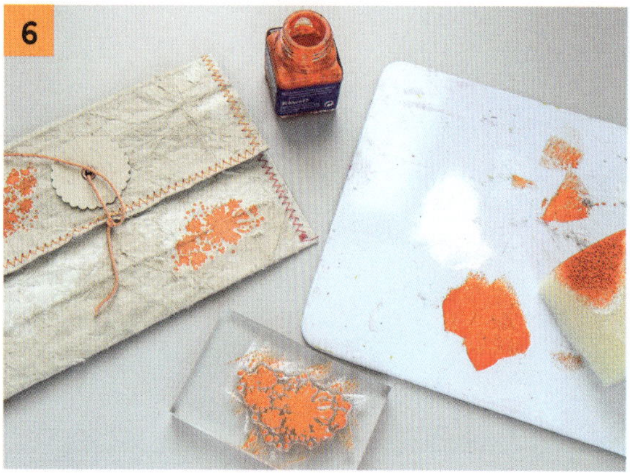

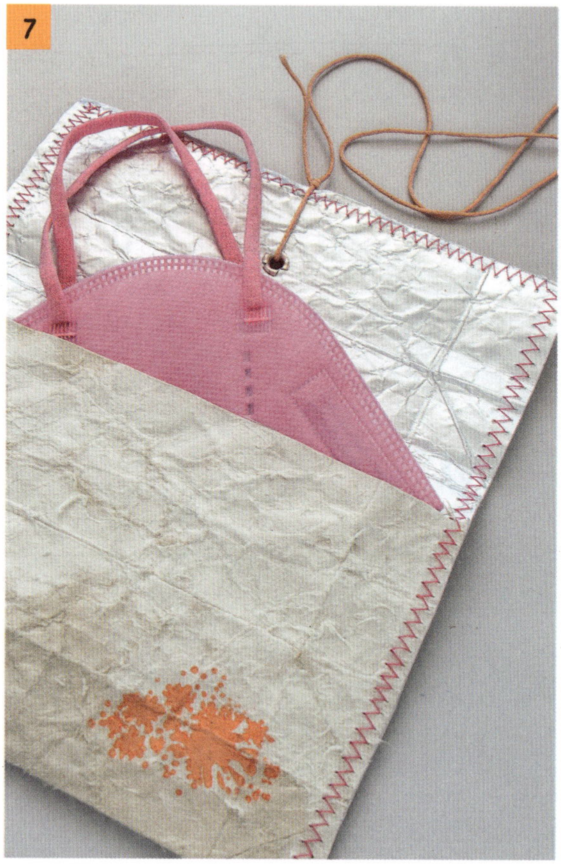

5. Eine Schnur durch die Öffnung ziehen und verknoten. Die Schnur sollte lang genug sein, um sie ein- oder zweimal um die Hülle zu wickeln und anschließend um den angenieteten Kreis zu binden.

6. Wer mag, kann nun seine Schutzhülle mit Motiven bestempeln. Dafür eignet sich Stempelfarbe, aber es geht auch mit Acrylfarbe, die man mit einem kleinen Schwämmchen auf die Stempel auftragen kann.

7. Dann die Schutzmaske in die Hülle stecken und verschließen. So kann man sie sicher verwahren und hat sie immer griffbereit.

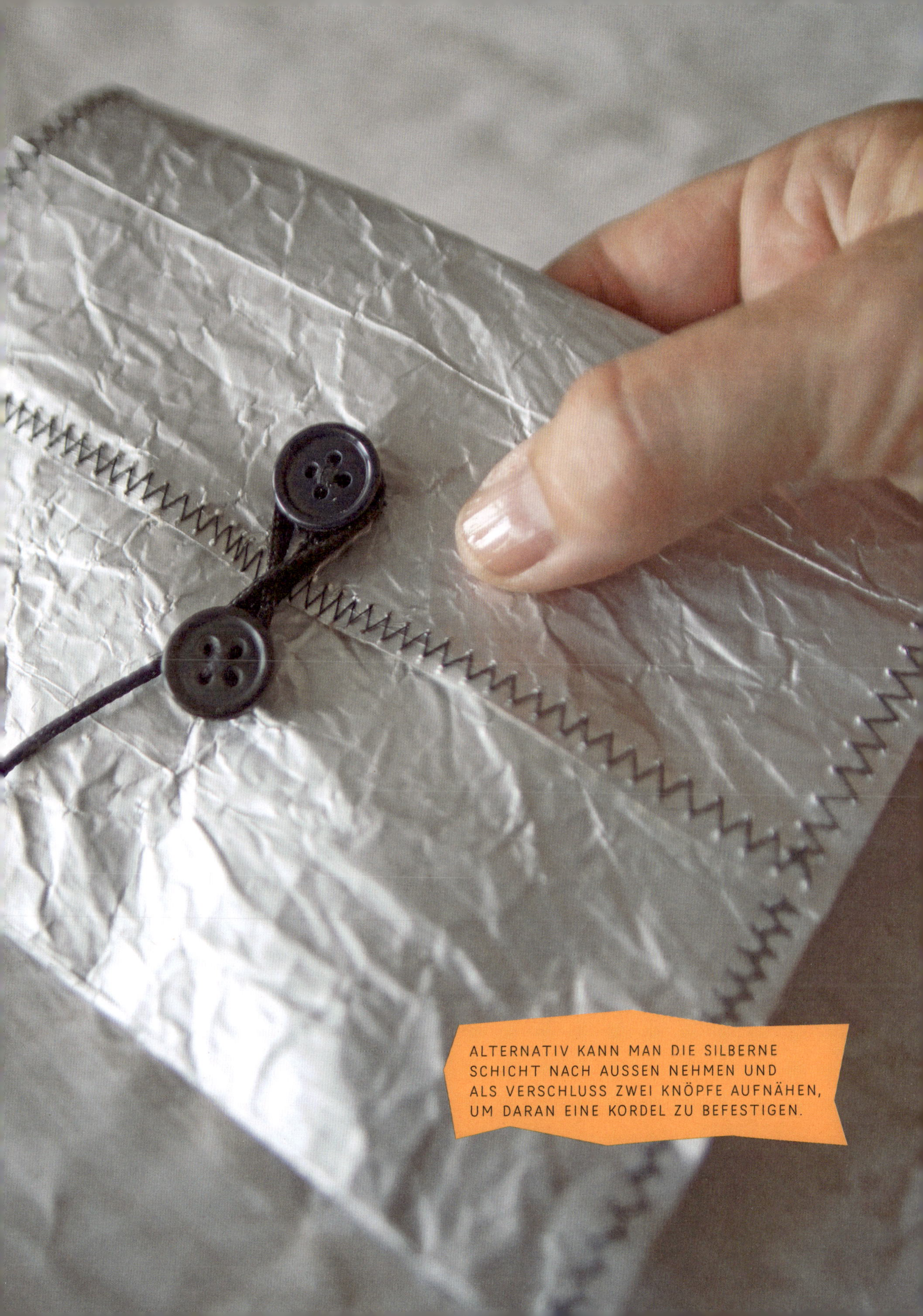

ALTERNATIV KANN MAN DIE SILBERNE SCHICHT NACH AUSSEN NEHMEN UND ALS VERSCHLUSS ZWEI KNÖPFE AUFNÄHEN, UM DARAN EINE KORDEL ZU BEFESTIGEN.

Immer mobil bleiben!

MATERIAL:
GETRÄNKEKARTON, SCHERE, NÄHMASCHINE, ACRYLFARBE, PINSEL, LACKSTIFT, SELBSTKLEBENDE KLETTVERSCHLÜSSE, KORDEL

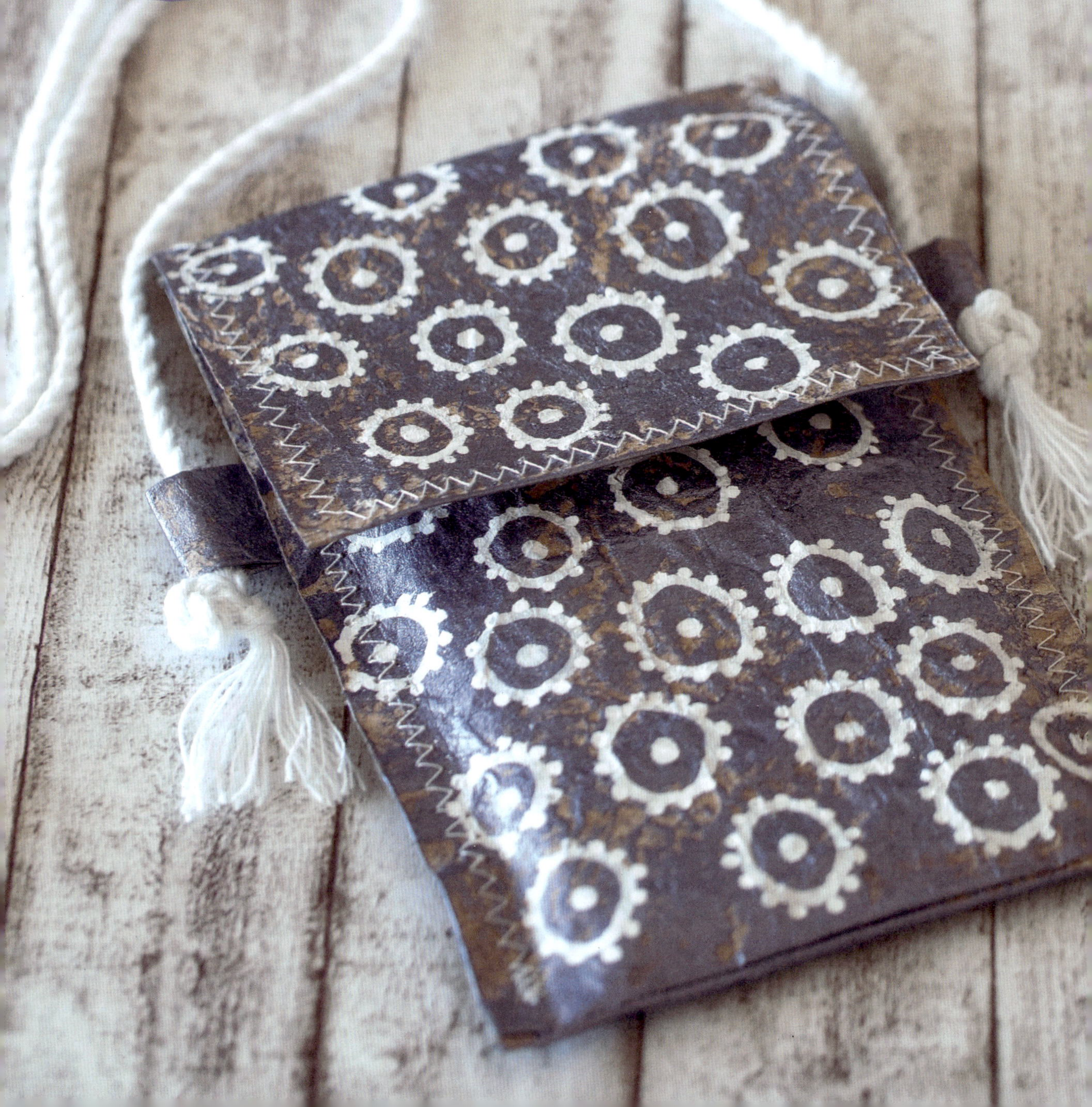

OB MAN SICH DIESE KLEINE HANDYTASCHE NUN UMHÄNGT ODER SIE IN DIE HANDTASCHE STECKT, AUF JEDEN FALL IST DAS GERÄT SO GESCHÜTZT. WER NUR EINE HÜLLE MÖCHTE, LÄSST DIE SCHLAUFEN UND DIE SCHNUR EINFACH WEG.

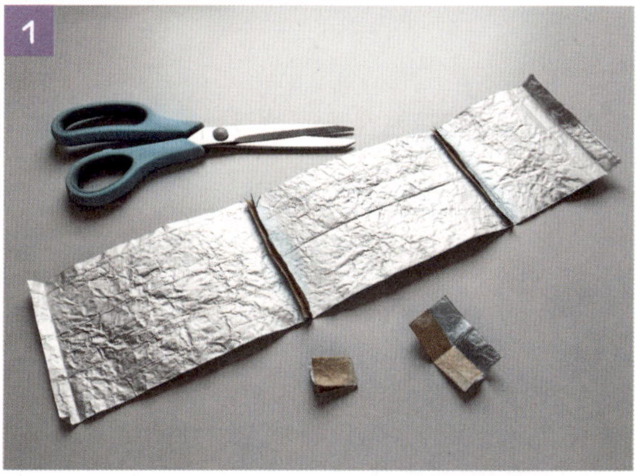

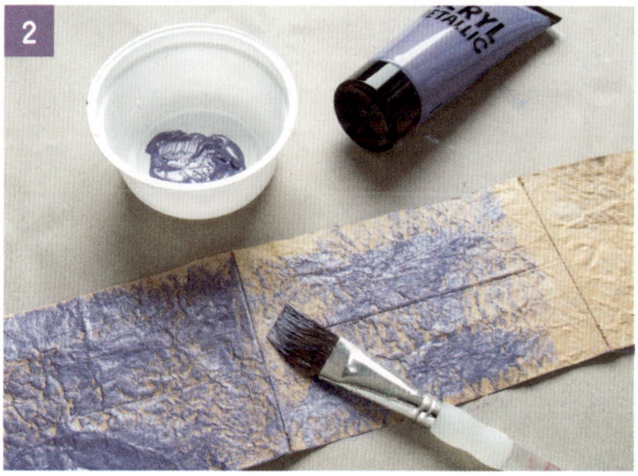

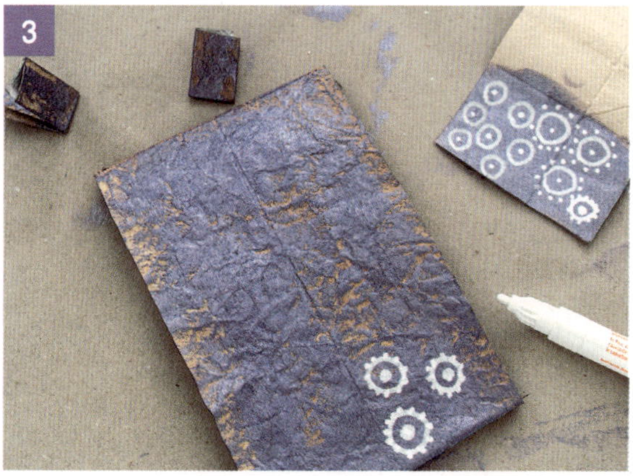

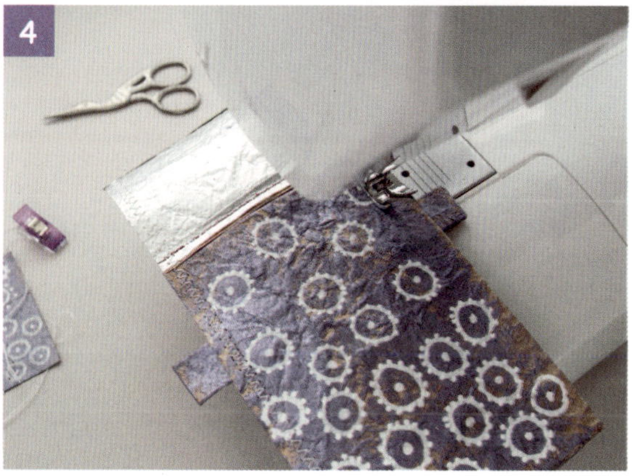

1. Die Zuschnitte sind abhängig von der Größe des Mobiltelefons. Das hier verwendete Gerät hat die Maße 6,5 cm x 13,5 cm. Die Stücke sind 2 à 15,5 cm x 9,5 cm (Rücken + Vorderseite), 10,0 cm x 9,5 cm (Lasche) sowie 2 kleine Stücke à 5 cm x 5 cm (Schlaufen). Im ersten Schritt näht man die 3 großen Teile des vorbereiteten Getränkekartons mit der Nähmaschine an den schmalen Kanten aneinander. Für die Schlaufen die kleinen Quadrate dreimal falten und in der Mitte knicken.

2. Anschließend kann man das geknautschte Material farbig anlegen. Wie hier zum Beispiel mit Acrylfarbe im Metallic-Look. Für den coolen Look muss die Fläche gar nicht komplett angemalt werden.

3. Mit einem Lackstift kann man nach dem Trocknen Muster aufmalen. Es empfiehlt sich, die einzelnen Techniken immer erst an einem kleinen Probestück zu testen. Manche Stifte zerlaufen, die Farbe lässt sich nicht gut auftragen oder sie deckt nicht richtig.

4. Nun die kleinen Schlaufen an den Seiten an der gewünschten Stelle einschieben und mit der Nähmaschine im Zickzackstich abnähen. Dabei in einer der unteren Ecken beginnen und auch oben über die Lasche nähen. Auch hierfür sollte man die Naht zuvor auf einem Probestück testen.

Fortsetzung auf der nächsten Seite

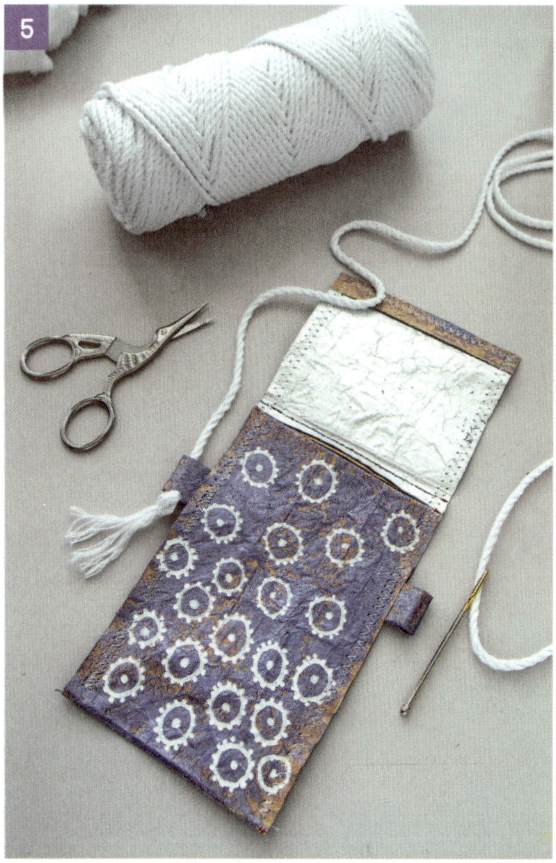

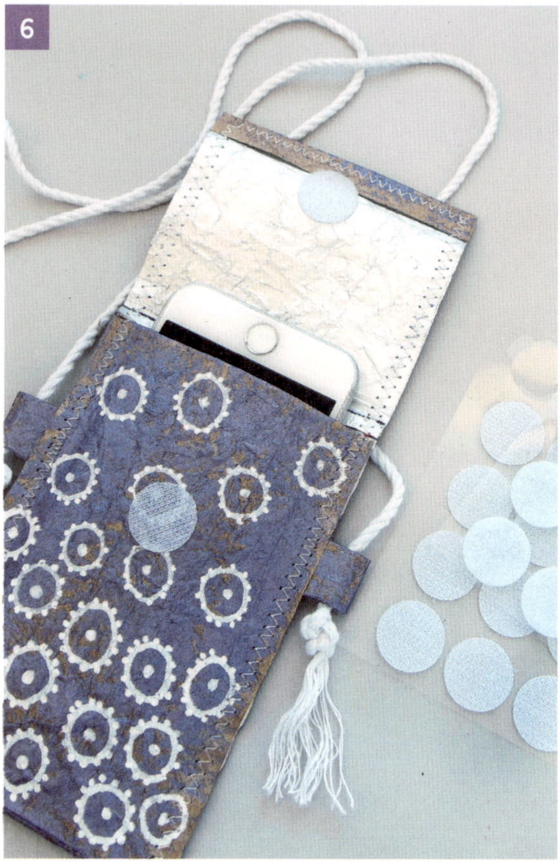

5. Nun noch eine dicke Kordel durch die Schlaufen ziehen und unten so viele Knoten machen, dass die Schnur nicht mehr durch die Schlaufe rutscht. Die Länge der Schnur hängt davon ab, wie man die Tasche tragen möchte.

6. Damit die Tasche auch sicher verschlossen bleibt, kann man kleine Klettverschlüsse aufkleben.

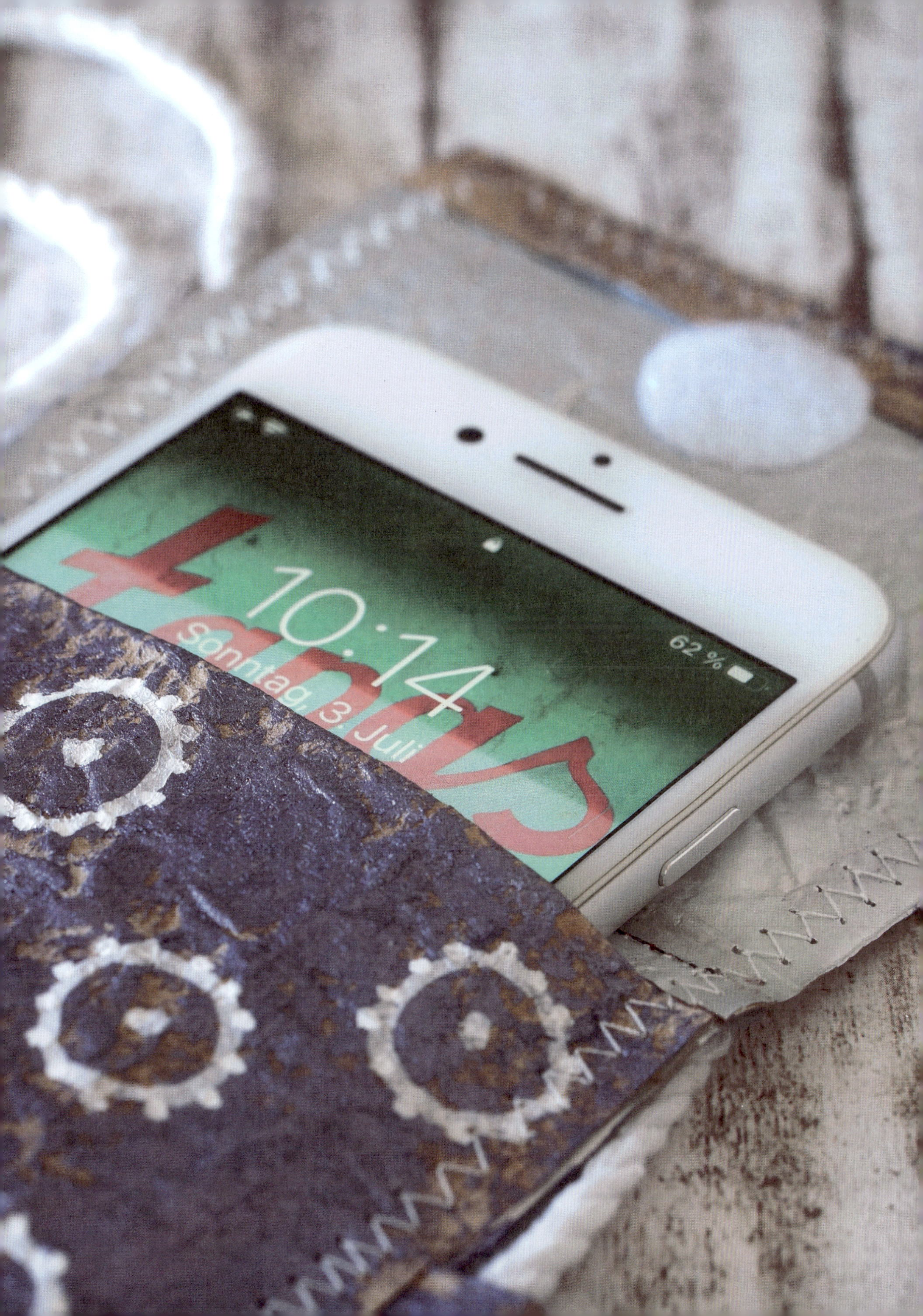
10:14
Sonntag, 3. Juli
62 %

Finger weg!

MATERIAL:
GETRÄNKEKARTON, LINEAL, CUTTER, ACRYLFARBE, PINSEL, SCHERE, FALZBEIN, BASTELKLEBER, SERVIETTEN, SERVIETTENKLEBER

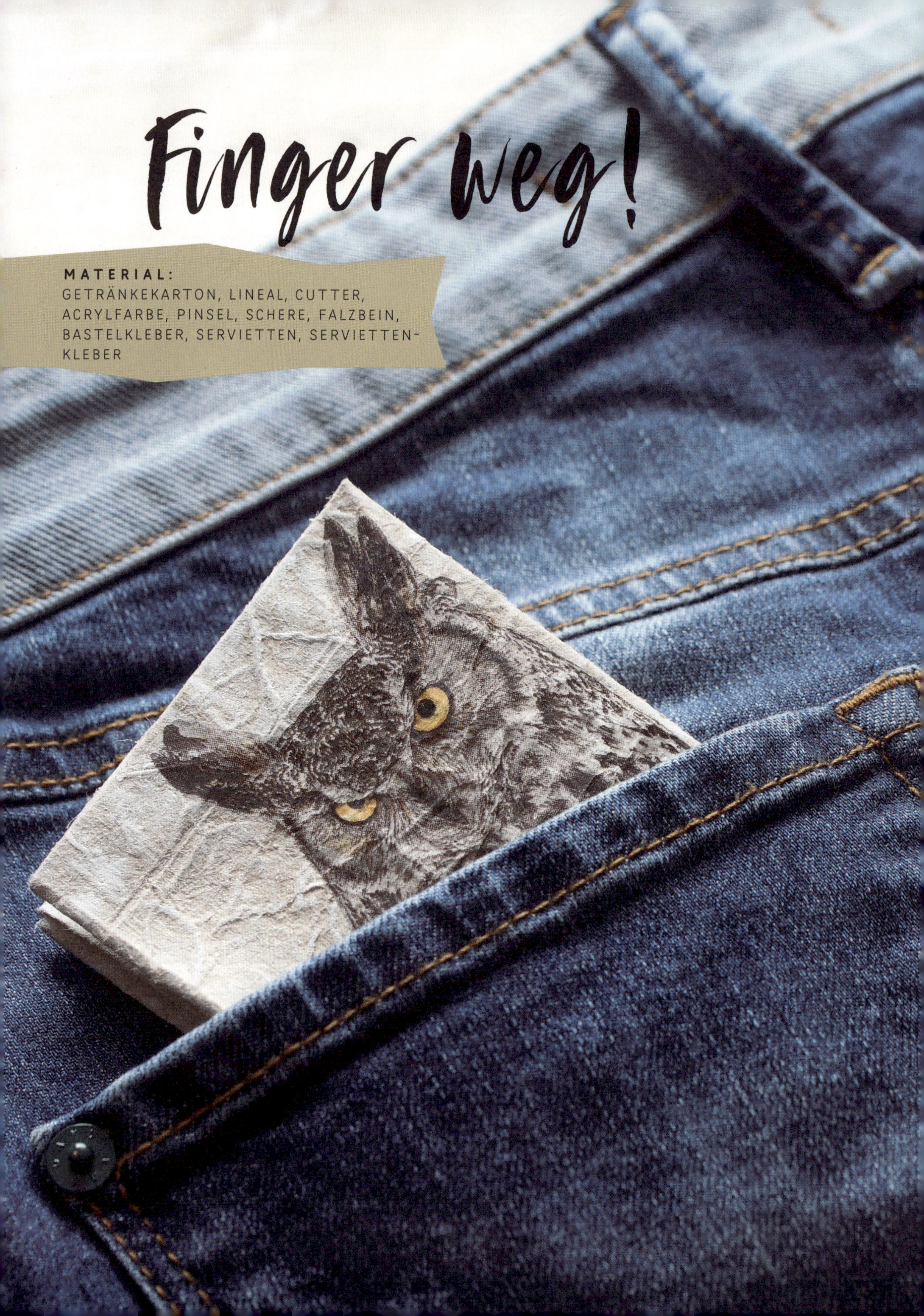

MANCHMAL BENÖTIGT MAN UNTERWEGS EINFACH NUR EIN BISSCHEN GELD. DA REICHT EINE SCHLICHTE KLEINE GELDBÖRSE. DIE SOLLTE ABER LEICHT UND MÖGLICHST AUCH WASSERFEST SEIN. DAFÜR IST DER GETRÄNKEKARTON GENAU DAS RICHTIGE MATERIAL.

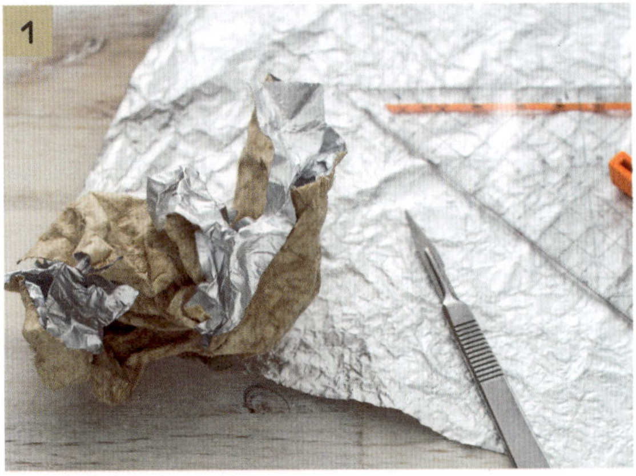

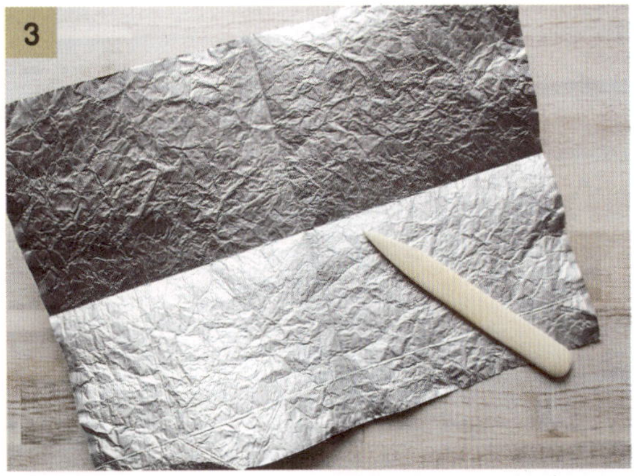

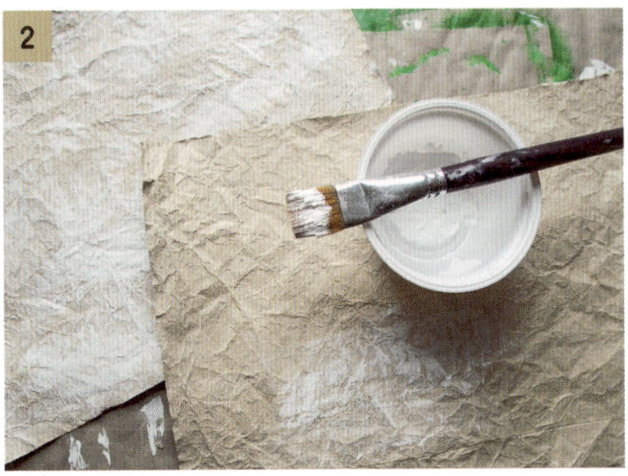

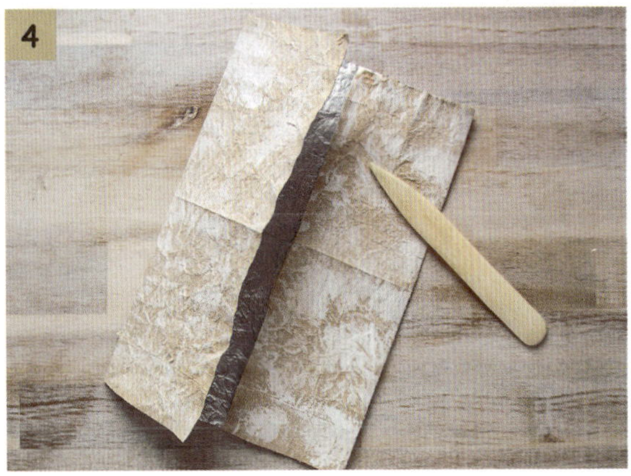

1. Den abgezogenen Karton zuschneiden und im Wasser knautschen. Anschließend glätten und erst einmal gut trocknen lassen, am besten über Nacht.

2. Weiße Acrylfarbe mit einem breiten Pinsel ganz dünn über den Karton streichen. Die Farbe wieder gut antrocknen lassen.

3. Den Bogen dann mit der silbernen Seite nach oben hinlegen und einmal nach oben und dann zur Seite falten. Die Kanten immer fest mit einem Falzbein andrücken. Den Bogen wieder öffnen.

4. Anschließend die linke und rechte Seite zur Mitte falten. Wieder öffnen.

Fortsetzung auf der nächsten Seite

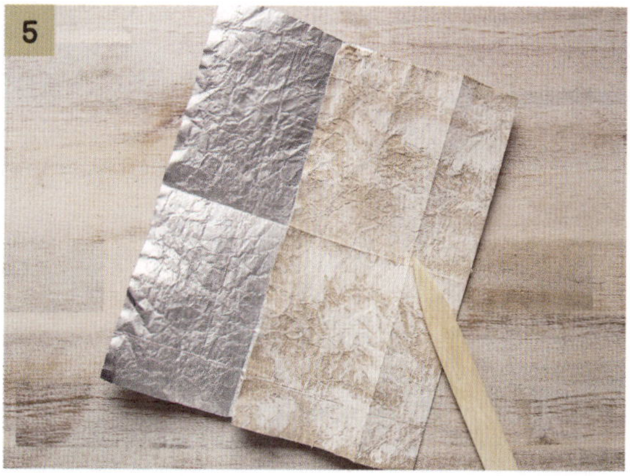

5. Nun die rechte Seite nach links auf den ersten Knick falten. Fest andrücken.

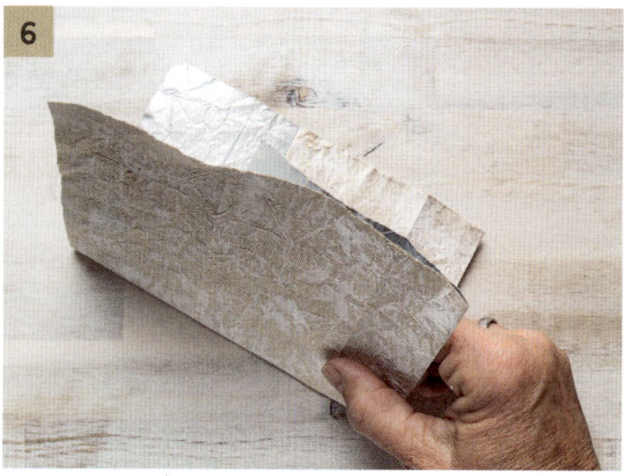

6. Dann den ganzen Bogen nach oben falten.

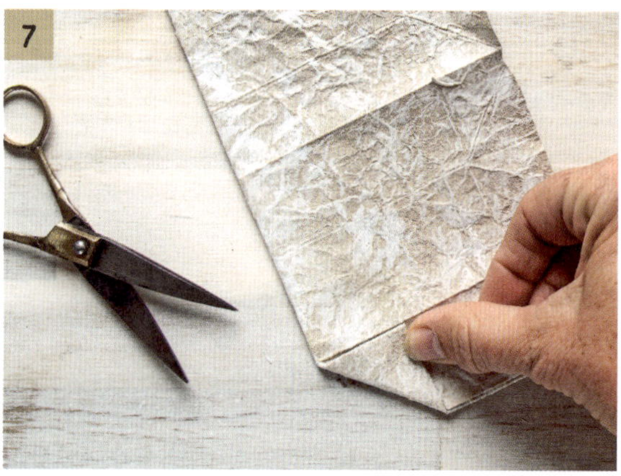

7. Die untere geschlossene Ecke zur Falzlinie nach oben knicken und anschließend mit der Schere abschneiden.

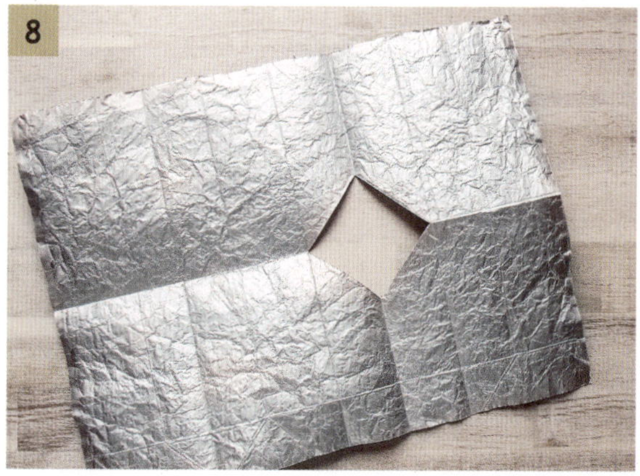

8. Komplett aufgefaltet sieht der Bogen nun so aus.

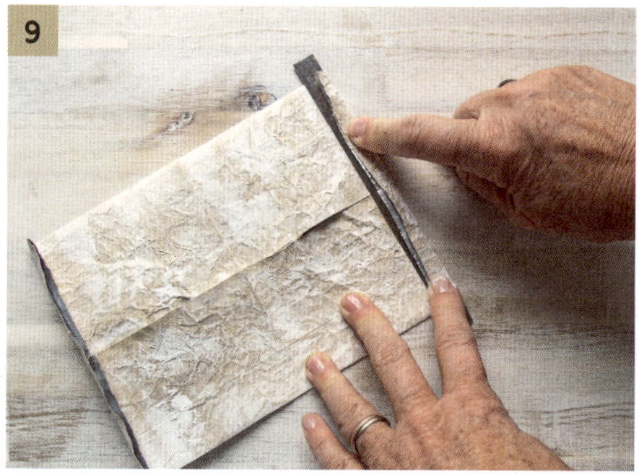

9. Nun wieder wie in Abb. 4 zusammenlegen und die offenen Kanten oben und unten ca. 1 cm einfalten.

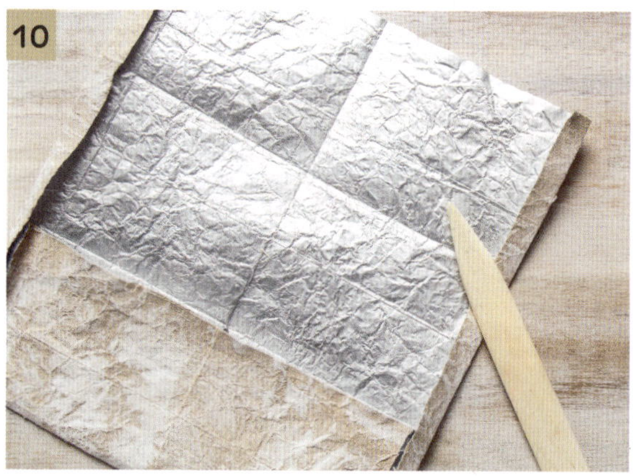

10. Den Bogen nach oben öffnen und die schmalen Kanten nach innen falten. Anschließend zweimal nach unten zusammenfalten.

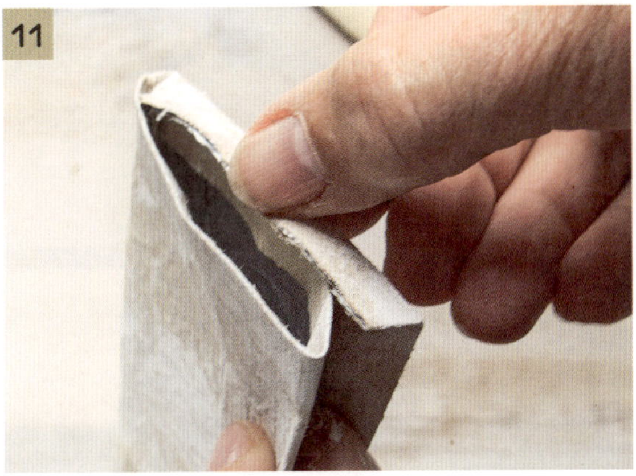

11. Nun muss man die schmalen Kanten auf beiden Seiten ineinander stecken. Für mehr Stabilität am besten verkleben.

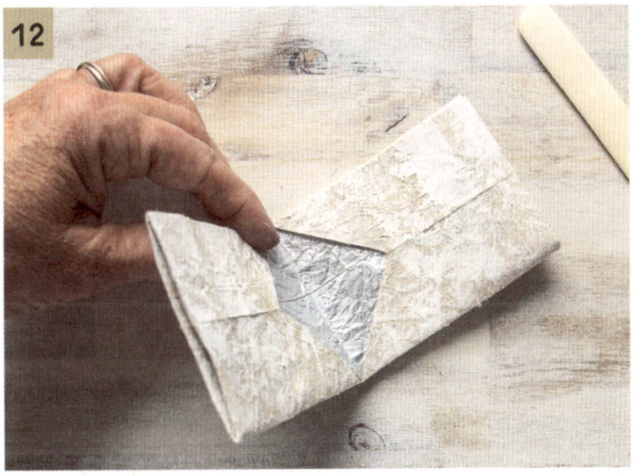

12. Noch einmal in der Mitte zusammenfalten. Die Geldbörse wäre somit fertig.

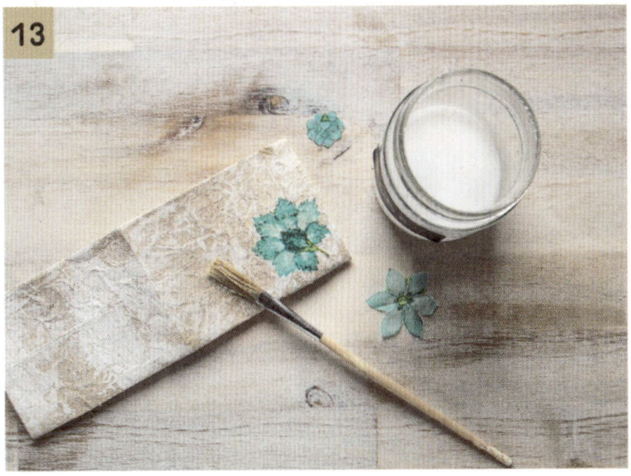

13. Verzieren lässt sich die Geldbörse z.B. gut mit der Serviettentechnik (siehe Kasten unten).

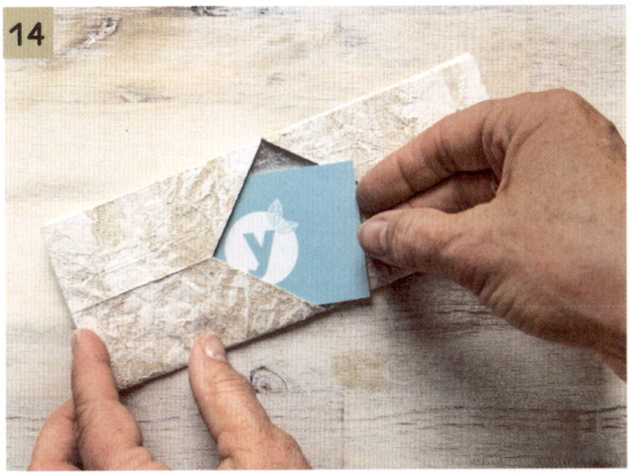

14. Jetzt ist sie einsatzbereit. Etwa für Kredit- oder Visitenkarten, Ausweis, ebenso für Geldscheine im hinteren Fach.

SERVIETTENTECHNIK

FÜR DIESE TECHNIK KLEINE BILDMOTIVE AUS DER GEWÄHLTEN SERVIETTE HERAUSSCHNEIDEN. VERWENDET WIRD NUR DIE OBERSTE, BEDRUCKTE SCHICHT DER 3 LAGEN. DANN DIE VORGESEHENE FLÄCHE MIT DEM SERVIETTENKLEBER EINPINSELN, DAS MOTIV AUFLEGEN UND MIT DEM PINSEL GLATT STREICHEN.

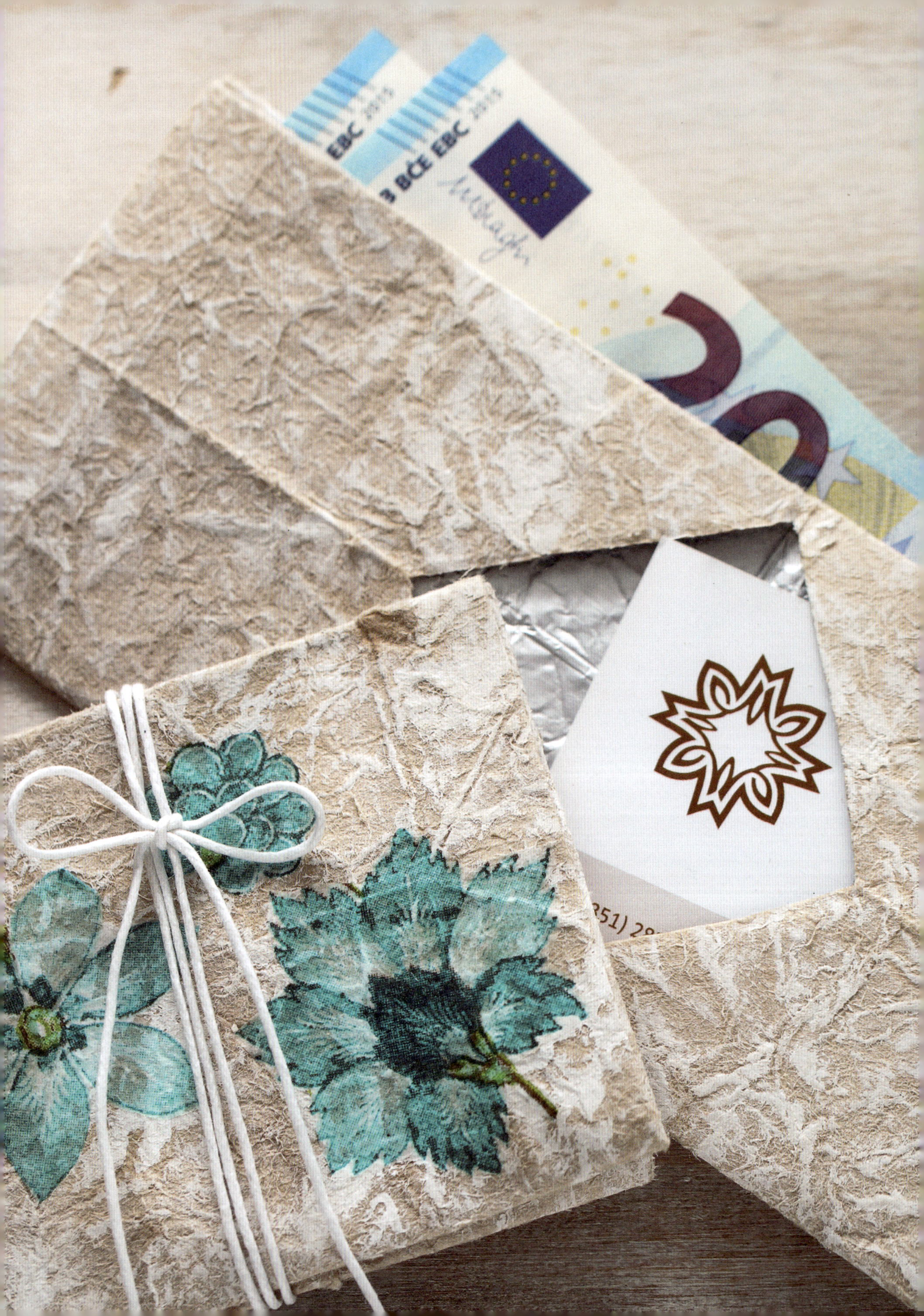

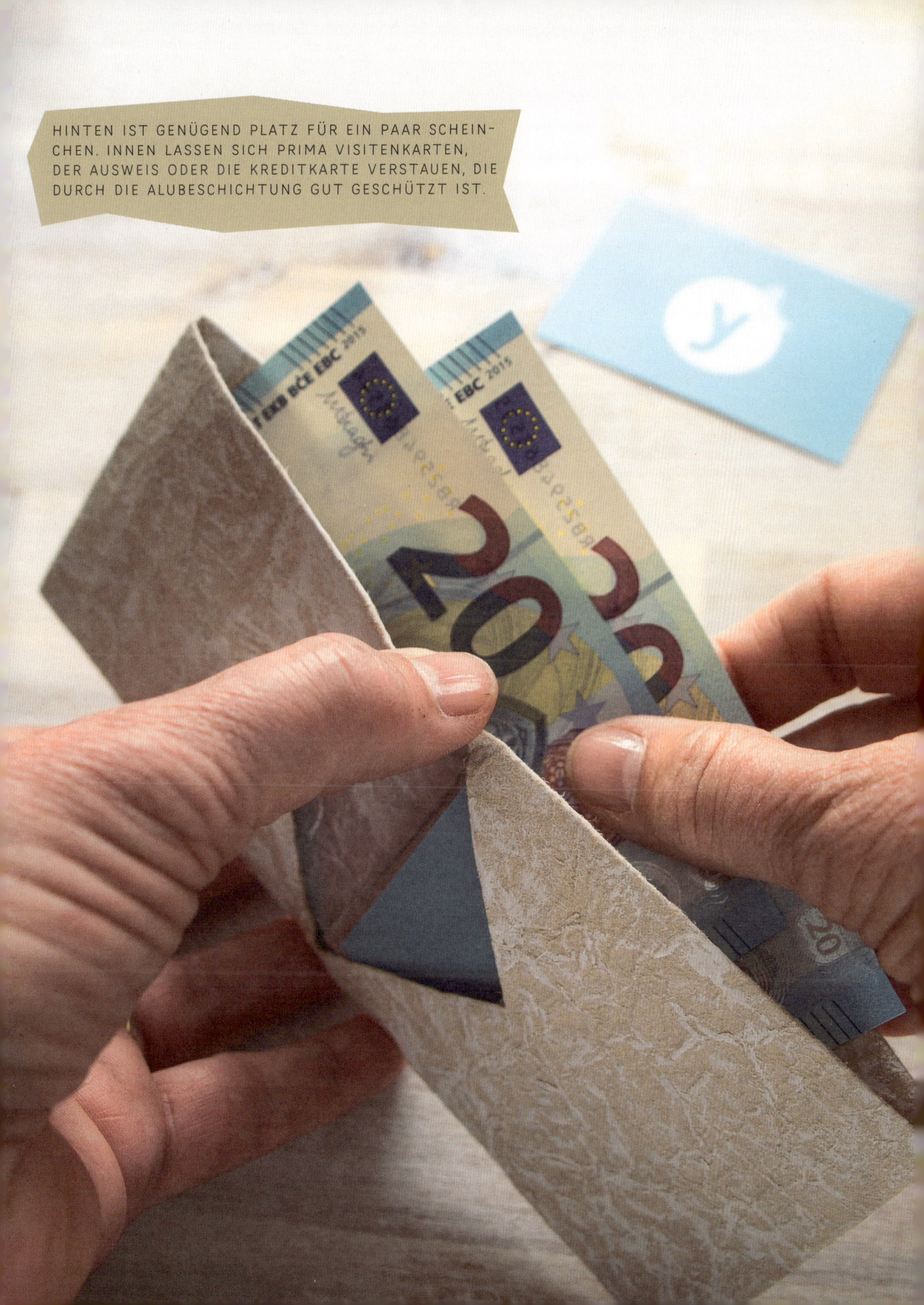

HINTEN IST GENÜGEND PLATZ FÜR EIN PAAR SCHEINCHEN. INNEN LASSEN SICH PRIMA VISITENKARTEN, DER AUSWEIS ODER DIE KREDITKARTE VERSTAUEN, DIE DURCH DIE ALUBESCHICHTUNG GUT GESCHÜTZT IST.

Kleine Goldbörse

MATERIAL:
GETRÄNKEKARTON, CUTTER, FALZBEIN, SCHERE, GOLDENE ACRYLFARBE, PINSEL, LACKSTIFT, SELBSTKLEBENDER KLETT-VERSCHLUSS

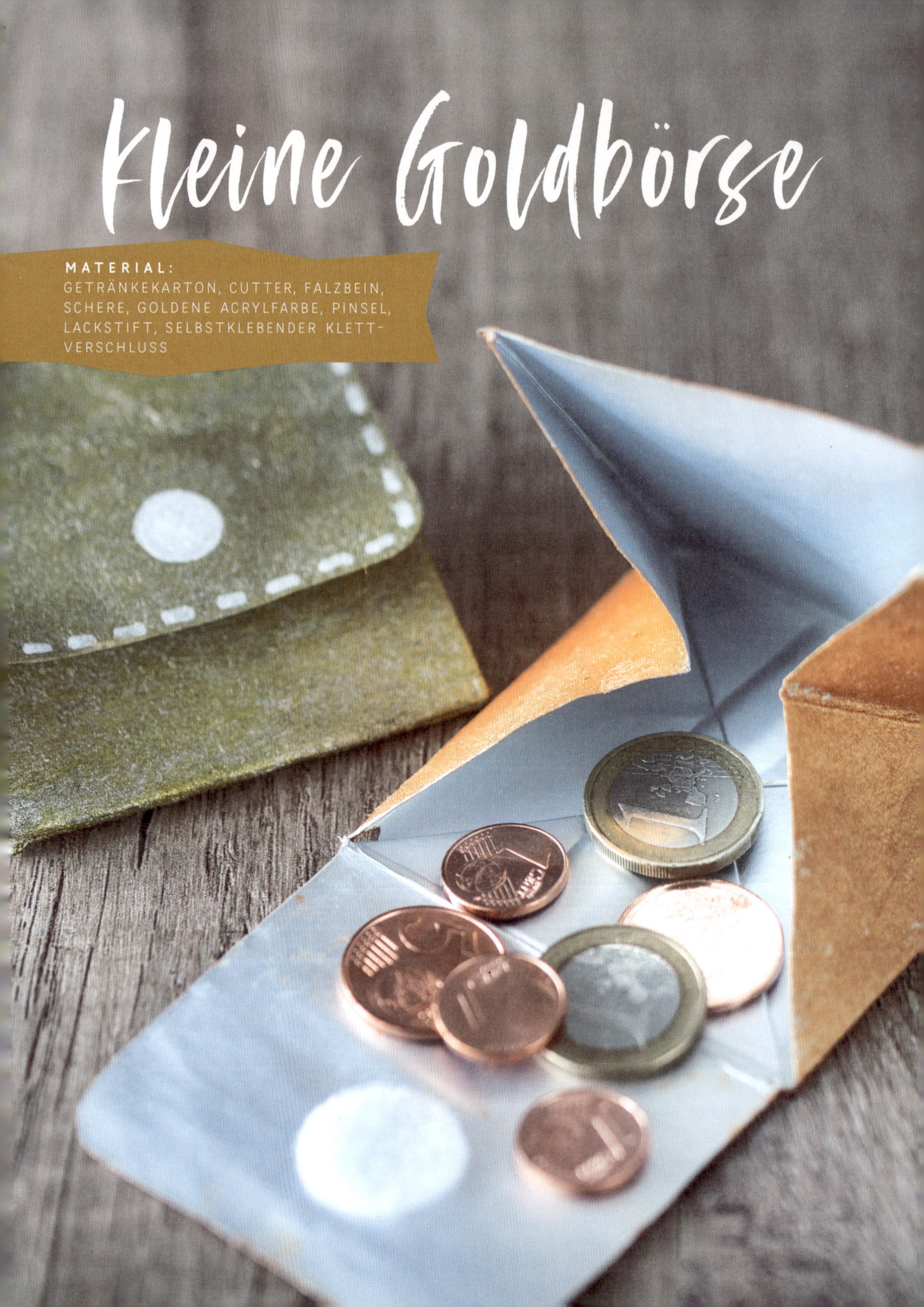

UND HIER DIE VARIANTE FÜRS KLEINGELD. BRAUCHT MAN JA AUCH IMMER MAL, FÜR DEN EINKAUFSWAGEN ODER PARKAUTOMATEN, IN DER EISDIELE UND FÜR DIE SCHNELLE BREZEL BEIM BÄCKER. DIE GELDBÖRSE PASST IN DIE HOSENTASCHE ODER DIE RADTASCHE BEI EINER KLEINEN FAHRRADTOUR.

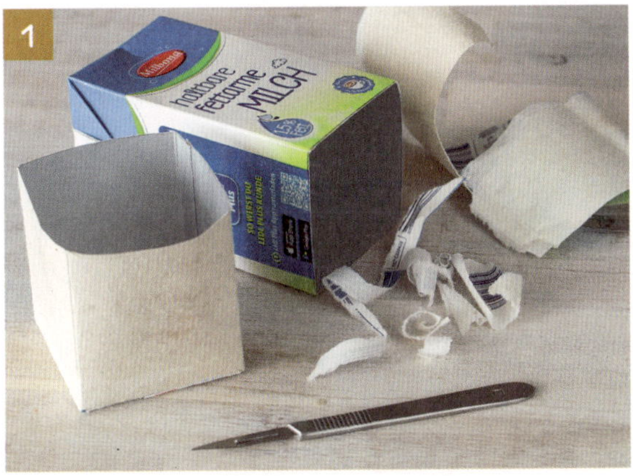

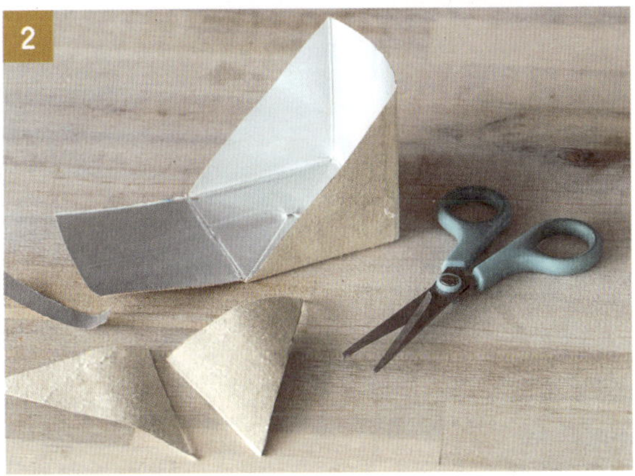

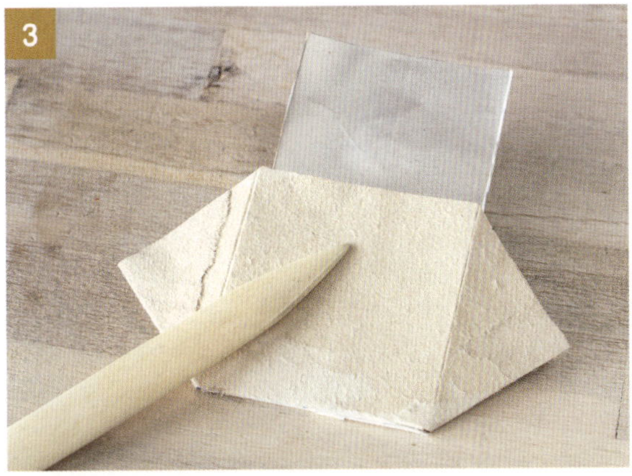

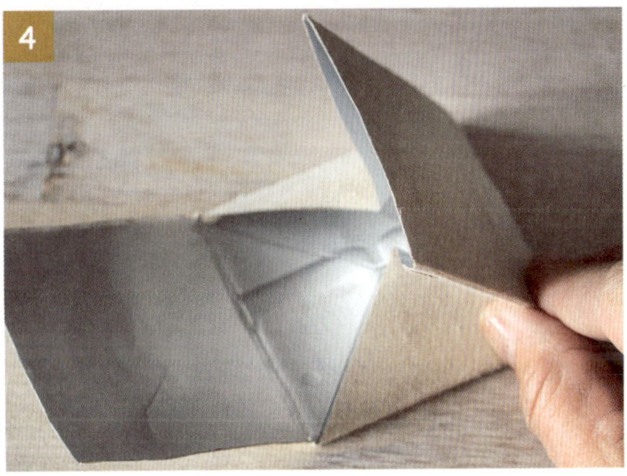

1. Einen Getränkekarton in der Höhe von ca. 7,2 cm mit dem Cutter sauber abschneiden und anschließend die bedruckte Schicht vorsichtig ablösen. Auch an der Unterseite. Ist etwas pfriemelig, aber möglich!

2. Dann die Form an 2 Kanten nach unten bis zum Boden einschneiden und die Seitenteile diagonal abschneiden. Die Lasche, die nach vorne weggeklappt ist, kürzt man um ca. 1,5 cm.

3. Nun den Karton einmal nach oben zur Lasche zusammenklappen und die Seiten nach außen ziehen. Mit einem Falzbein gut andrücken.

4. Wieder öffnen. Jetzt lassen sich die Seiten einfach nach innen legen. Alle Kanten noch einmal gut andrücken.

Fortsetzung auf der nächsten Seite

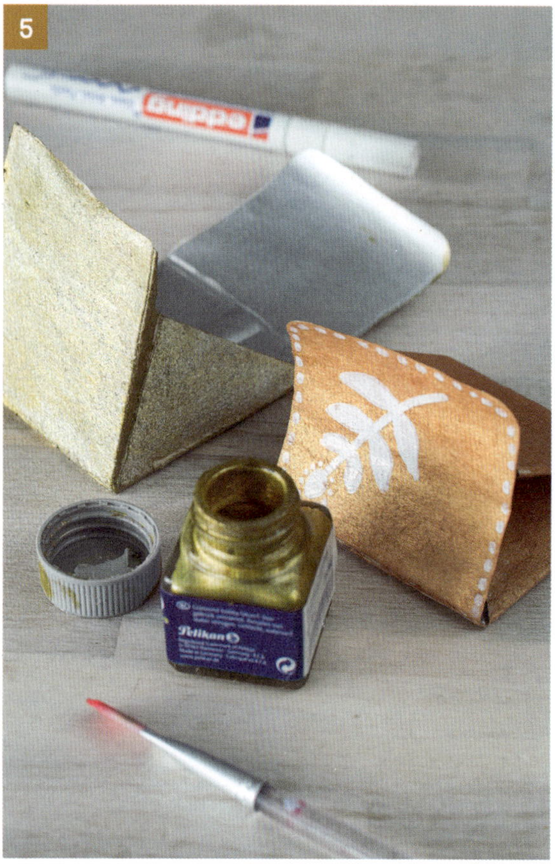

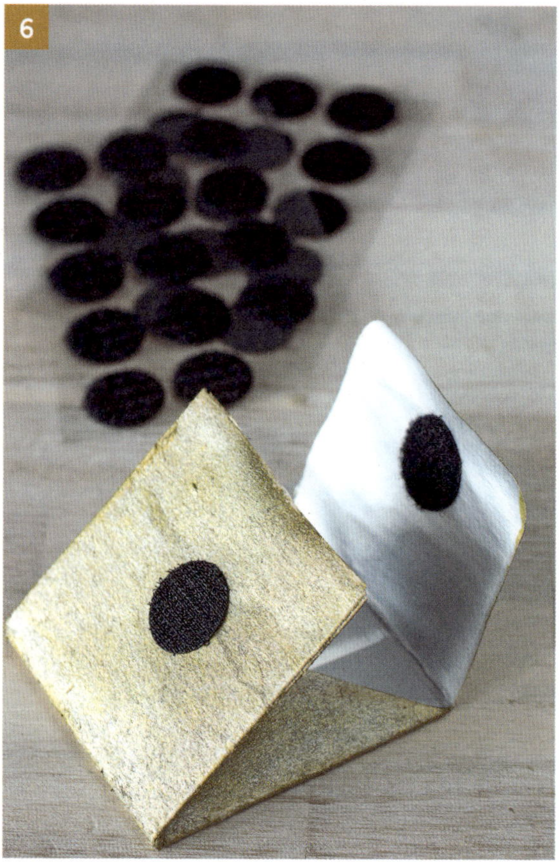

5. Und schon ist die Geldbörse fertig zum Gestalten. Zum Beispiel mit goldfarbener Acrylfarbe. Vorsichtig mit einem Pinsel auftragen und gut trocknen lassen. Wer mag, kann noch die Ecken der oberen Lasche abrunden. Anschließend kann man die Lasche noch mit einem Lackstift verzieren.

6. Um die Geldbörse später verschließen zu können, bringt man einen selbstklebenden Klettverschluss an. So bleibt das Kleingeld sicher verwahrt und kann nicht herausfallen.

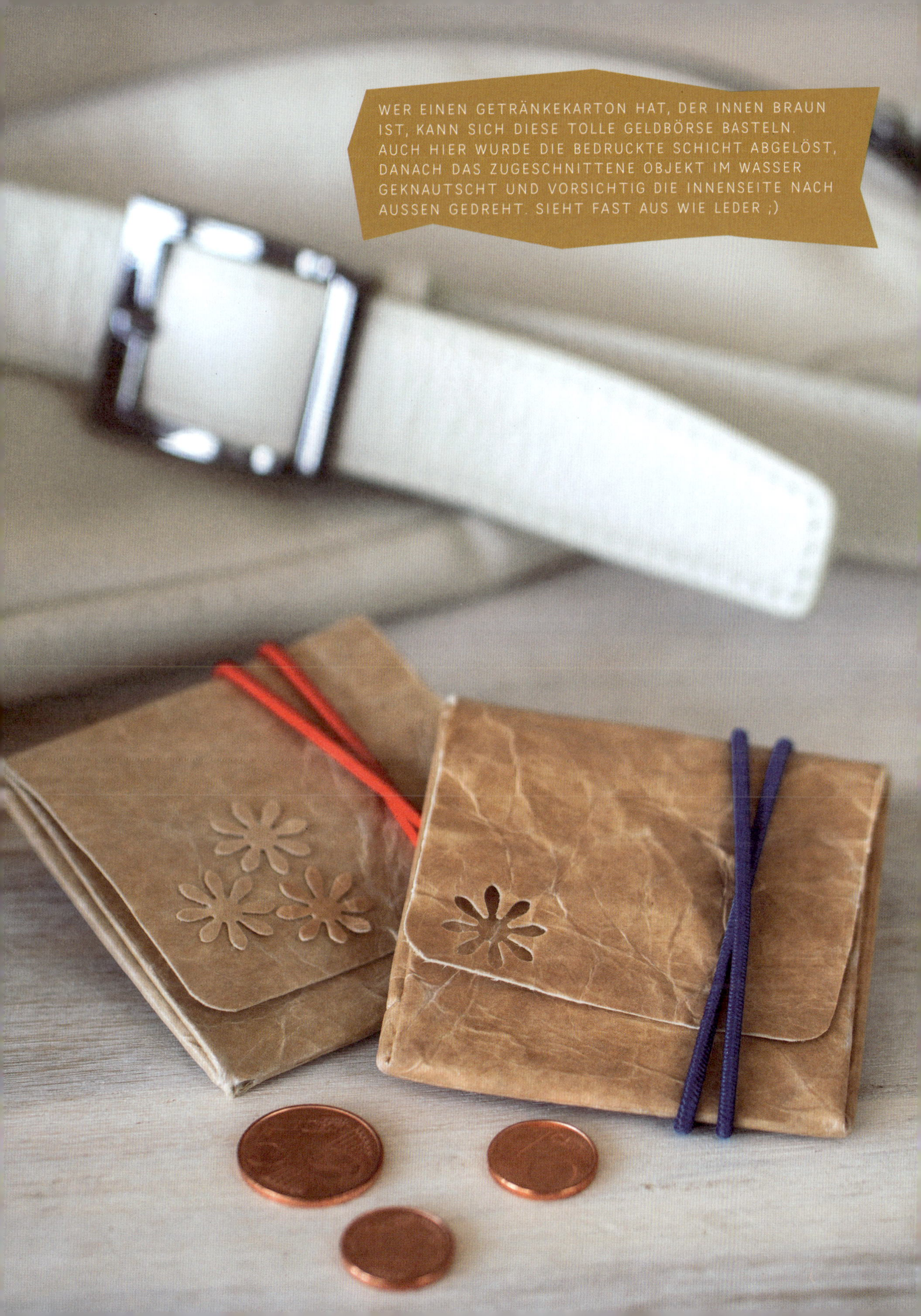

WER EINEN GETRÄNKEKARTON HAT, DER INNEN BRAUN IST, KANN SICH DIESE TOLLE GELDBÖRSE BASTELN. AUCH HIER WURDE DIE BEDRUCKTE SCHICHT ABGELÖST, DANACH DAS ZUGESCHNITTENE OBJEKT IM WASSER GEKNAUTSCHT UND VORSICHTIG DIE INNENSEITE NACH AUSSEN GEDREHT. SIEHT FAST AUS WIE LEDER ;)

Winkelschale

MATERIAL:
GETRÄNKEKARTON, STOFF, GEODREIECK, STIFT, CUTTER, FALZBEIN, AHLE, BACKPAPIER, BÜGELEISEN, SCHERE, LOCHZANGE, NIETEN, NIETENZANGE

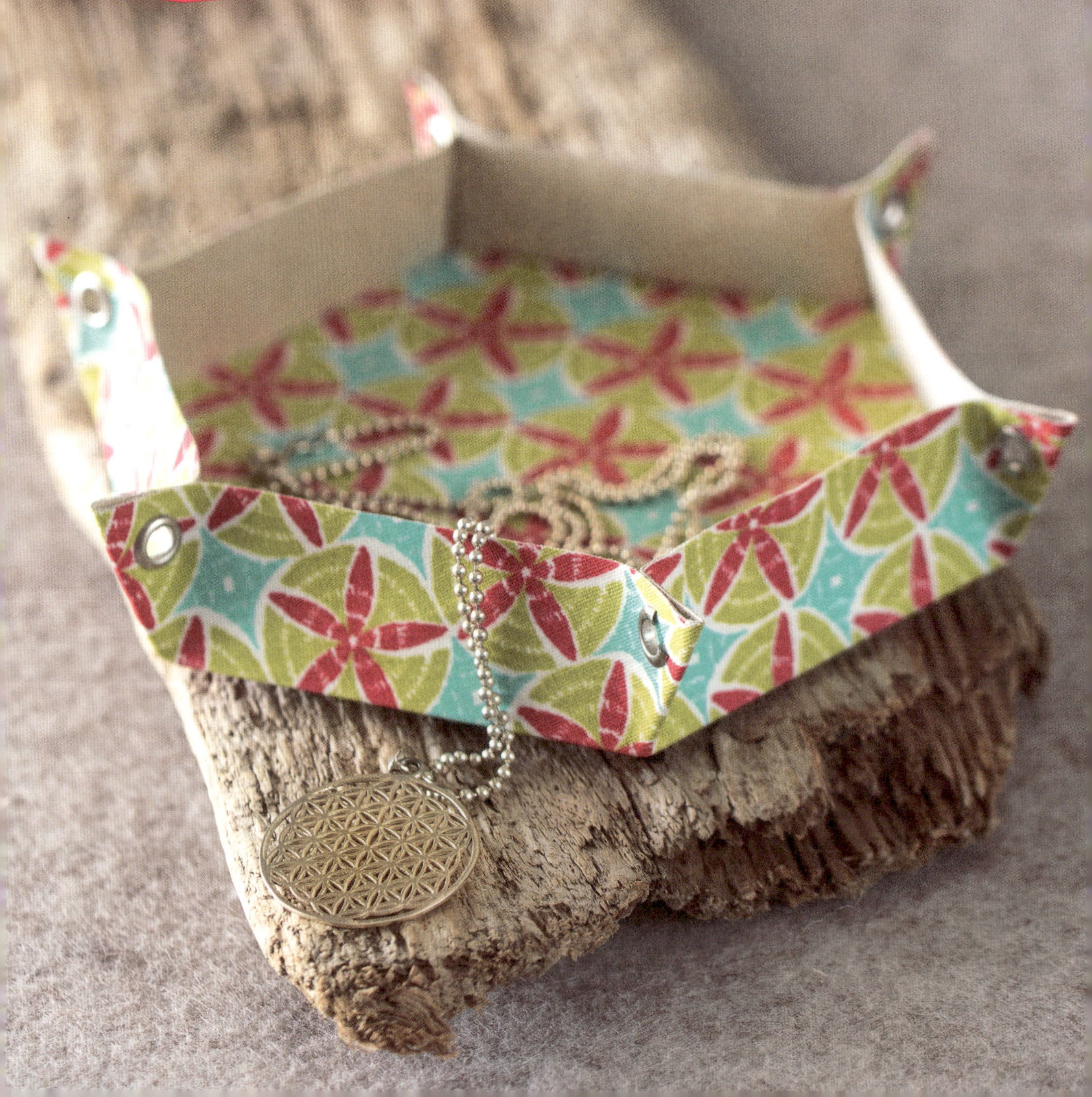

DIESE SCHALE MIT SECHS WINKELN IST EIN ECHTER HINGUCKER. DER STOFFBEZUG AUF DEM GETRÄNKEKARTON MACHT SIE EXTRA STABIL. UND WER WÜRDE DARUNTER SCHON EINE MILCHTÜTE ERRATEN? ZUR AUFBEWAHRUNG VON SCHMUCK UND ALLERLEI KLEINKRAM IST SIE IDEAL.

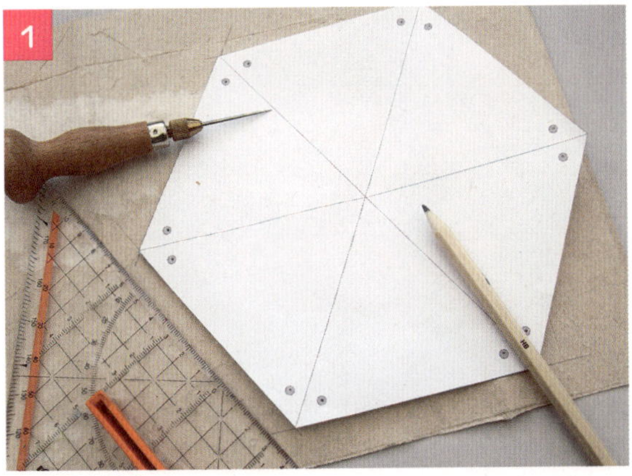

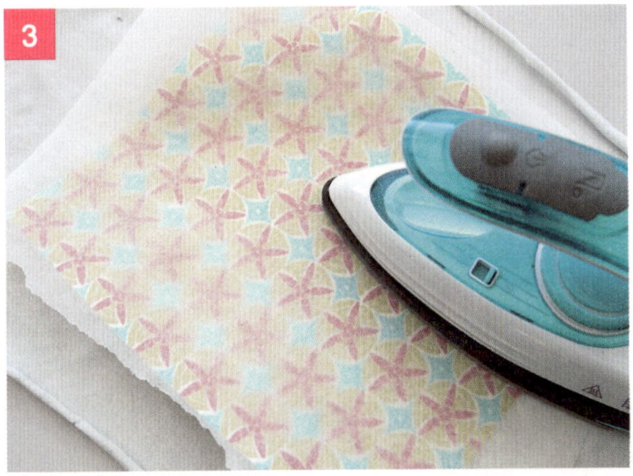

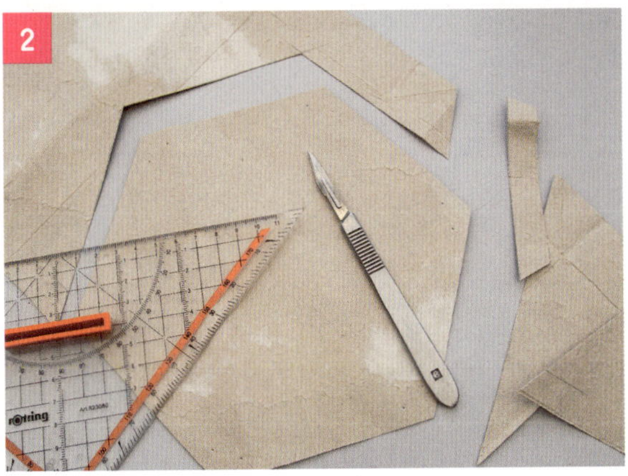

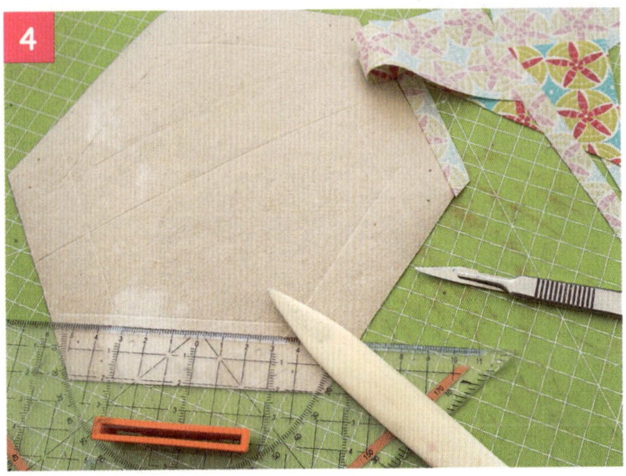

1. Eine Schablone für diese Schale befindet sich auf Seite 125. Diese auf den vorbereiteten Getränkekarton übertragen und mit einer Ahle die Löcher für die Nieten markieren.

2. Dann das Sechseck sauber ausschneiden. Eventuell die Knicke im Karton mit einem Falzbein etwas glätten.

3. Nun ein Stück Stoff auf die silberne Seite des Getränkekartons legen. Der Stoff sollte etwas über den Rand der Form ragen. Am besten einen leichten Stoff wählen, der nicht so stark ausfranst. Ein Stück Backpapier auf den Stoff legen und dann mit dem Bügeleisen ein paar Minuten auf der höchsten Stufe bügeln. Die Dampffunktion vorher ausschalten. Zwischendurch prüfen, ob der Stoff schon auf dem Karton festklebt.

4. Anschließend den überstehenden Stoff sauber abschneiden. Mit einem Geodreieck an allen Kanten ca. 2,5 cm abmessen und mit dem Falzbein am Lineal entlang fest einkerben. Dies erleichtert das spätere Umfalten.

Fortsetzung auf der nächsten Seite

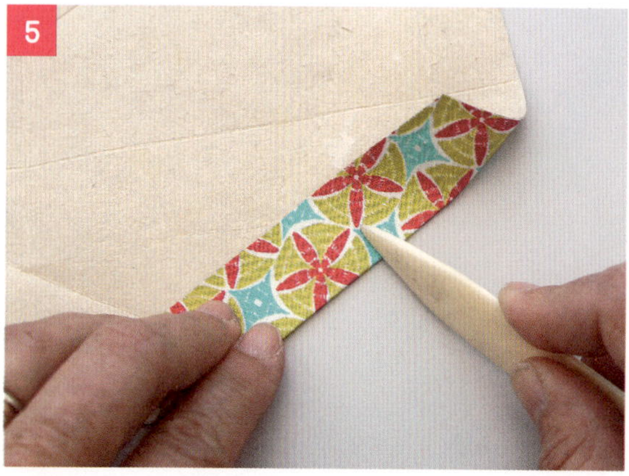

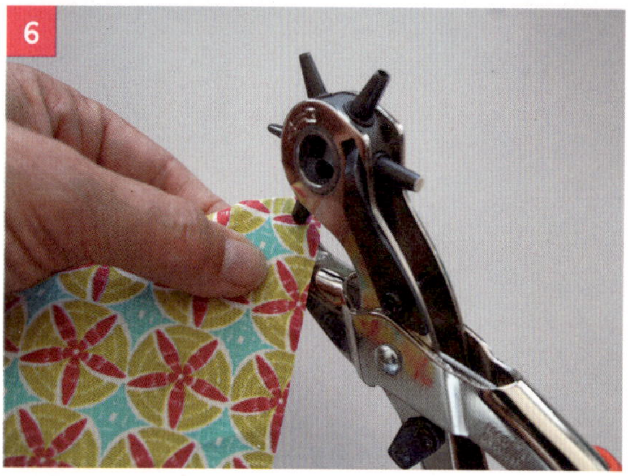

5. Jetzt kann man die Kanten nacheinander nach innen falten und mit dem Falzbein gut andrücken. An den Rändern jeweils ca. 2 cm freilassen.

6. Zum Lochen faltet man alle Ecken jeweils kurz zusammen und stanzt das Loch für die Niete gleich durch beide Stücke. Dadurch wird es passgenauer.

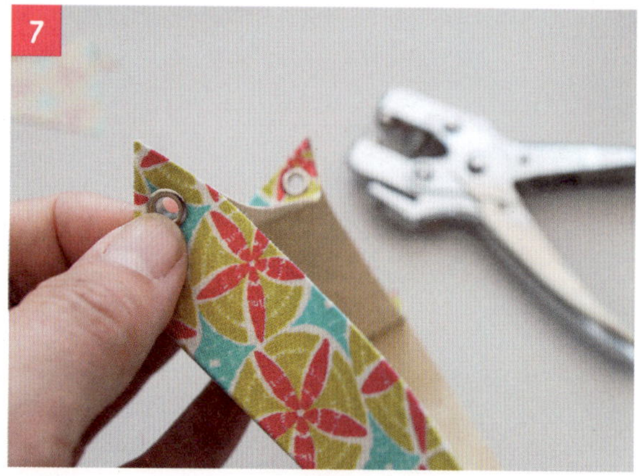

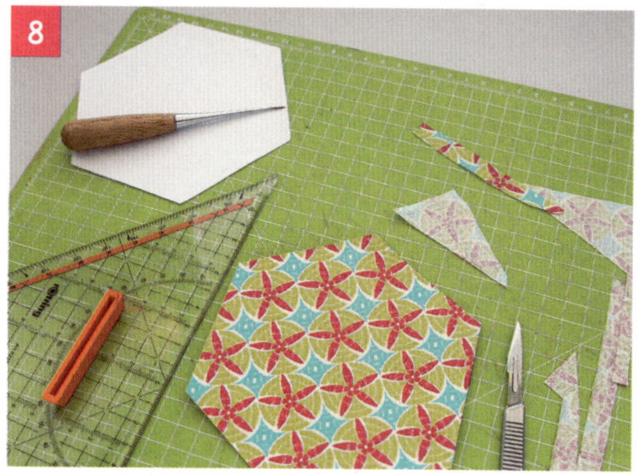

7. Dann können die Nieten durch die Löcher der Ecken gesteckt werden. Mit einer Nietenzange wird der Reihe nach jede Ecke zusammengenietet.
Anschließend die Schale an allen Seiten und Ecken mit den Fingern etwas ausformen.

8. Für mehr Stabilität kann man noch ein weiteres kleineres Sechseck (Schablone innen) mit Stoff beziehen und es auf den Boden der kleinen Schale kleben.

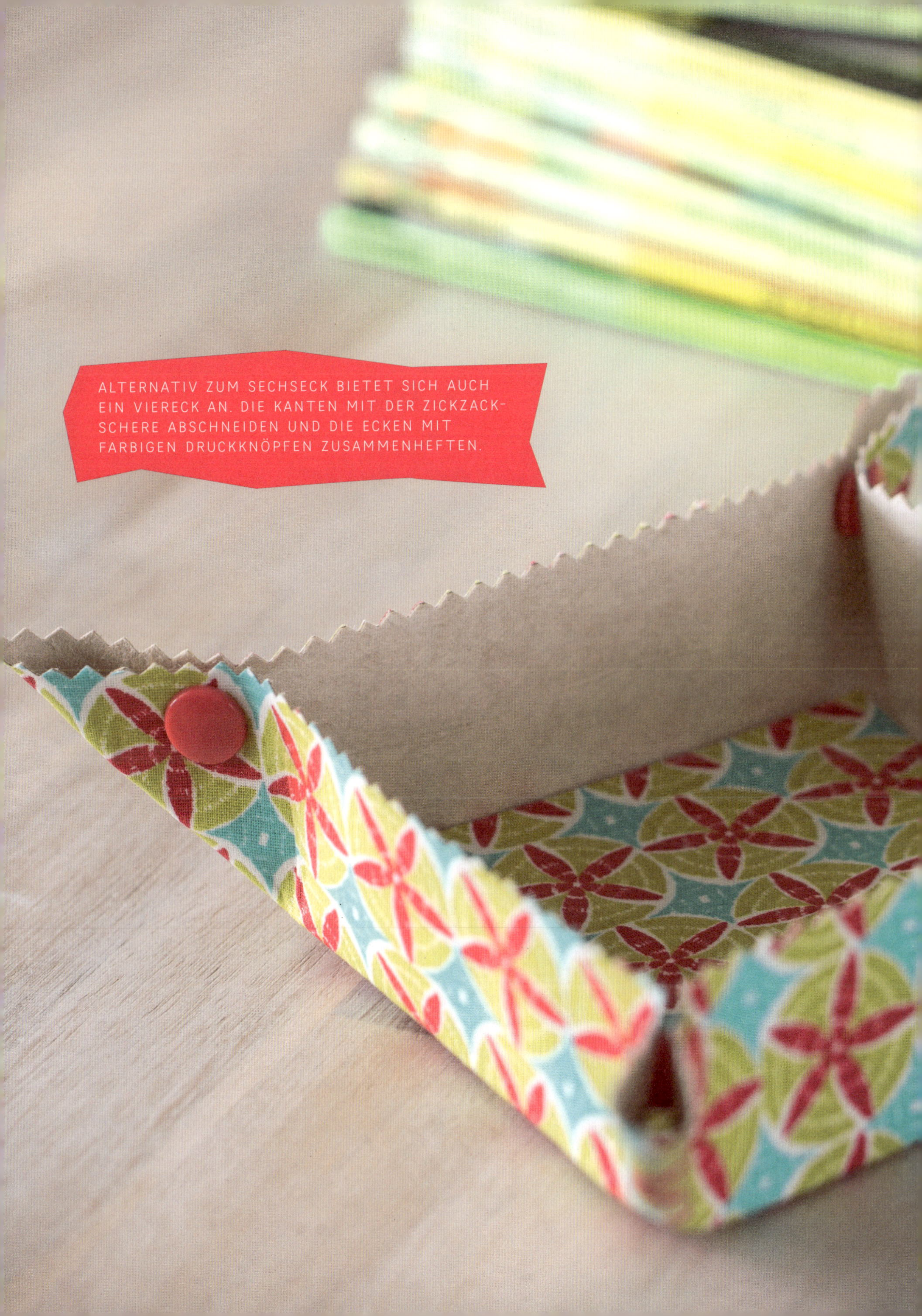

ALTERNATIV ZUM SECHSECK BIETET SICH AUCH EIN VIERECK AN. DIE KANTEN MIT DER ZICKZACK-SCHERE ABSCHNEIDEN UND DIE ECKEN MIT FARBIGEN DRUCKKNÖPFEN ZUSAMMENHEFTEN.

Zackige Schale

MATERIAL:
GETRÄNKEKARTON, STIFT, SCHERE, AHLE, LOCHZANGE, NIETENZANGE, NIETEN

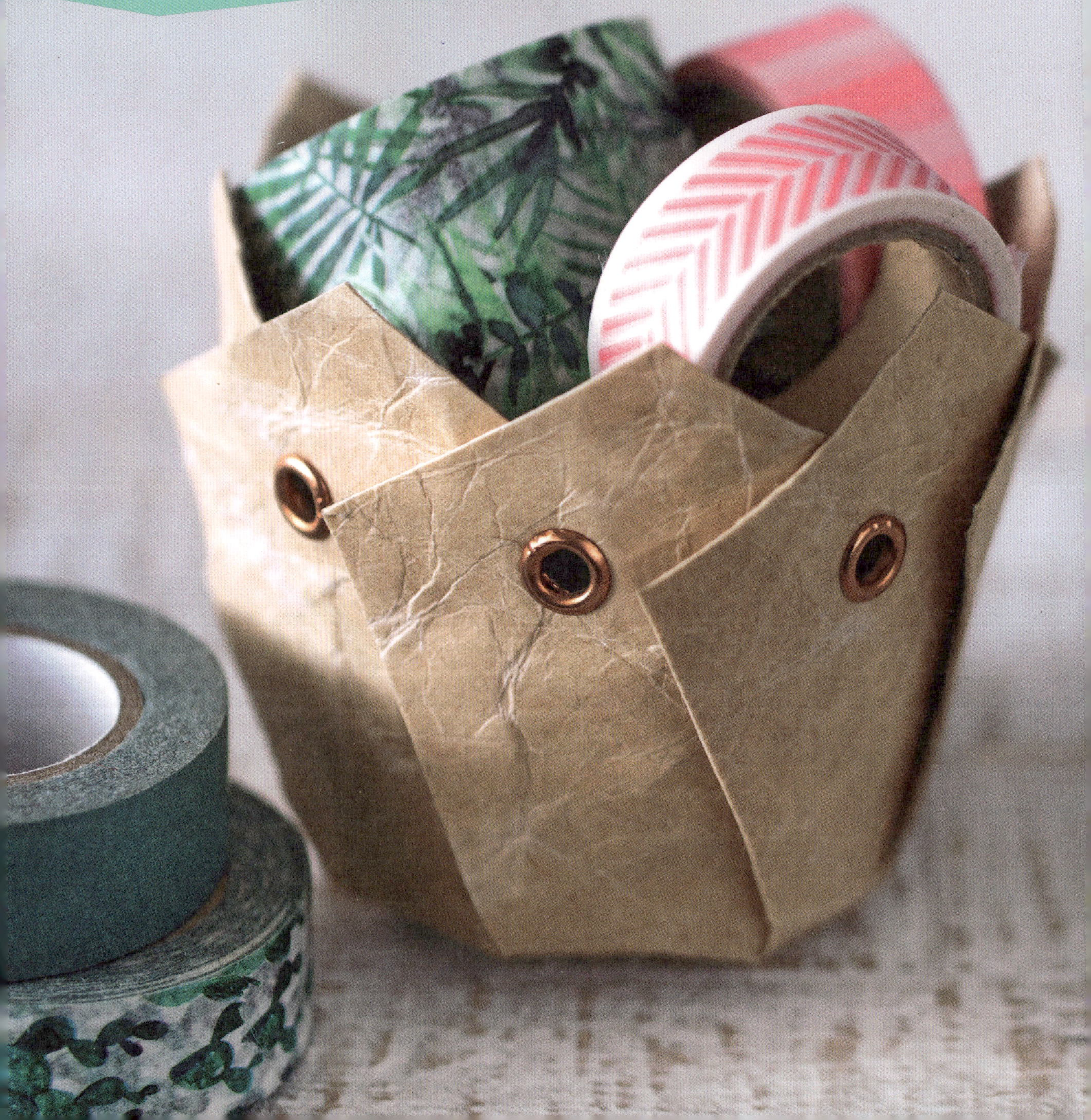

KLEINE SCHÄLCHEN ZUR AUFBEWAHRUNG KANN MAN NIE GENUG HABEN. UND MANCHMAL FEHLT EINFACH NUR EINE HÜBSCHE VERPACKUNG FÜR EINE KLEINIGKEIT, DIE MAN VERSCHENKEN MÖCHTE. BEVOR MAN DAFÜR TEURE BOXEN KAUFT - WIE WÄRE ES MIT EINER EX-SAFTTÜTE?

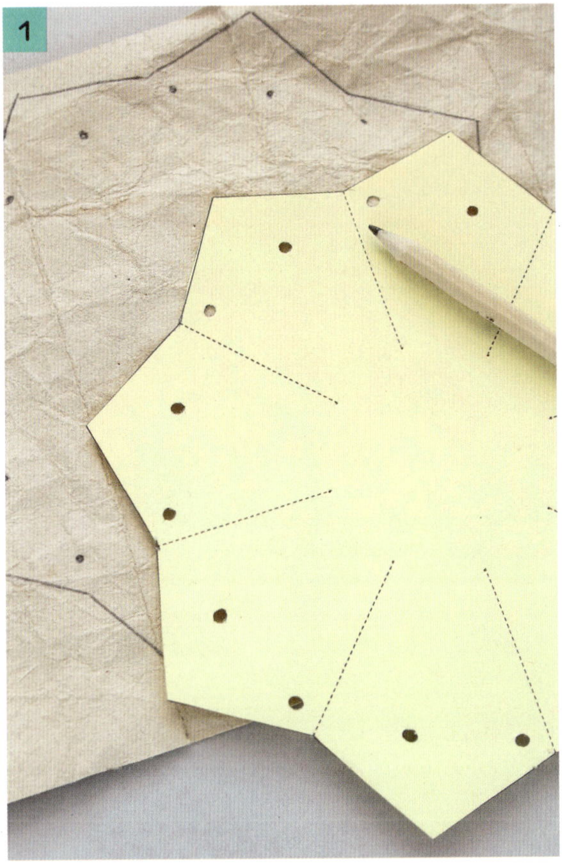

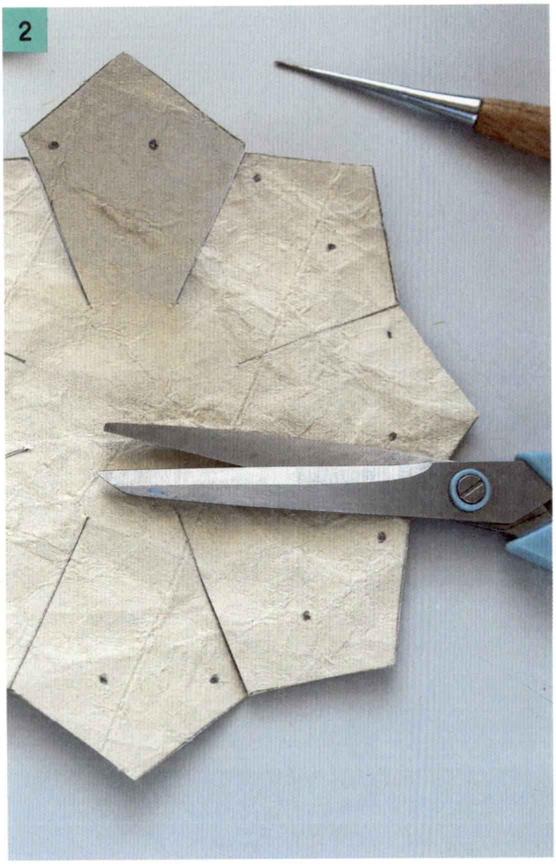

1. Für dieses Körbchen die Vorlage von Seite 119 verwenden. Diese mit einem Stift auf den Karton übertragen. Am besten schon in der Vorlage die Löcher ausstanzen, dann lassen sie sich ebenfalls leicht auf den Karton zeichnen. Die Punkte, bis zu denen man das Körbchen einschneidet, kann man mit der Ahle markieren.

2. Anschließend mit der Schere ausschneiden und an den vorgesehenen Stellen einschneiden.

Fortsetzung auf der nächsten Seite

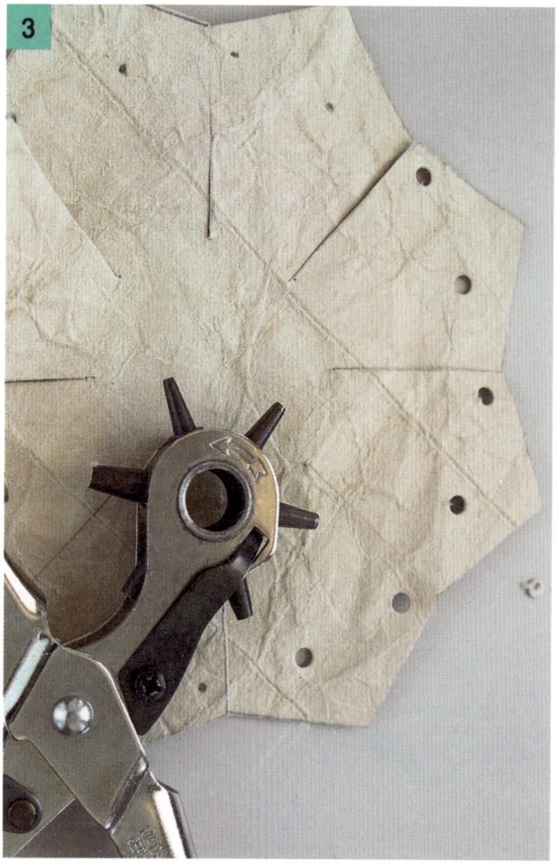

3. Nun die Löcher für die Nieten stanzen.

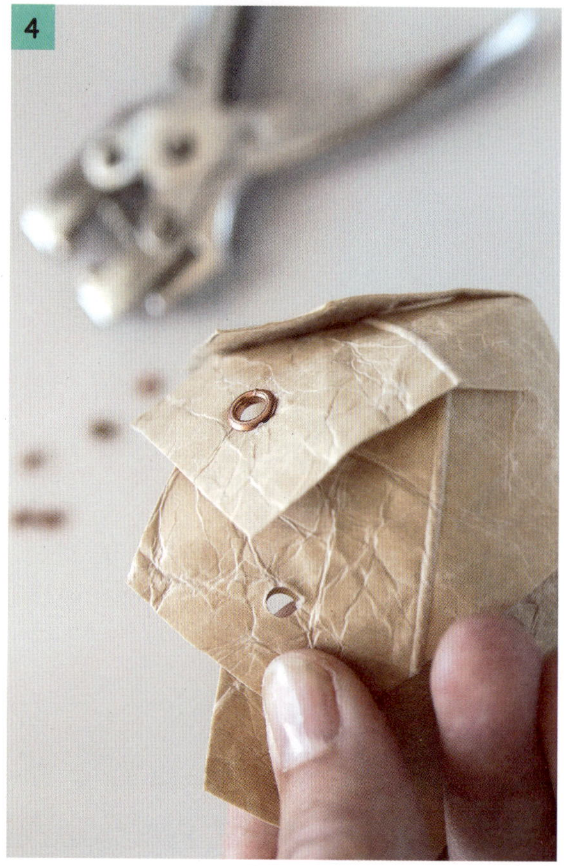

4. Die einzelnen Löcher dann in einer Richtung übereinanderschieben und jeweils mit einer Niete verbinden, bis die Schale rundum geschlossen ist.

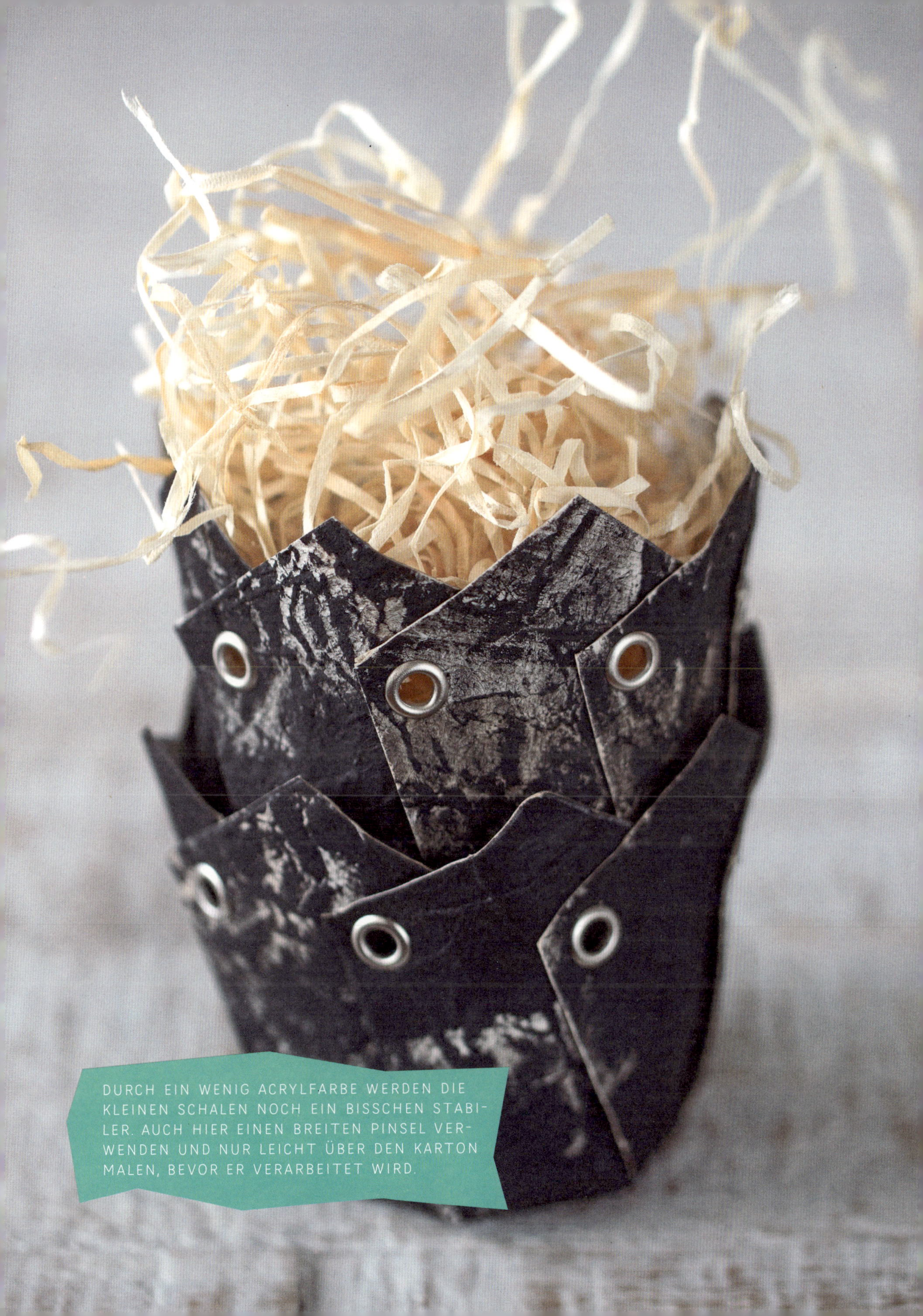

DURCH EIN WENIG ACRYLFARBE WERDEN DIE KLEINEN SCHALEN NOCH EIN BISSCHEN STABILER. AUCH HIER EINEN BREITEN PINSEL VERWENDEN UND NUR LEICHT ÜBER DEN KARTON MALEN, BEVOR ER VERARBEITET WIRD.

Jeans-Etui

MATERIAL:
GETRÄNKEKARTON, JEANSSTOFF, STIFT, SCHERE, DRAHTBÜRSTE, BÜGELEISEN, BACKPAPIER, NÄHMASCHINE, FALZBEIN, DRUCKKNOPFZANGE, DRUCKKNOPF

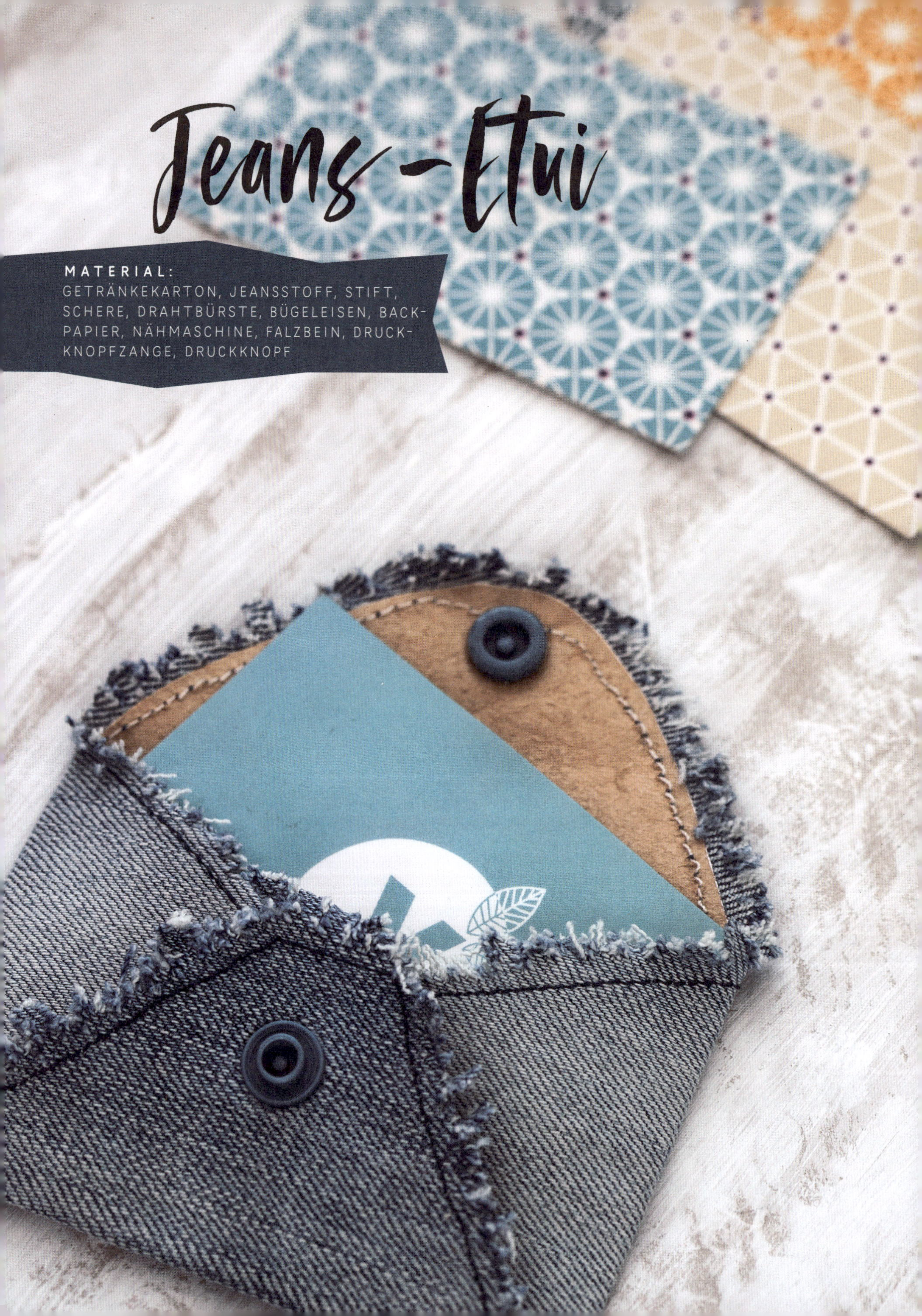

GLEICH EINE ZWEIFACHE RESTEVERWERTUNG. NICHT NUR DER GETRÄNKEKARTON, SONDERN AUCH DIE ALTE JEANS BEKOMMT EIN ZWEITES LEBEN. DIE VISITENKARTEN SIND GESCHÜTZT UND IMMER GRIFFBEREIT.

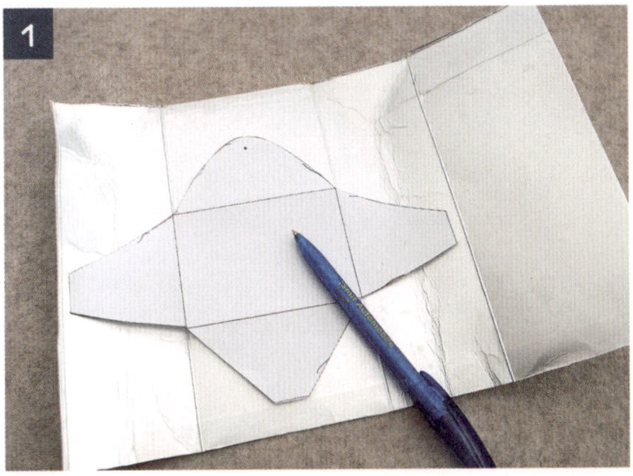

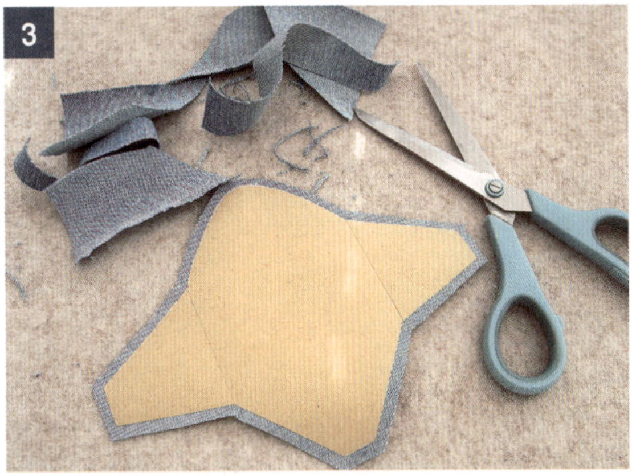

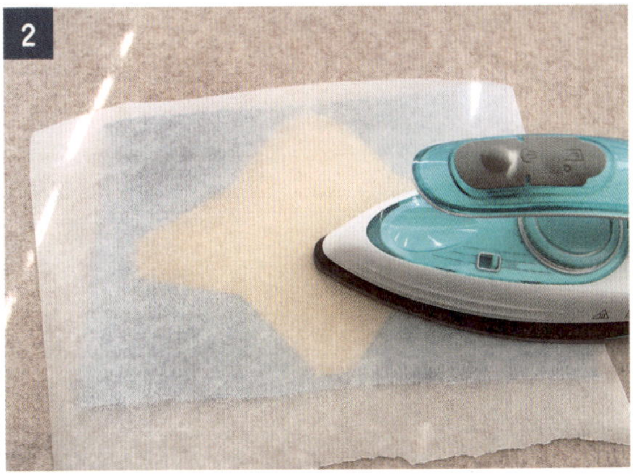

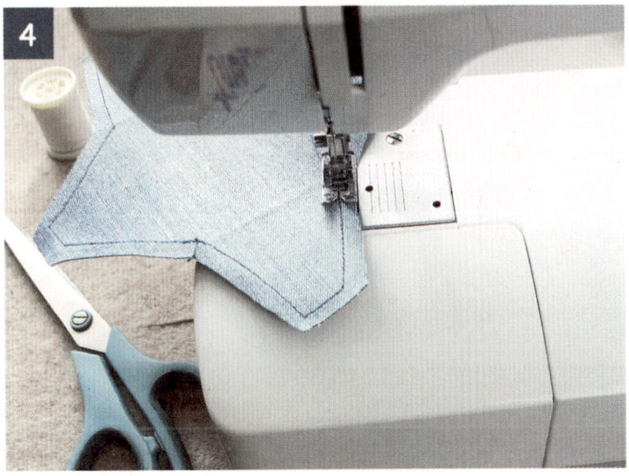

1. Die Vorlage (Seite 124) kopieren, ausschneiden und auf den Getränkekarton übertragen. Bei einem rechteckigen Milchkarton passt die Vorlage genau zwischen 2 Knicke des Kartons. Anschließend ausschneiden.

2. Nun die silberne Seite auf die linke Seite des Stoffes legen. Darauf achten, dass an allen Seiten ca. 1cm Stoff übersteht. Vor dem Bügeln einen Bogen Backpapier unterlegen und auf der heißesten Stufe, ohne Dampf, solange bügeln, bis sich die Aluschicht mit dem Stoff verbunden hat.

3. Mit der Schere nun noch einmal ausschneiden, dabei einen Rand von 5 mm stehen lassen.

4. Damit sich der Stoff bei Benutzung nicht ablöst, kann man den Karton mit der Nähmaschine noch einmal rundherum abnähen.

Fortsetzung auf
der nächsten Seite

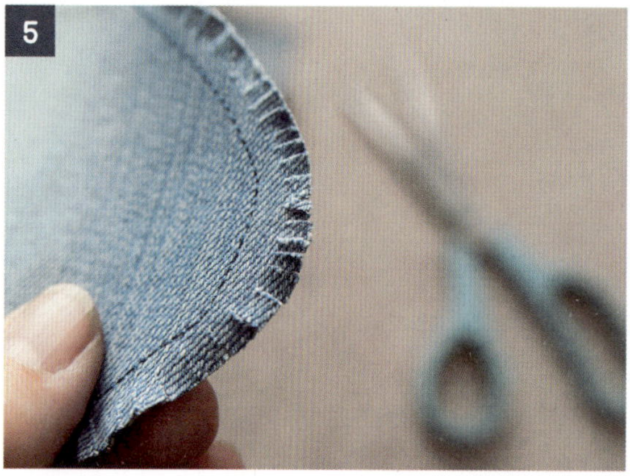

5. Mit einer Schere nun den kompletten Rand in kleinen Abständen einschneiden.

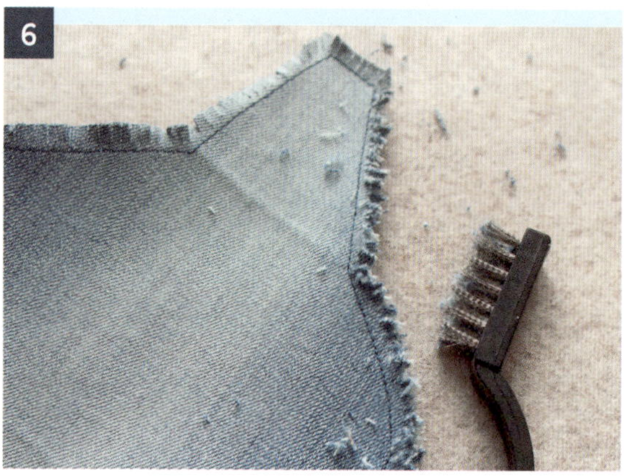

6. Dann mit der kleinen Drahtbürste den Rand aufrubbeln, bis er schön franselig ist.

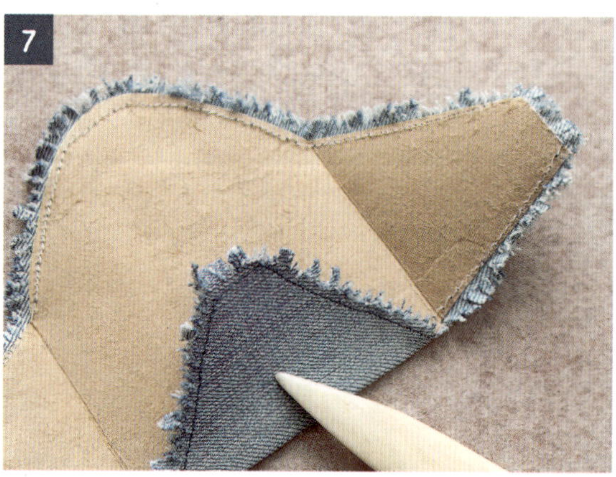

7. Mit dem Falzbein drückt man anschließend alle Kanten gut fest.

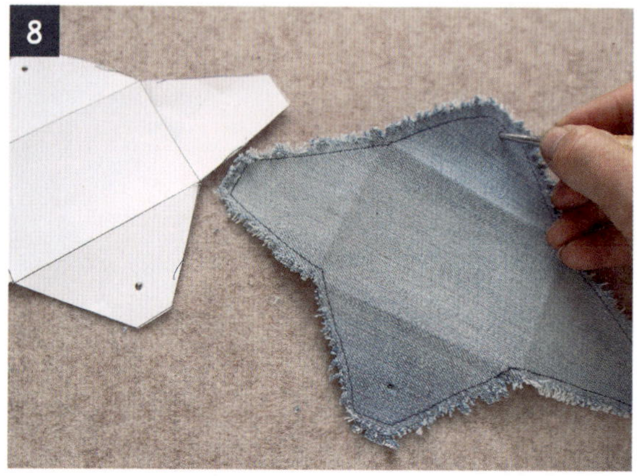

8. Nun noch einmal die Vorlage verwenden, um die Löcher für die Druckknöpfe zu markieren.

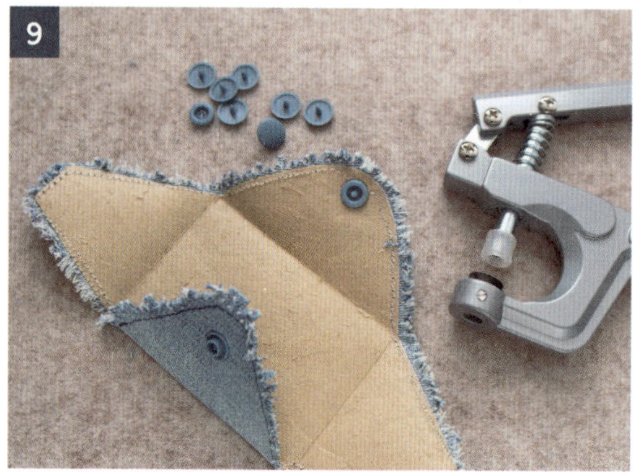

9. Zwei passende Druckknöpfe anbringen.

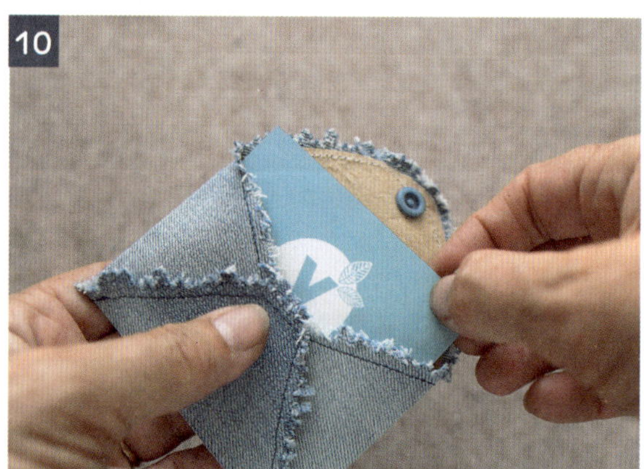

10. Die Seiten einklappen. Die untere Seite nach oben falten, Visitenkarten hineinschieben und mit dem Druckknopf verschließen.

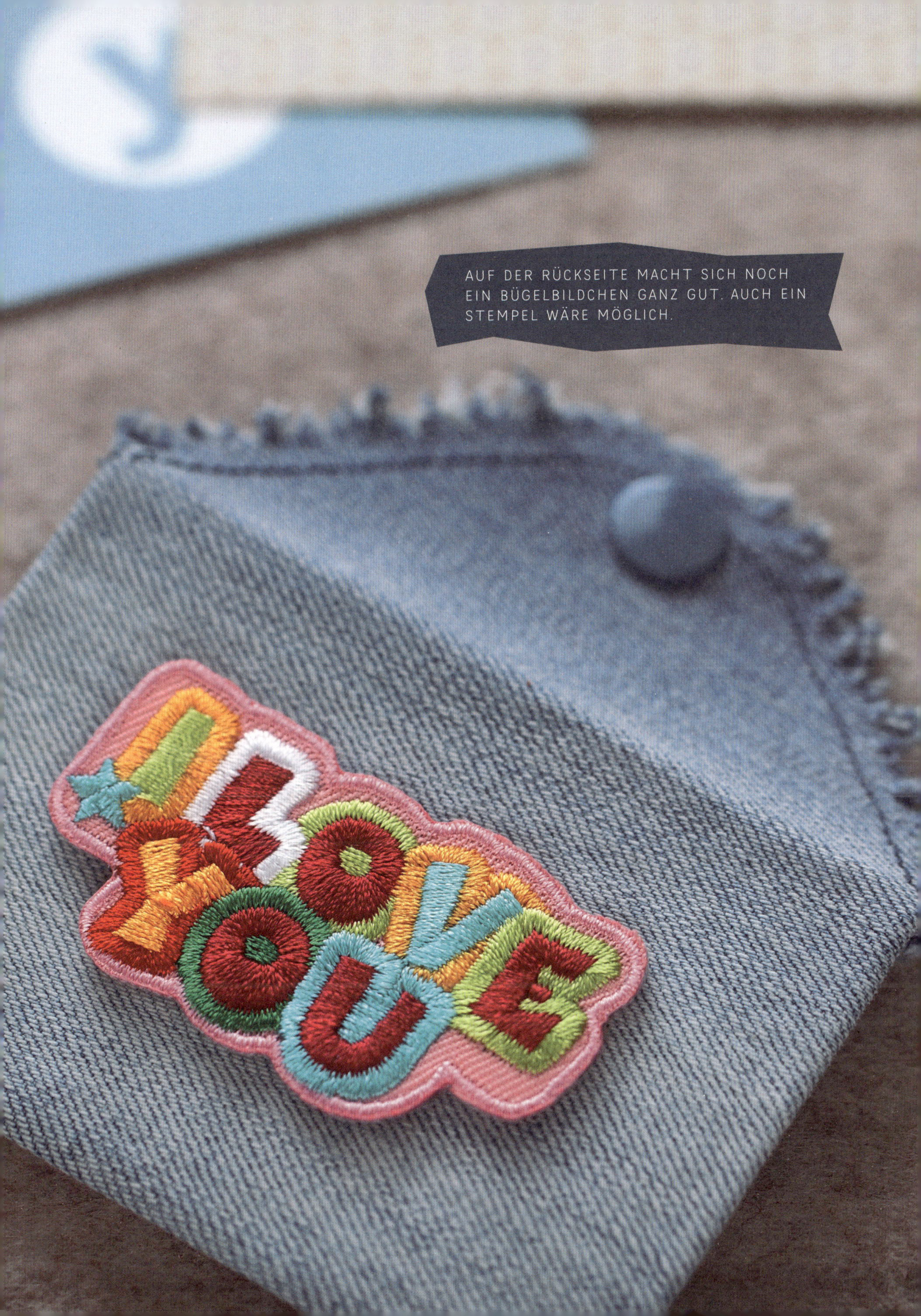

AUF DER RÜCKSEITE MACHT SICH NOCH EIN BÜGELBILDCHEN GANZ GUT. AUCH EIN STEMPEL WÄRE MÖGLICH.

Besuch im Zoo

MATERIAL:
GETRÄNKEKARTON, SCHERE, CUTTER, STIFT, ACRYLFARBE, PINSEL, LACKSTIFT ODER PERMANENTMARKER

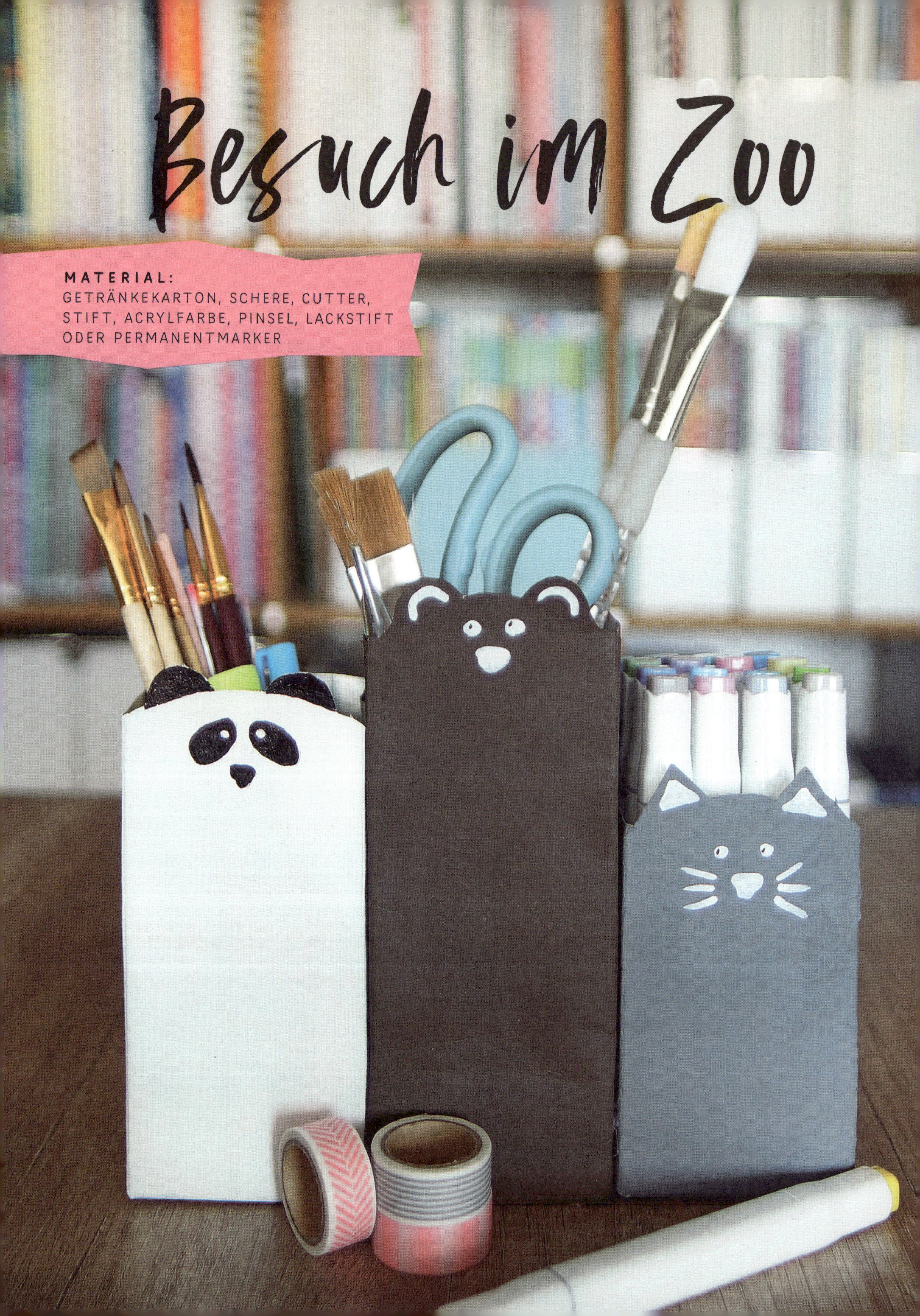

ORDNUNG MUSS SEIN – AUCH AUF DEM SCHREIBTISCH DER KIDS. UND DAMIT DAS EIN BISSCHEN LEICHTER FÄLLT, KANN MAN DIE BOXEN FÜR STIFTE & CO EIN BISSCHEN AUFHÜBSCHEN. DA MACHT ES DOCH GLEICH VIEL MEHR SPASS AUFZURÄUMEN, ODER?

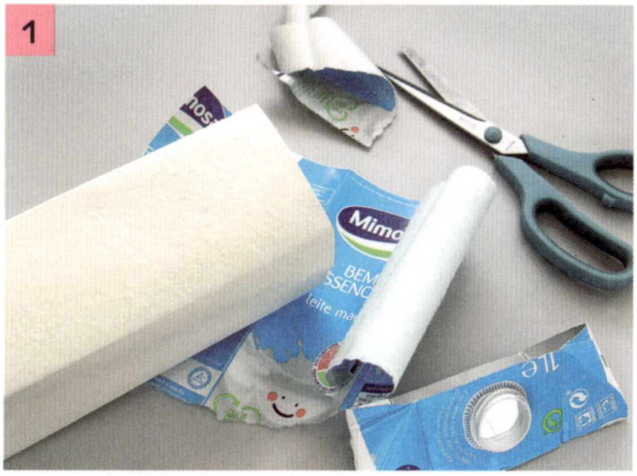

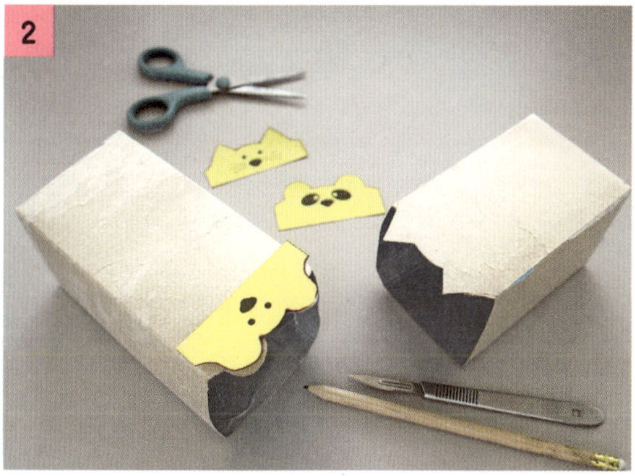

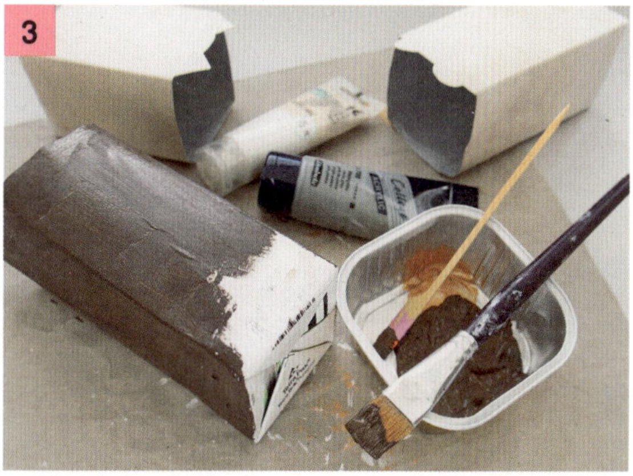

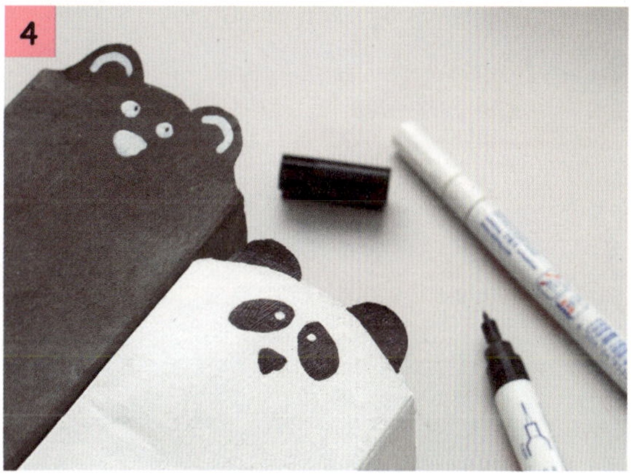

1. Für diese kleinen Ordnungshüter eignen sich am besten viereckige Milch- oder Safttüten. Den oberen Teil des Getränkekartons mit der Schere sauber abschneiden. Anschließend die bedruckte Schicht ablösen. Für mehr Stabilität kann man die Schicht auch dranlassen, das macht es allerdings schwieriger, die Tierformen auszuschneiden.

2. Nun legt man sich eine Schablone der Tiere an (Vorlage auf Seite 120), um sie auf den Karton zu übertragen. Anschließend mit der Schere oder dem Cutter ausschneiden.

3. Dann die Kartons mit Acrylfarbe farbig anlegen, je nachdem, um welches Tier es sich handelt. Hier sind es Braunbär, Katze und Panda.

4. Ist die Farbe gut angetrocknet, zeichnet man mit wasserfestem Filzstift oder Lackstiften die Gesichter auf. Wer mag, kann die einzelnen Tüten später mit Heißkleber aneinanderkleben.

Schicke Tarnkappen

MATERIAL:
PRO HUSSE 2 GETRÄNKEKARTONS, FESTES PAPIER, STIFT, SCHERE, ACRYLFARBE, PINSEL, EVTL. ETIKETTIERER

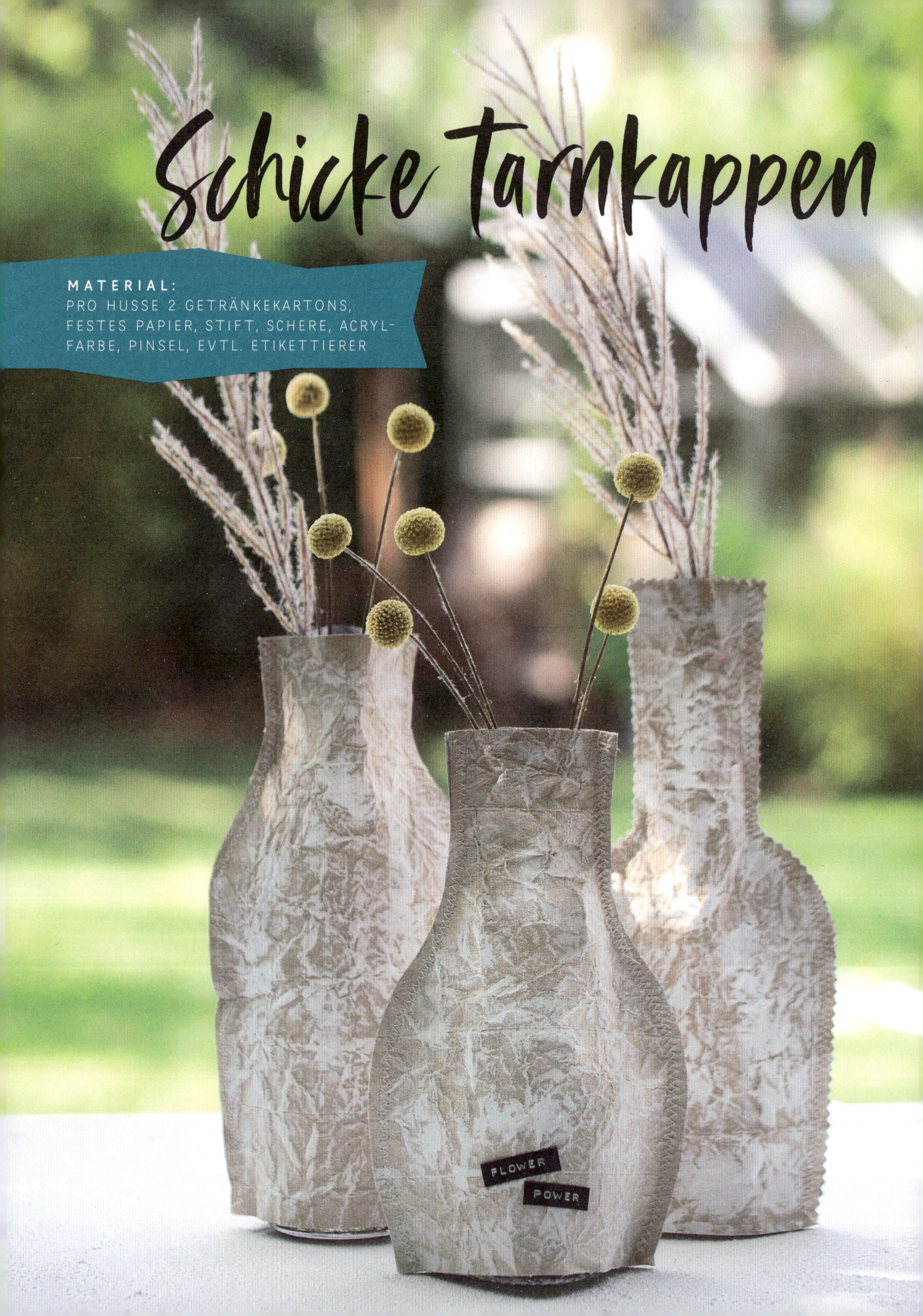

AUCH SCHÖNE GLASFLASCHEN KANN MAN AUFHEBEN, UM SIE WEITER ZU VERWENDEN. ZUM BEISPIEL ALS VASE. NOCH HÜBSCHER WERDEN SIE, WENN MAN SIE MIT EINER KLEINEN HUSSE VERKLEIDET. EINE PERFEKTE GESCHENKIDEE ODER ALS DEKO FÜRS EIGENE ZUHAUSE.

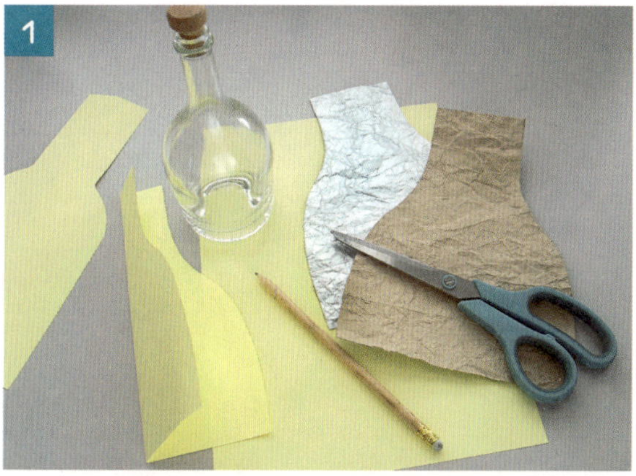

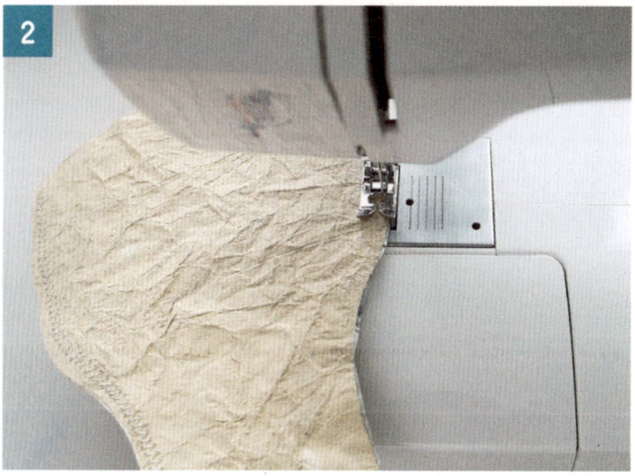

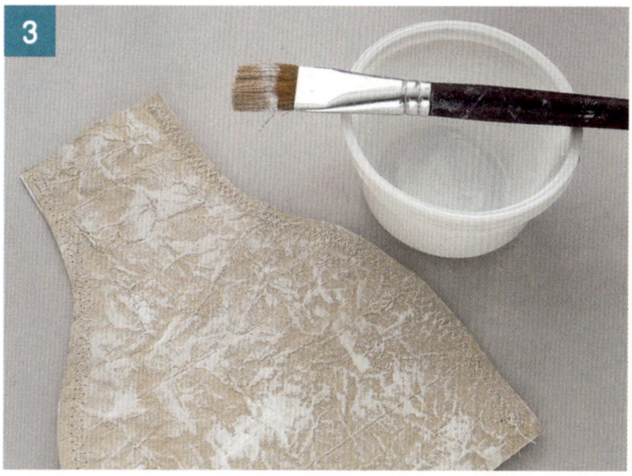

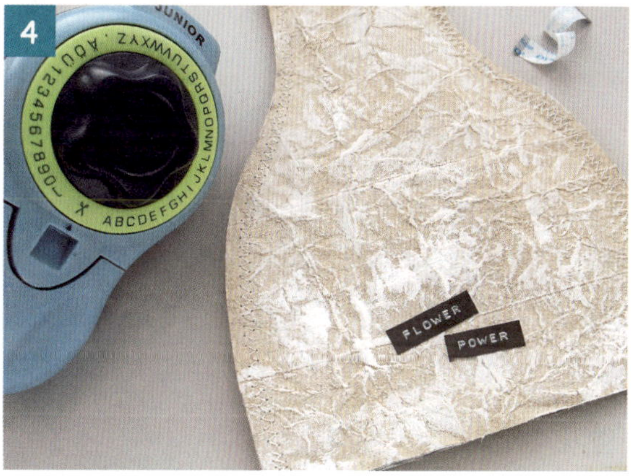

1. Die Form der Husse muss man individuell an die jeweilige Flasche anpassen. Dazu am besten einen Bogen Papier in der Mitte falten und mit dem Stift die halbe Kontur der Flasche aufmalen, dabei die Dreidimensionalität der Flasche bedenken – also genügend Breite vorsehen. Anschließend den Bogen ausschneiden und auffalten.
Die Form auf zwei vorbereitete Tüten aufzeichnen und diese ebenfalls ausschneiden.

2. Die silbernen Schichten nach innen legen und den Rand mit der Nähmaschine im Zickzackstich abnähen.

3. Mit einem dicken Pinsel etwas weiße Acrylfarbe auf die zerknautschte Pappseite der Tüte aufpinseln. Alternativ kann man die Hussen auch komplett anmalen und farbig gestalten.

4. Mit dem Etikettierer lässt sich nun noch ein Schriftzug erstellen, den man auf die Husse kleben kann. Wie wäre es beispielsweise mit einem „Geburtstagsgruß" oder einem „Dankeschön".

Undercover

MATERIAL:
GETRÄNKEKARTON, LINEAL, SCHERE, CUTTER, GEWEBEKLEBEBAND, EVTL. SCHLAGSTEMPEL UND HAMMER

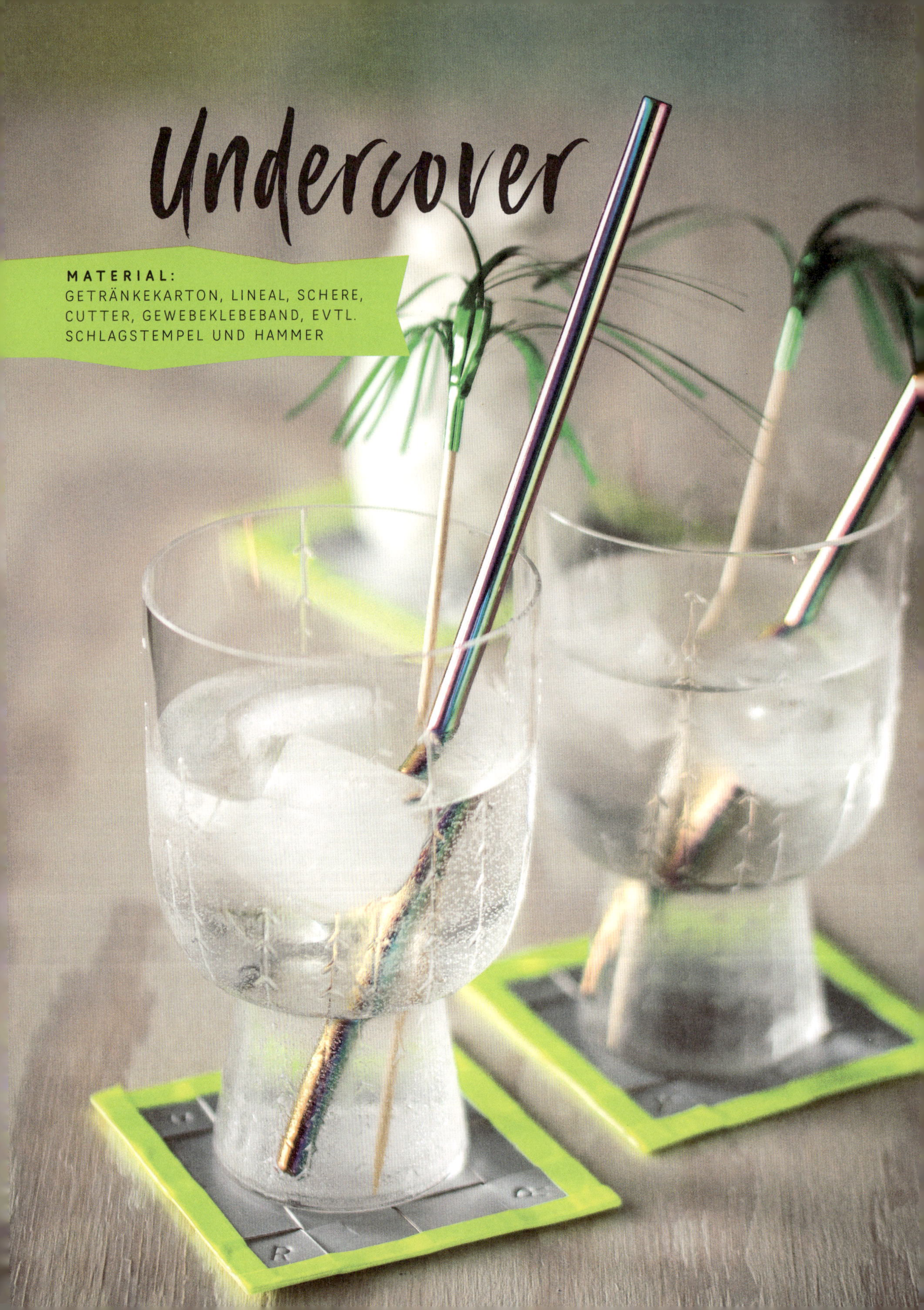

WER SICH SEINEN TISCH NICHT VERKRATZEN MÖCHTE ODER KEINE SAFTRÄNDER MAG, DER KOMMT UM EINEN UNTERSETZER NICHT HERUM. DIESE HIER SIND SCHNELL GEMACHT UND AUCH BEI EINER PARTY GANZ PRAKTISCH – VOR ALLEM, WENN MAN SIE ZUVOR NOCH PERSONALISIERT ;)

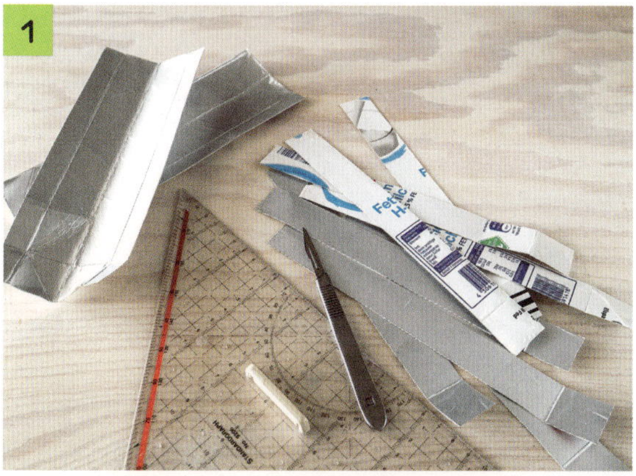

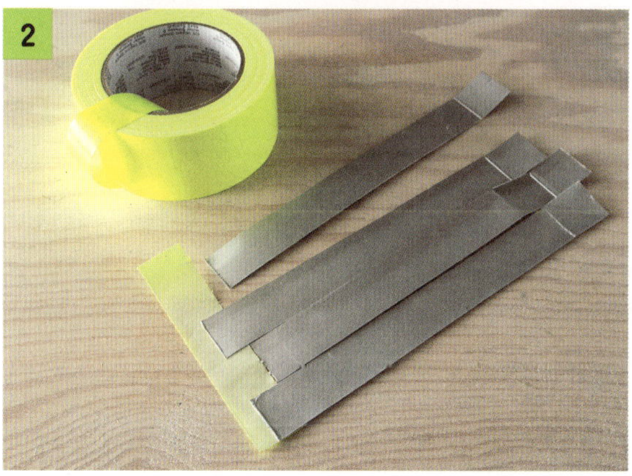

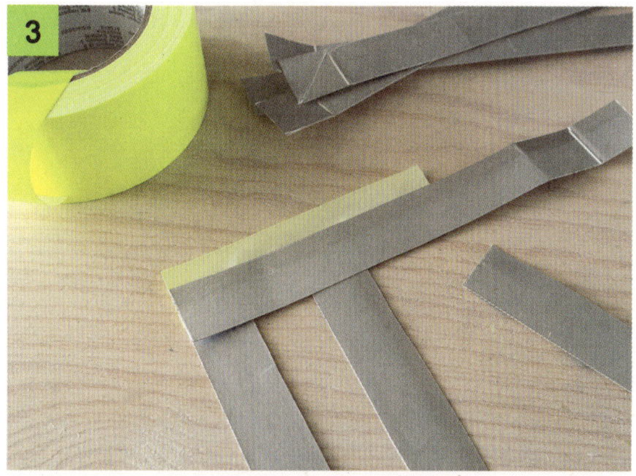

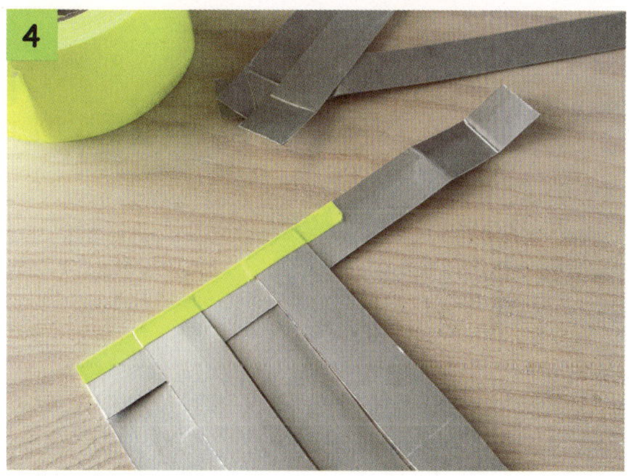

1. Hier darf die bedruckte Seite dran bleiben, da sie den Untersetzer stabiler macht. Man benötigt für diese Version 8 Streifen. Sie sind 2,5 cm breit. Die Länge ist erst mal nicht so wichtig. Wer später noch Muster hineinritzen oder Buchstaben prägen möchte, sollte darauf achten, möglichst Streifen ohne Knicke zu verwenden.

2. Dann schneidet man ein entsprechendes Stück vom Gewebeband ab und teilt es in der Mitte, da es sonst zu breit ist. Auf dieses Stück klebt man den ersten Streifen Karton mit etwas Abstand zum Rand, legt den zweiten versetzt daneben - er dient nur als Abstandshalter - und klebt den dritten Streifen fest.

3. Nun klebt man an den oberen Enden der verklebten Kartonstreifen einen Streifen Karton quer darüber.

4. Anschließend die beiden fehlenden Teile passend dazwischen legen und die Kante des Klebebandes umknicken und festkleben. Nun kann man das überstehende Stück neben den 4 Streifen abschneiden.

Fortsetzung auf
der nächsten Seite

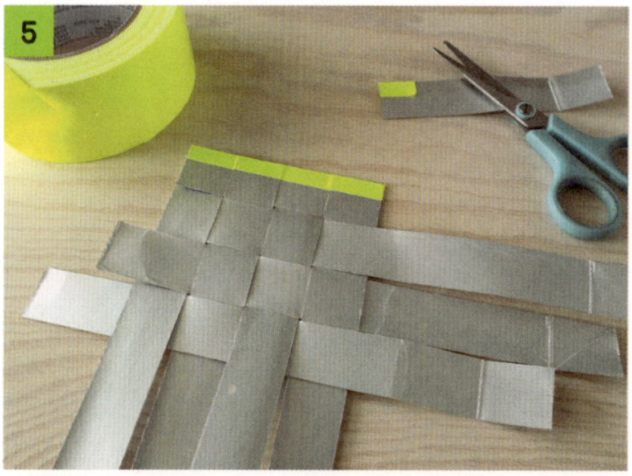

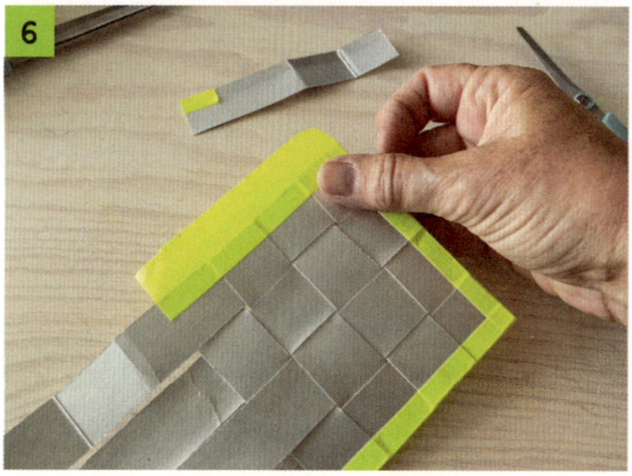

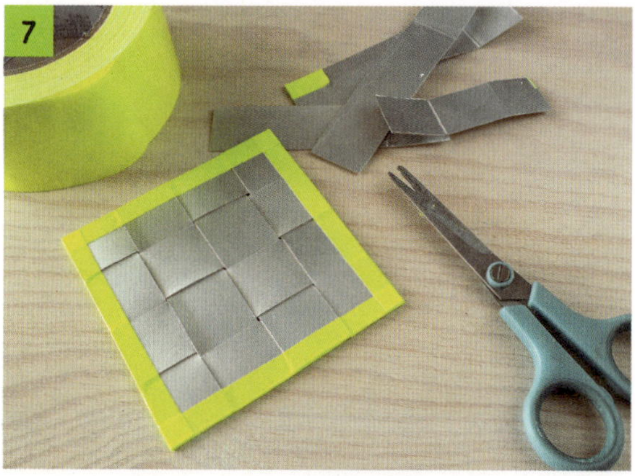

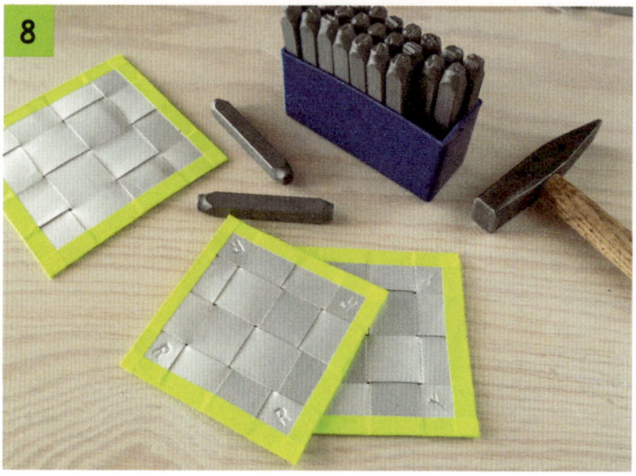

5. Jetzt die fehlenden Streifen Karton ineinanderweben. Fest zusammenschieben, damit es keine Lücken gibt.

6. Die überstehenden Enden rechts und links abschneiden und auch hier einen passenden Streifen Gewebeband aufkleben und wieder umknicken.

7. Dann die restlichen überstehenden Streifen Karton abschneiden und auch hier das Gewebeband aufkleben.

8. Nun kann man die kleinen Untersetzer noch personalisieren. Zum Beispiel mit kleinen Schlagstempeln. Man kann auch mit einer Stopfnadel kleine Muster hineinritzen, oder das Material mit einem wasserfesten Stift beschriften.

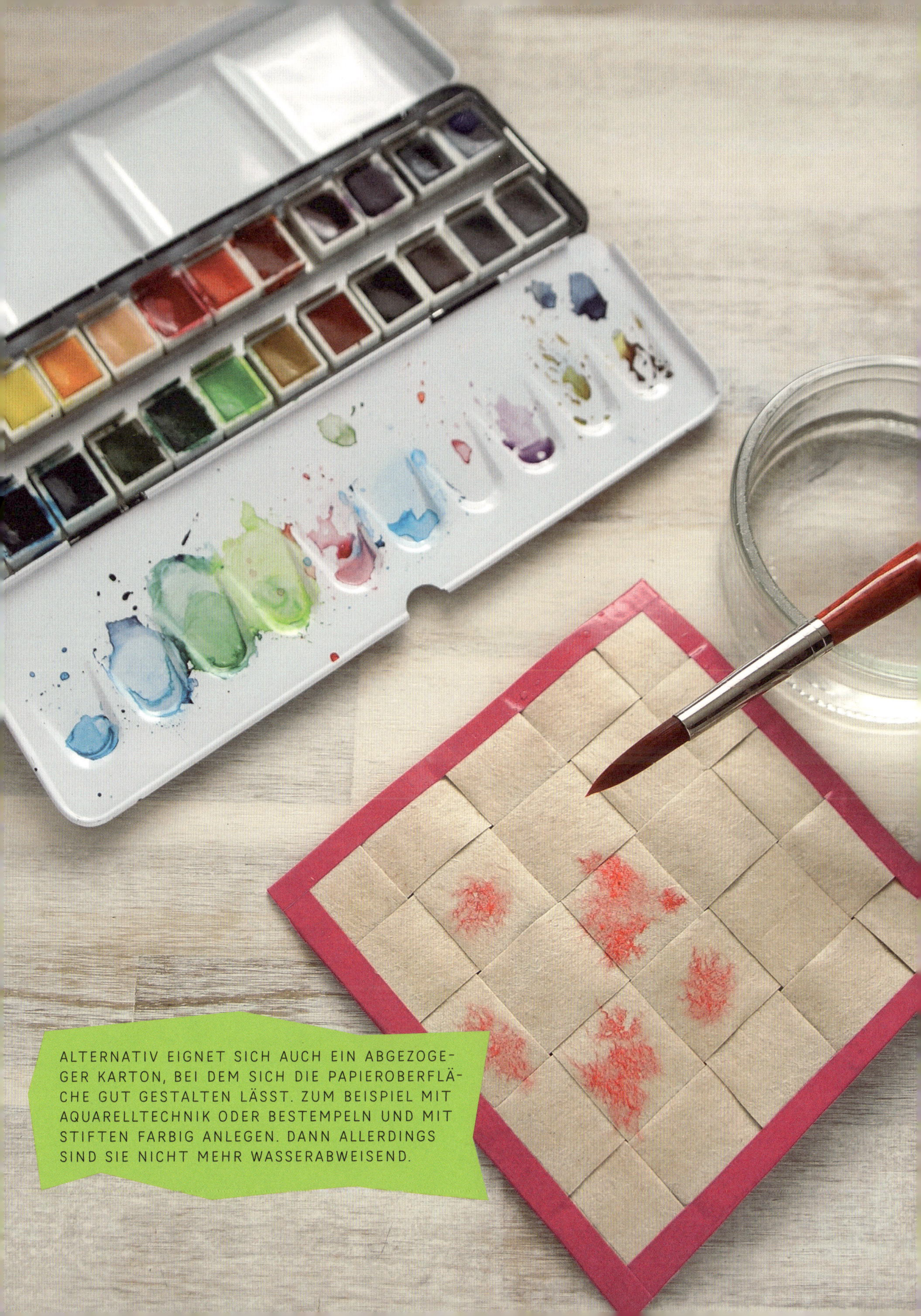

ALTERNATIV EIGNET SICH AUCH EIN ABGEZOGEGER KARTON, BEI DEM SICH DIE PAPIEROBERFLÄCHE GUT GESTALTEN LÄSST. ZUM BEISPIEL MIT AQUARELLTECHNIK ODER BESTEMPELN UND MIT STIFTEN FARBIG ANLEGEN. DANN ALLERDINGS SIND SIE NICHT MEHR WASSERABWEISEND.

Frühstücks-Origami

MATERIAL:
EIN GETRÄNKEKARTON FÜR 2 EIERBECHER, LINEAL, CUTTER, FALZBEIN, ACRYLFARBE, PINSEL

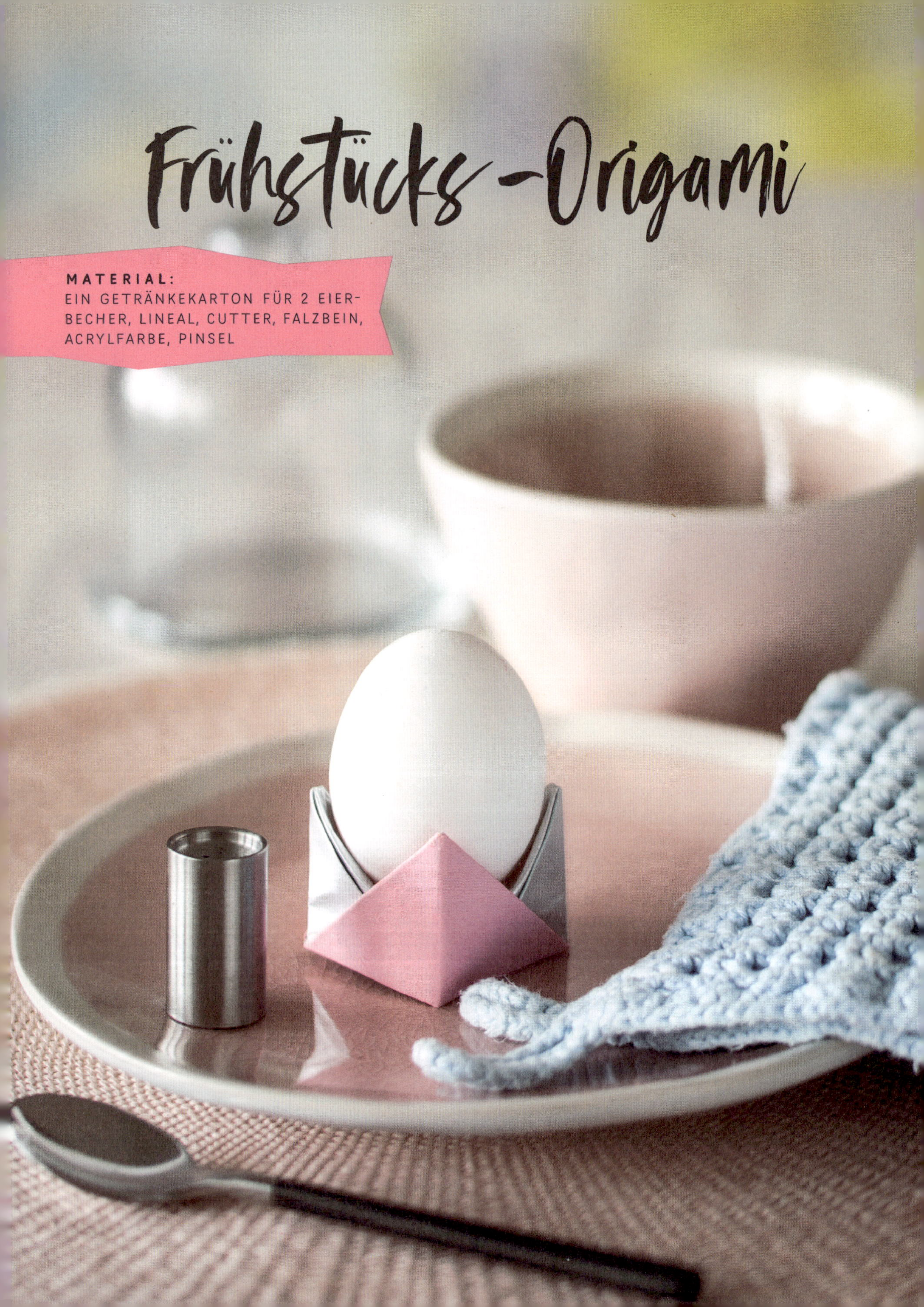

FÜR EIN BISSCHEN ABWECHSLUNG AUF DEM FRÜHSTÜCKSTISCH SORGEN DIESE PRAKTISCHEN ORIGAMI-EIERBECHER. AUS DIESEM VERBUNDMATERIAL SIND SIE BESONDERS STABIL UND MIT SICHERHEIT KANN MAN SIE NOCH EIN PAAR MAL WIEDERVERWENDEN.

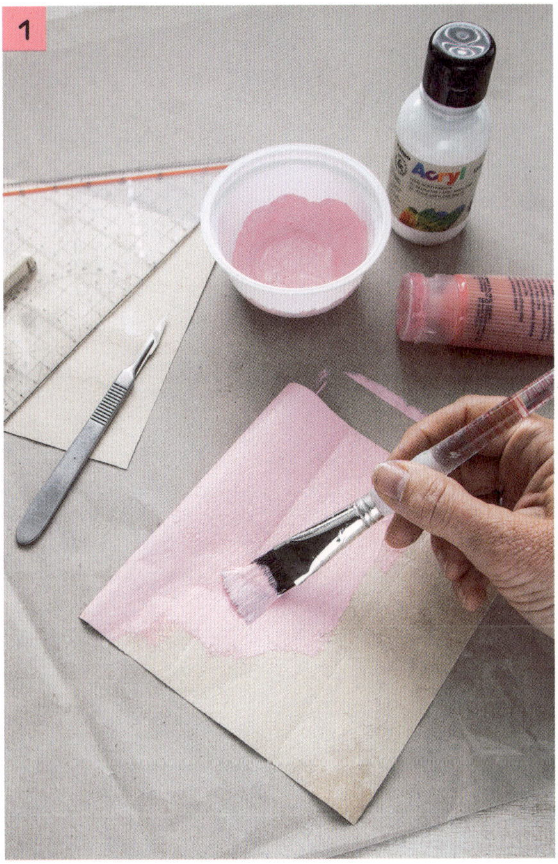

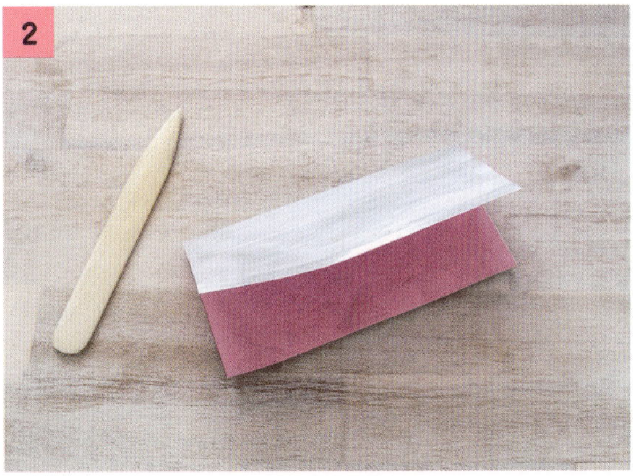

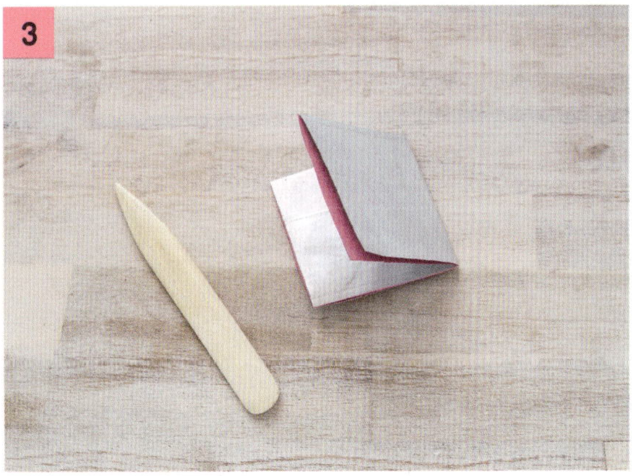

1. Aus einem vorbereiteten Milch- oder Safttütenbogen lassen sich 2 Quadrate à 14,5 cm Kantenlänge zuschneiden. Diese dann mit Acrylfarbe auf der Pappseite anmalen.

Achtung: Das Papier rollt sich danach zusammen. Daher an den Kanten ein wenig fixieren und trocknen lassen.

2. Die Seite, die beim Falten zunächst unten liegt, ist später im Inneren des fertigen Eierbechers. In diesem Fall die silberne Seite. Den Bogen nun einmal nach unten falten.

3. Anschließend nach links falten. Die Kanten stets gut mit dem Falzbein andrücken. Dann den Bogen wieder öffnen.

Fortsetzung auf der nächsten Seite

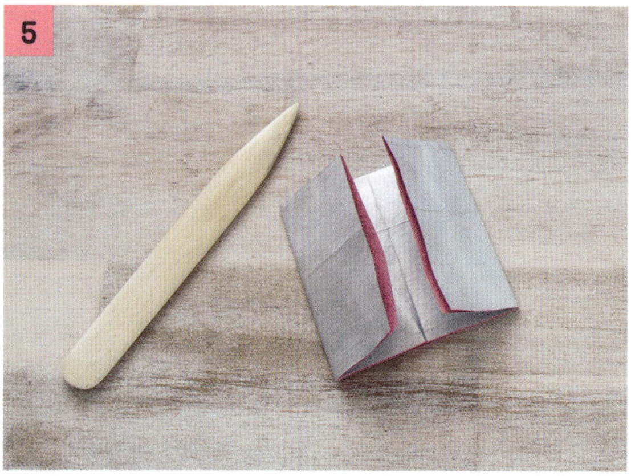

5. Nun die linke und rechte Seite zur Mitte falten und den Bogen wieder öffnen.

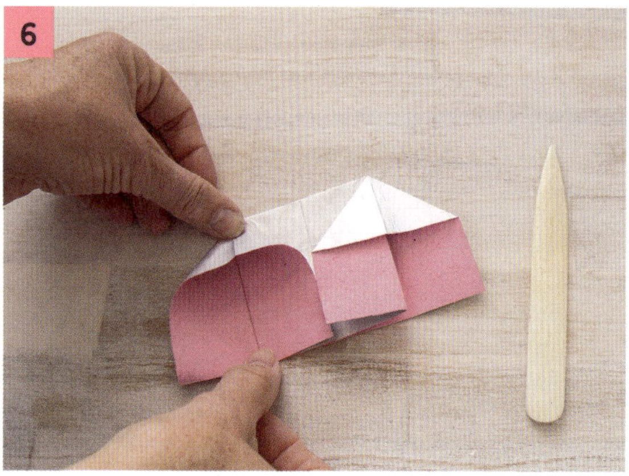

6. Die Seitenlaschen öffnen, wie oben gezeigt auffalten und gut festdrücken. Den Bogen dann komplett wenden.

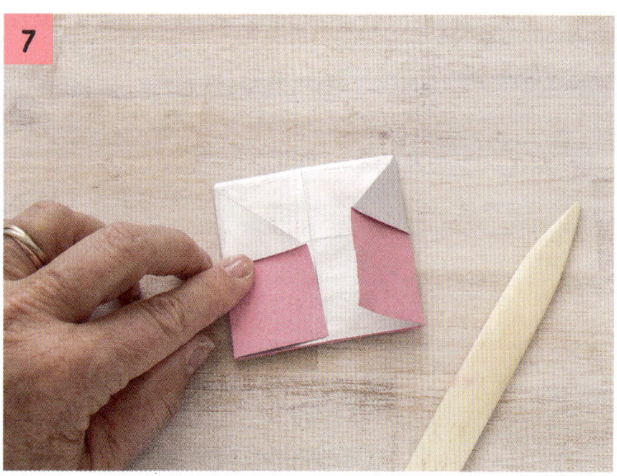

7. Die linke und rechte Seite nun noch einmal zur Mitte falten.

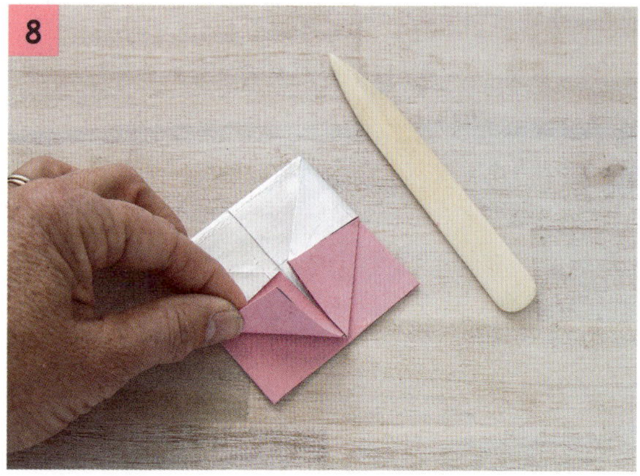

8. Die kleinen unteren Ecken nach oben falten, festdrücken, wenden und das Gleiche auf der anderen Seite wiederholen.

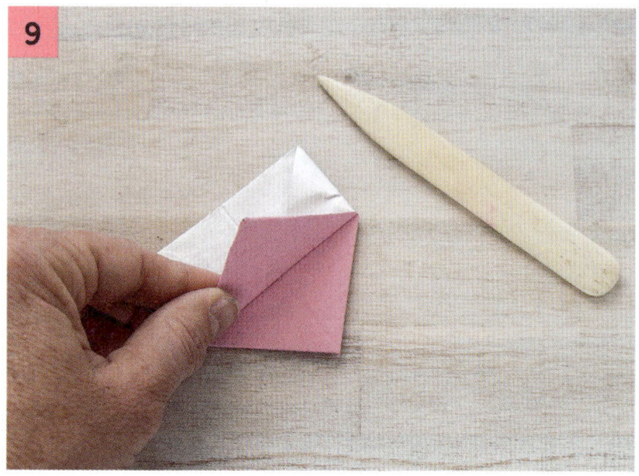

9. Die unteren Dreiecke dann auf beiden Seiten nach oben falten. Noch einmal alle Kanten fest andrücken.

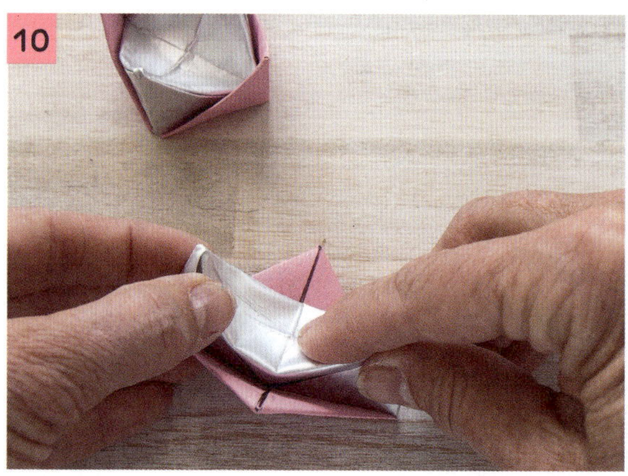

10. Jetzt kann man das Objekt vorsichtig öffnen und mit den Fingern den Boden des Eierbechers herausformen.

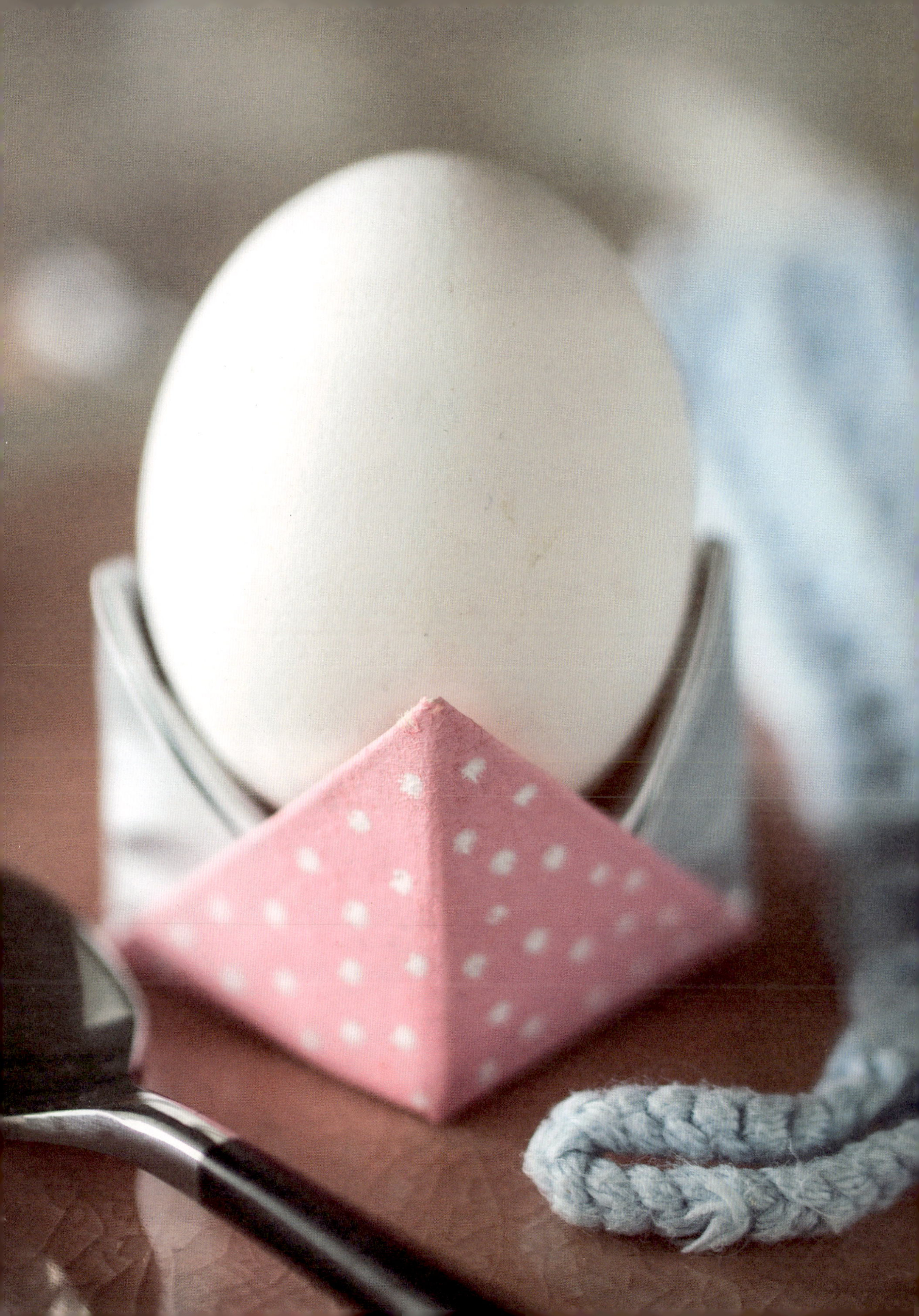

Zarte Pflänzchen

MATERIAL:
GETRÄNKEKARTONS, SCHERE, SCHNUR, ETIKETT, PFLANZENERDE, PFLANZEN

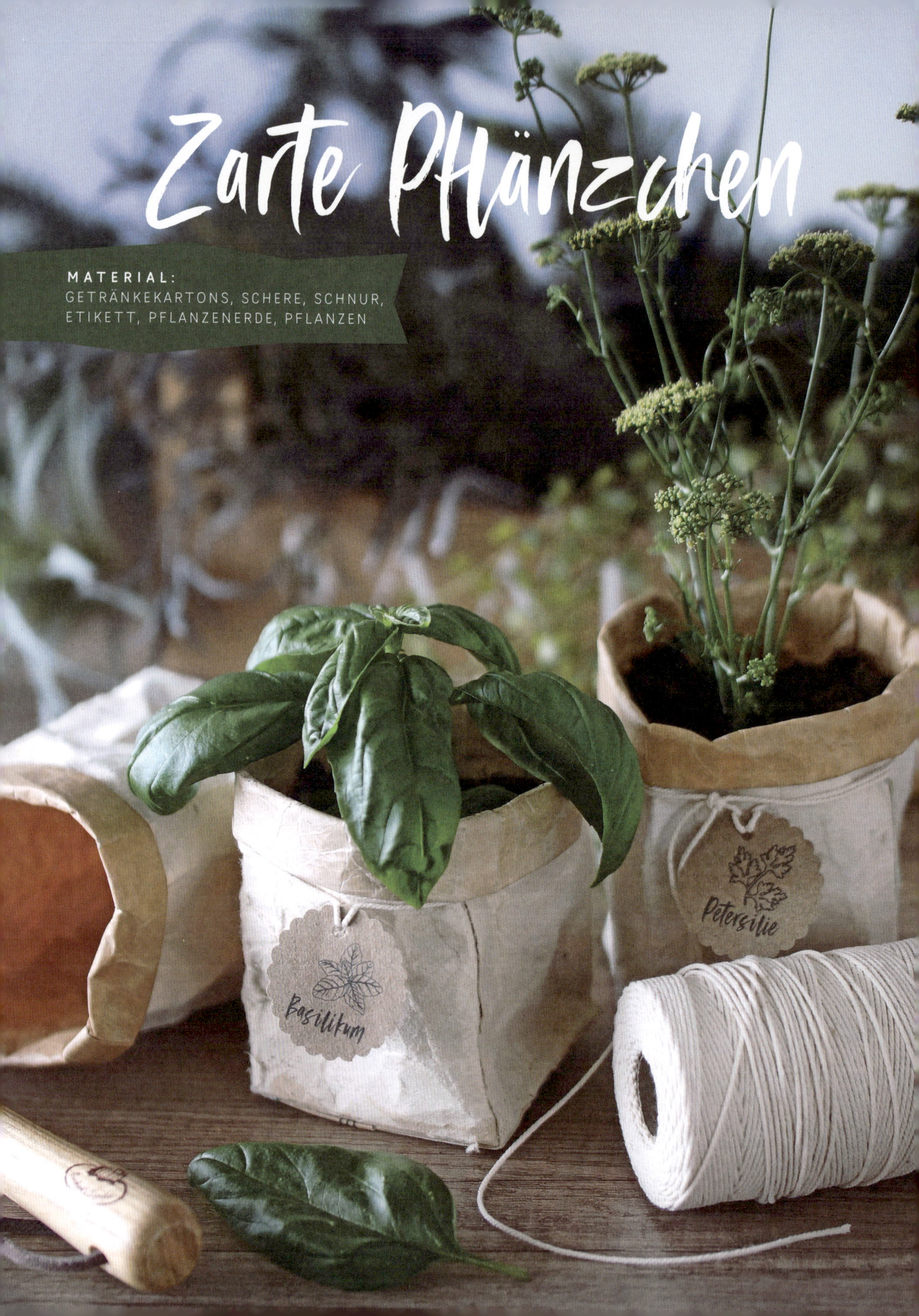

DIESE KLEINEN ANZUCHTTÖPFCHEN LASSEN SICH SPÄTER ZWAR NICHT IN DIE ERDE PFLANZEN, ABER SIE HALTEN EINE WEILE DURCH, BIS DAS PFLÄNZCHEN STARK GENUG IST ZUM AUSSETZEN. AUCH ALS GESCHENKVERPACKUNG FÜR GRÜNES SIND SIE SUPER PRAKTISCH.

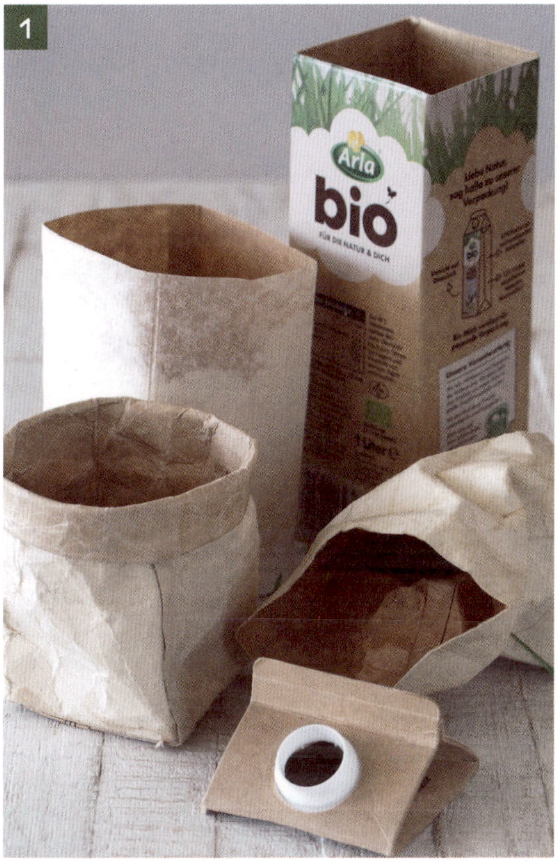

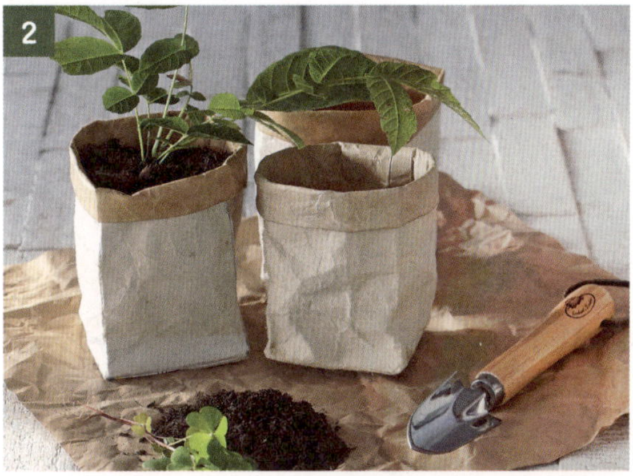

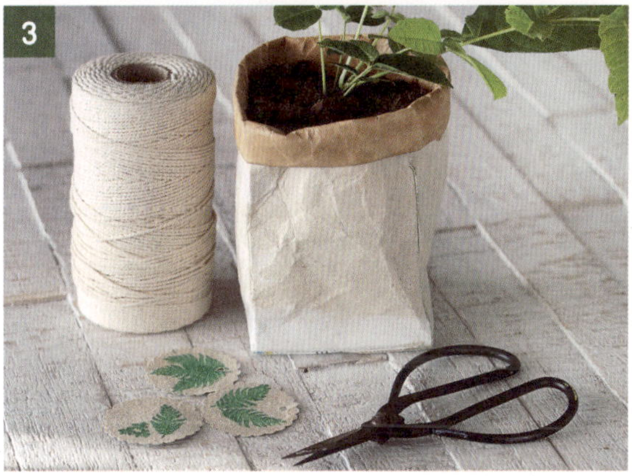

1. Hierfür eignen sich prima Getränkekartons, die innen keine silberne Folie haben. Ist aber kein Muss.
Den oberen Teil mit der Schere abschneiden und auf die richtige Höhe kürzen. Dann anfeuchten und ein wenig knautschen. Anschließend trocknen lassen und den oberen Rand vorsichtig zweimal einschlagen.

2. Dann kann man auch schon die Tüten mit Erde füllen und die kleinen Pflanzen (oder Samen) einpflanzen. Mit dem Gießen immer ein bisschen vorsichtig sein, damit es keine Staunässe gibt.

3. Nach dem Bepflanzen mit einem kleinen Etikett versehen, damit man auch später noch weiß, was man gepflanzt hat.

Tipp: Um Staunässe zu vermeiden, kann man an der Unterseite Löcher hineinstechen. Dann stellt man die Tüten zum Gießen in eine flache Schale.

Vorgartenromantik

MATERIAL:
GETRÄNKEKARTON, CUTTER/SCHERE, LINEAL, ACRYLFARBE, PINSEL, WASSERFESTER FILZSTIFT, HEISSKLEBEPISTOLE, KRESSESCHALE

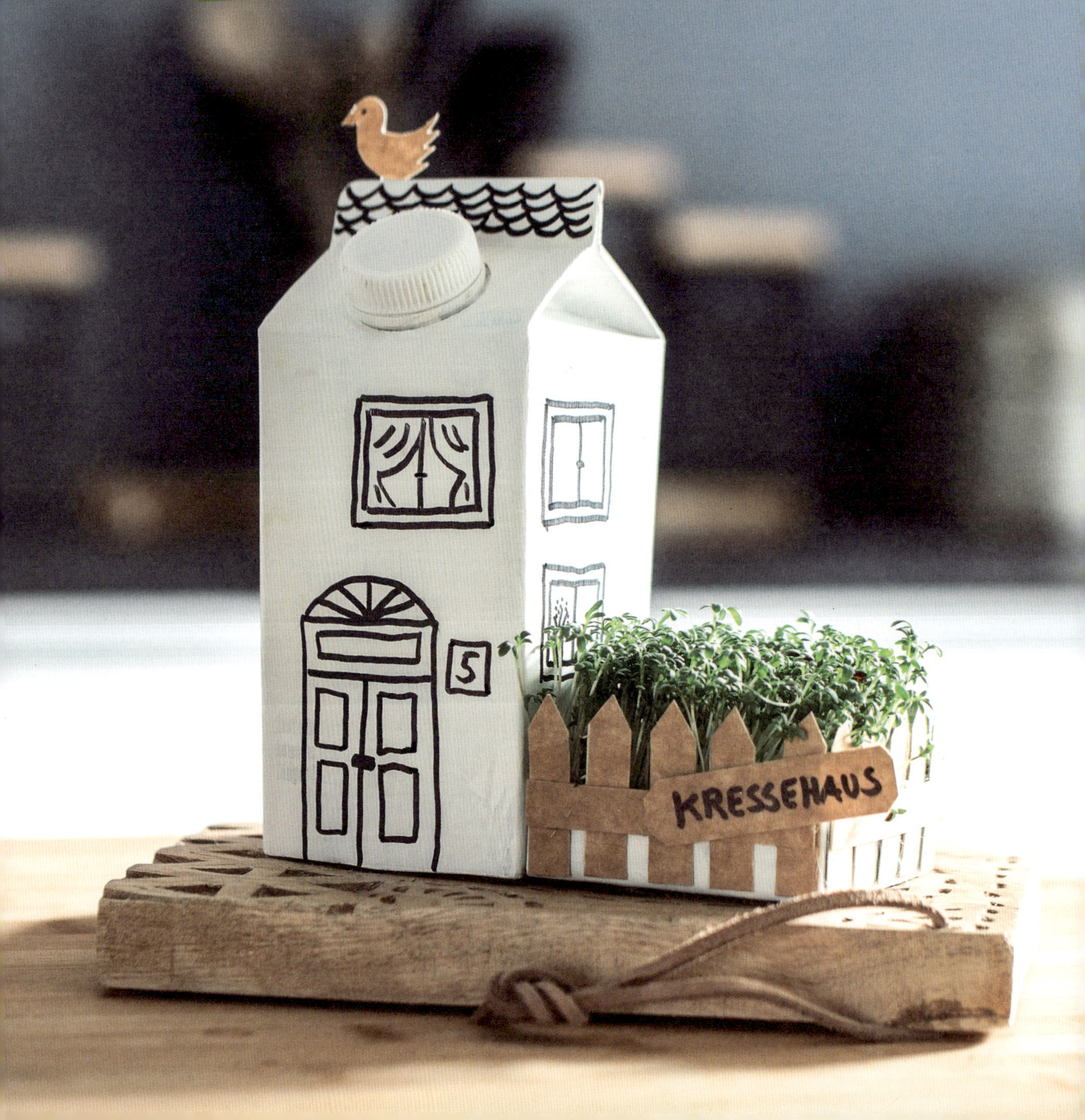

EIN KLEINER KRESSEGARTEN IN DER KÜCHE IST LECKER UND PRAKTISCH. DEN KANN MAN FERTIG KAUFEN UND ALS VORGARTEN FÜR EIN KLEINES HÄUSCHEN VERWENDEN. WER DEN DINGEN GERNE BEIM WACHSEN ZUSCHAUT, KANN IHN SICH NATÜRLICH AUCH SELBST ZIEHEN. DAS IST BESONDERS FÜR DIE KIDS EINE SPANNENDE SACHE.

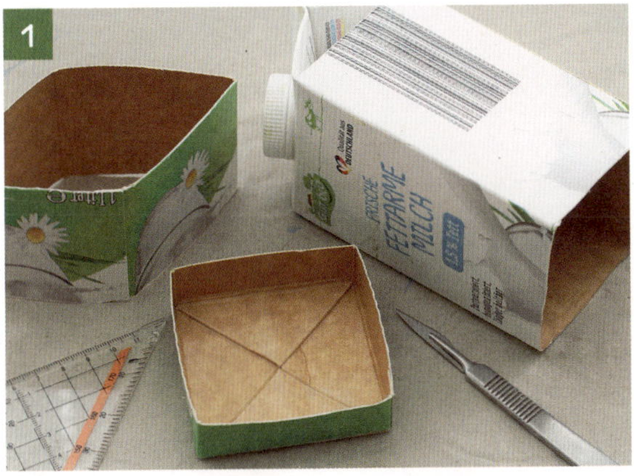

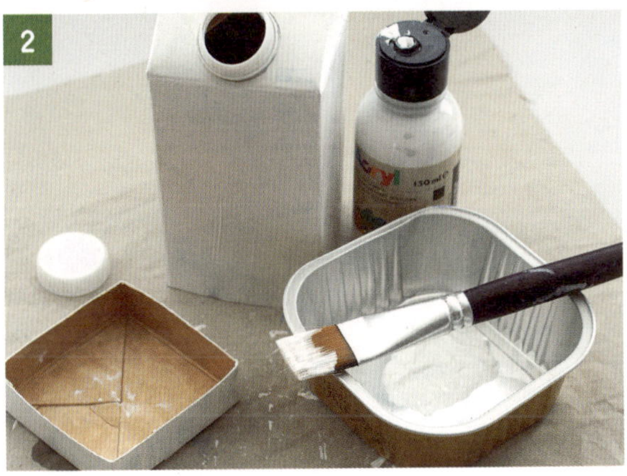

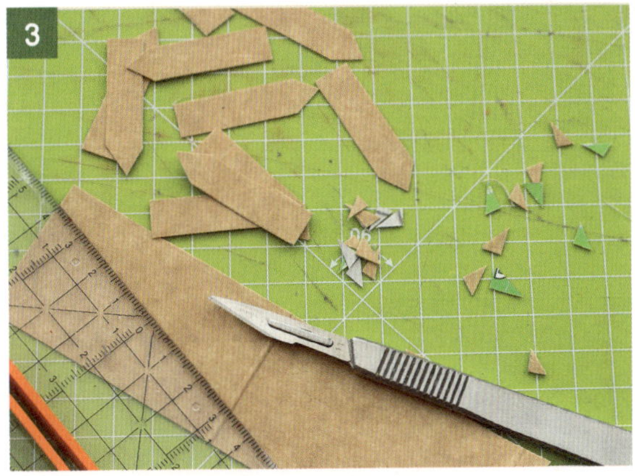

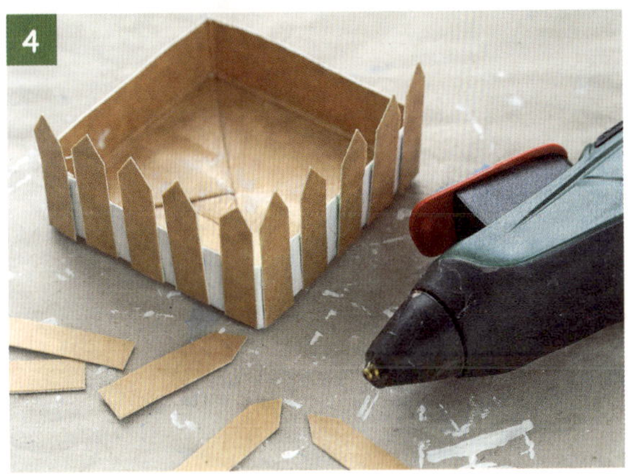

1. Die Tüte mit Schere oder Cutter in drei unterschiedlich große Teile schneiden. In den flachen, unteren Teil kommt später die Kresse. Das große Oberteil wird das Haus. Das mittlere Stück aufheben, denn es wird ebenfalls benötigt.

2. Im zweiten Schritt nun das Haus und die Gartenschale farbig anlegen. Bei weißer Acrylfarbe muss man mindestens 2x die Farbe auftragen, damit sie richtig deckt. Gut trocknen lassen.

3 In der Zwischenzeit aus dem Mittelstück den Lattenzaun schneiden. Zuvor die Höhe bestimmen und die Kanten mit der Schere dann spitz zuschneiden.

4. Mit der Heißklebepistole den Zaun auf den unteren Teil aufkleben. (Es geht auch mit einem guten Bastelkleber.)

Fortsetzung auf der nächsten Seite

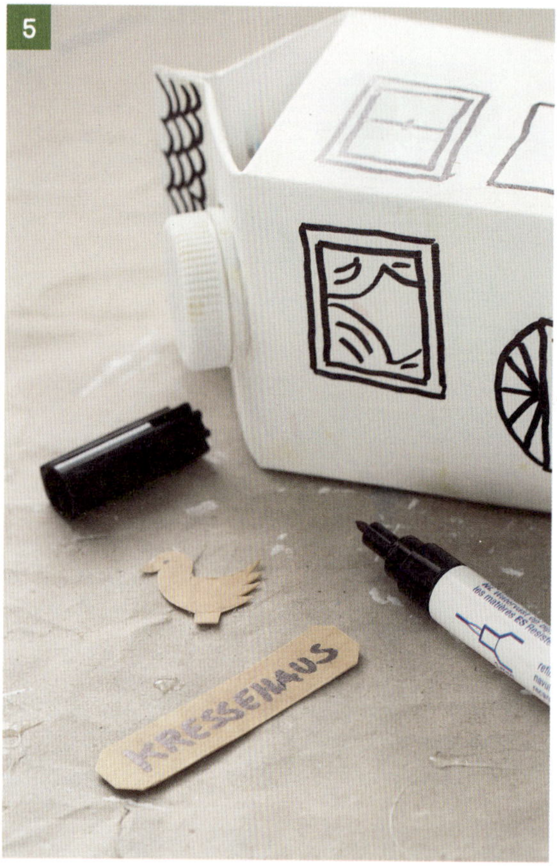

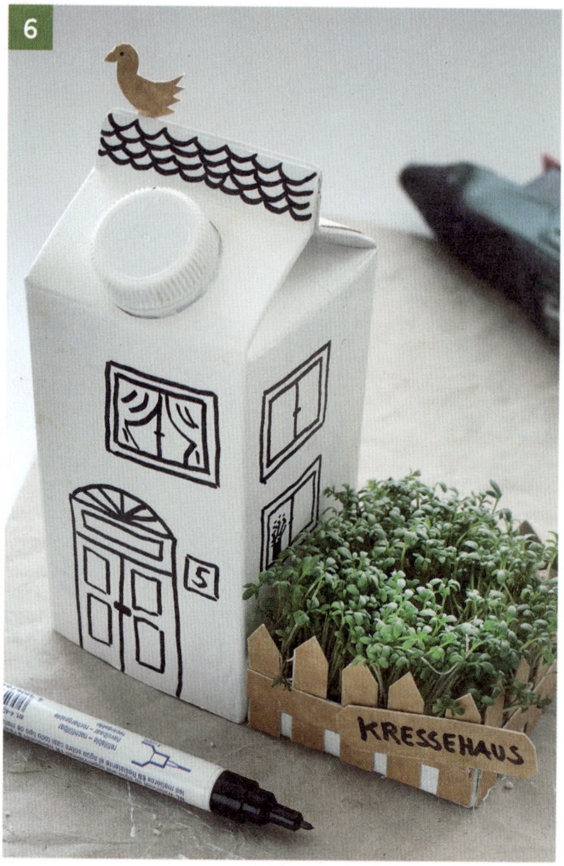

5. Nun fehlen noch ein paar Fenster und die Tür für das Kressehaus. Die kann man mit einem dicken, wasserfesten Filzstift aufmalen. Wer mag, malt den Schraubverschluss an, der wie ein kleiner Schornstein auf dem Dach sitzt. Oder man malt noch ein paar Dachziegeln auf.

6. Jetzt kann man den Kressegarten einsetzen und den Vorgarten mit Kleber am Haus befestigen. Ein kleines Schild und ein Vögelchen auf dem Dach runden das Ganze ab.

Einen kühlen Platz in der Küche suchen und hin und wieder ein wenig gießen.

EINEN KLEINEN KRESSEGARTEN KANN MAN AUCH SELBST AUSSÄEN. MAN BRAUCHT NUR KRESSESAMEN UND KÜCHENPAPIER ODER HANDELSÜBLICHE WATTE. AUF DEM GEWÄHLTEN UNTERGRUND VERTEILT MAN DIE SAMEN UND HÄLT ALLES GLEICHMÄSSIG FEUCHT. SCHON NACH CA. EINER WOCHE KANN MAN DAS ERSTE MAL VOM KRESSEGARTEN ERNTEN.

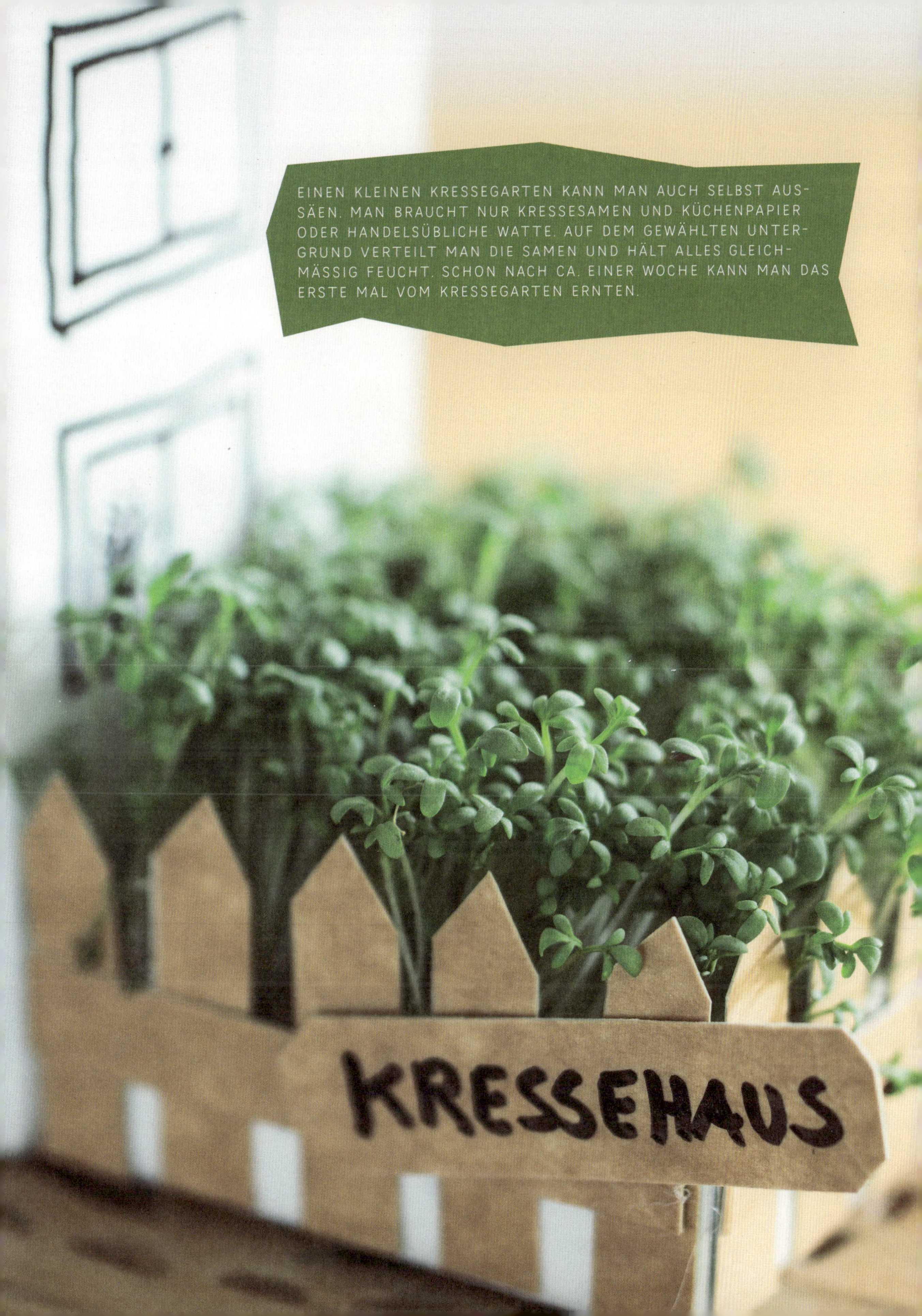

Achtung Ampel!

MATERIAL:
GETRÄNKEKARTON, SCHERE, STIFT, LINEAL, FALZBEIN, KLEBER, ACRYLFARBE, PINSEL, KLAMMERN, LACKSTIFT, LOCHZANGE, NIETENZANGE, NIETEN, SCHNUR

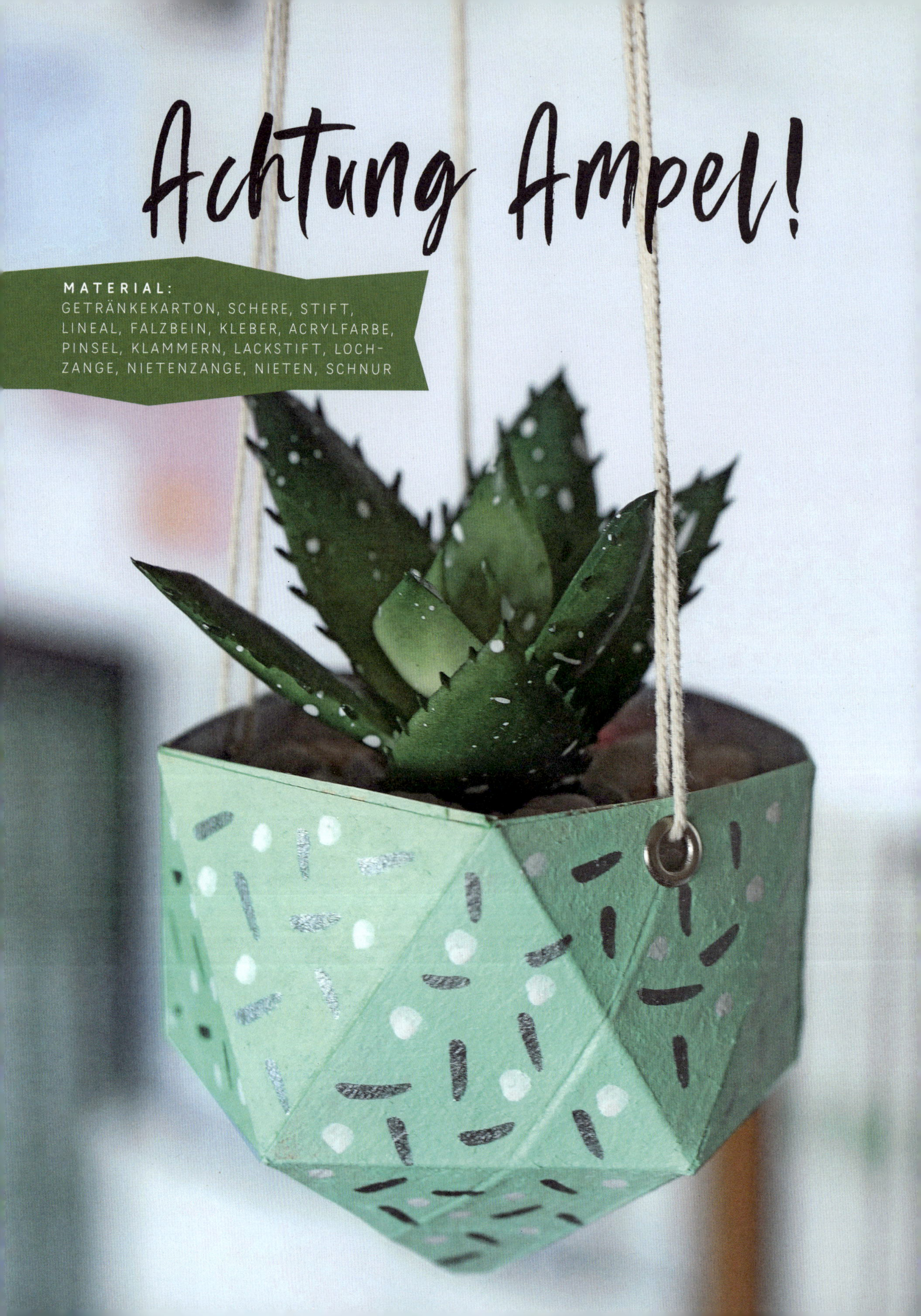

SUKKULENTEN SIND WAHRE ÜBERLEBENSKÜNSTLER. ALSO AUCH FÜR MENSCHEN GEEIGNET, DEREN DAUMEN NICHT GANZ SO GRÜN IST. DIE ROBUSTEN PFLÄNZCHEN SIND DEKORATIV UND ÄUSSERST PFLEGELEICHT. ALSO EIN IDEALES GESCHENK – ZUM BEISPIEL IN EINER SELBST GEBASTELTEN HÄNGEAMPEL.

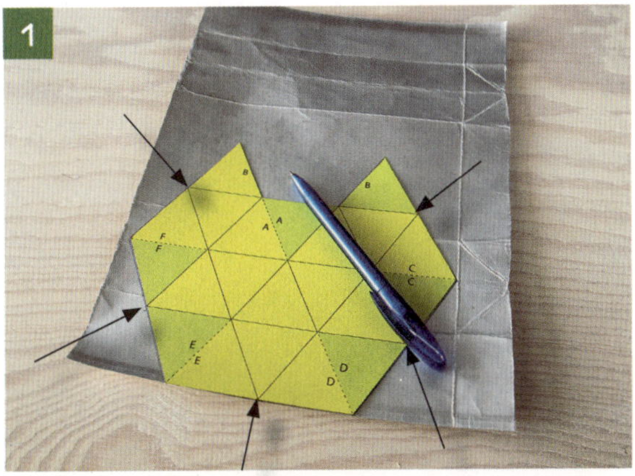

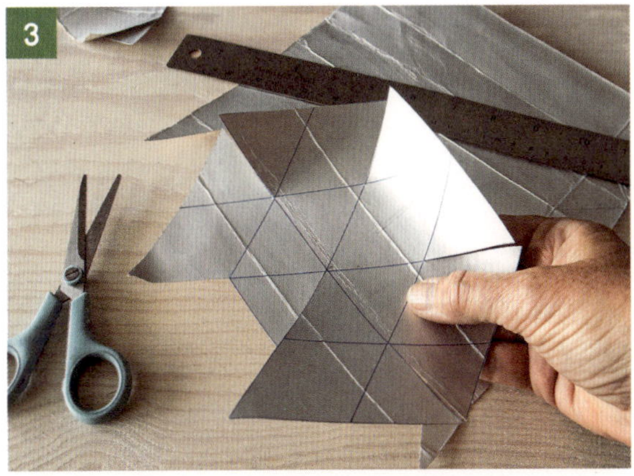

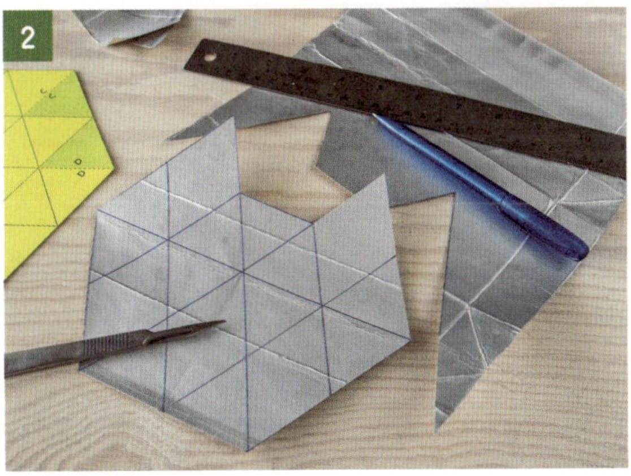

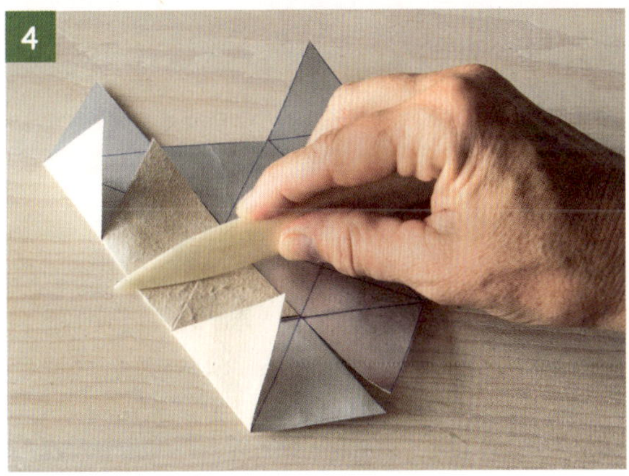

1. Eine Vorlage für die Hängeampel ist auf Seite 118 zu finden. Man überträgt sie auf die silberne Seite der vorbereiteten Milch- oder Safttüte. Damit sich anschließend das Dreieck-Muster aufmalen lässt, sollte man mit einem Stift an den oben gezeigten Stellen kleine Markierungspunkte setzen.

2. Dann zieht man mithilfe eines Lineals alle Linien nach und schneidet die Form aus.

3. An den gestrichelten Linien wird dann mit der Schere eingeschnitten.

4. Dann alle Linien falten und mit einem Falzbein gut festdrücken. Die silberne Seite ist die Innenseite.

Fortsetzung auf der nächsten Seite

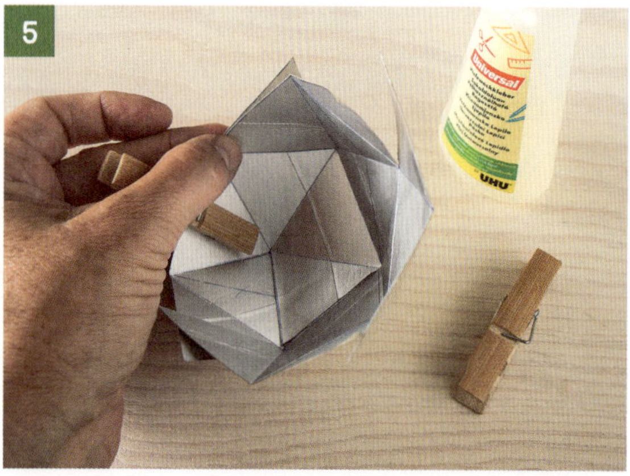
5

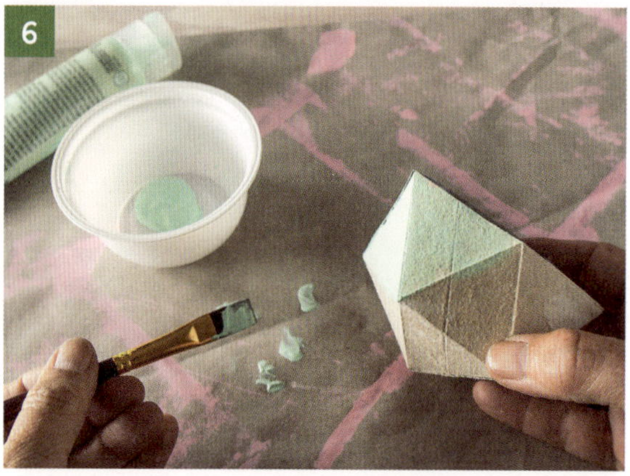
6

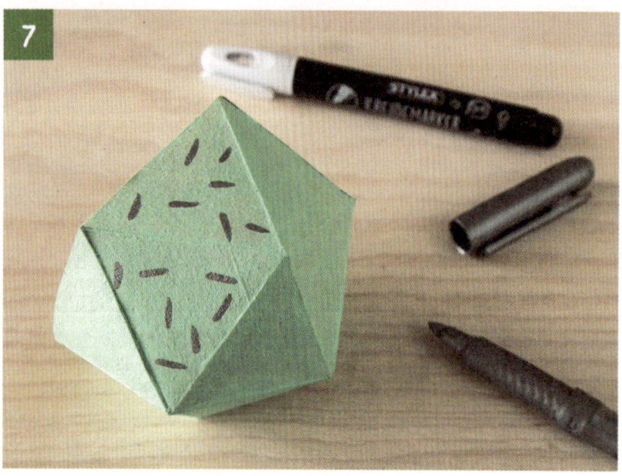
7

5. Nun beginnt man, wie auf der Schablone gezeigt (A auf A, B auf B etc.), die einzelnen Dreiecke nacheinander zusammenzukleben. Dabei kann man Klammern (oder Clips) verwenden, bis der Kleber richtig angetrocknet ist.

6. Sind alle Seiten verklebt und der Kleber trocken, trägt man die Grundierung auf.

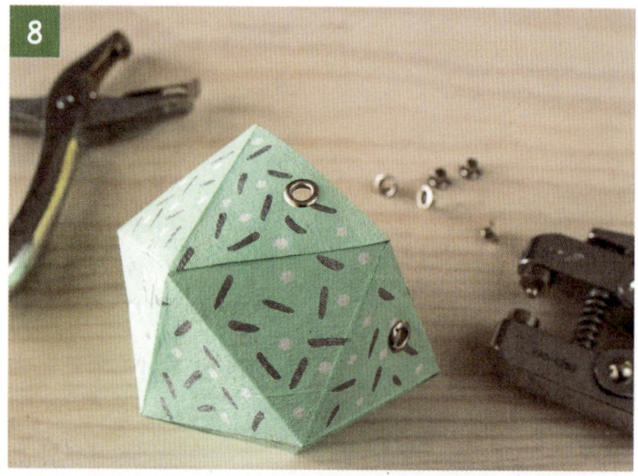
8

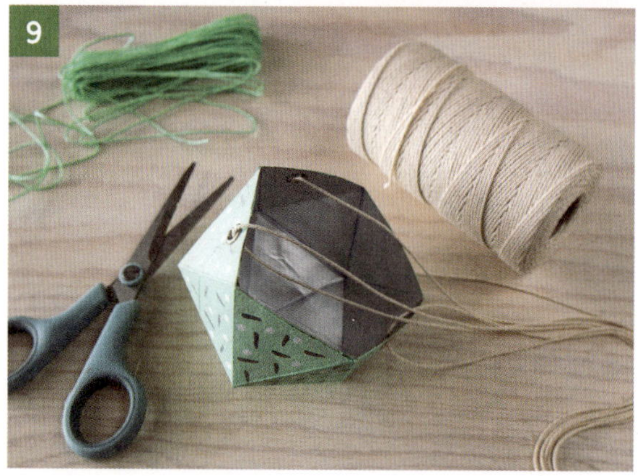
9

7. Ist die Farbe trocken, kann man mit Lackstiften verschiedene Muster aufmalen.

8. Nun mit der Lochzange an zwei nebeneinanderliegenden Seiten sowie auf der gegenüberliegenden Seite ein Loch stanzen und mit der Nietenzange kleine Nieten anbringen.

9. Durch diese Löcher dann die Schnur fädeln. Die Länge macht man davon abhängig, wo die kleine Ampel hängen soll. Die drei Schnüre werden oben einfach zusammengeknotet.

Tipp: *Die Pflänzchen am besten samt dem Töpfchen in die Ampel stellen und mit kleinen Kieseln oder Granulat auffüllen. Beim Gießen sehr vorsichtig sein. Sukkulenten können gut Wasser speichern, mögen aber keine Staunässe.*

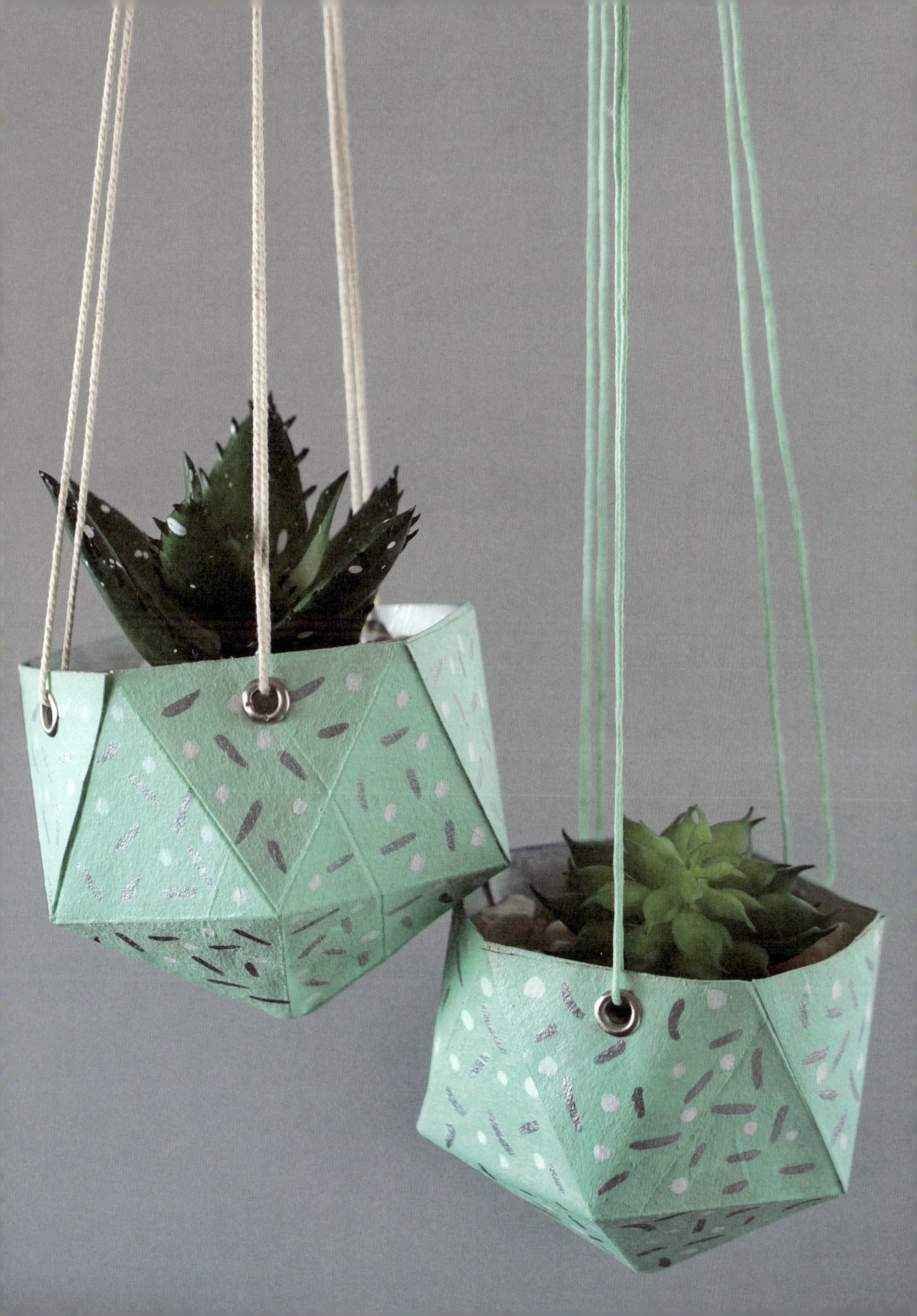

Snack-Bar

MATERIAL:
GETRÄNKEKARTON, SCHERE ODER CUTTER, ACRYLFARBEN, PINSEL, EISSTIELE, HEISS-KLEBER, SCHNUR, LOCHZANGE, NIETE, RUND-STAB, VOGELFUTTER

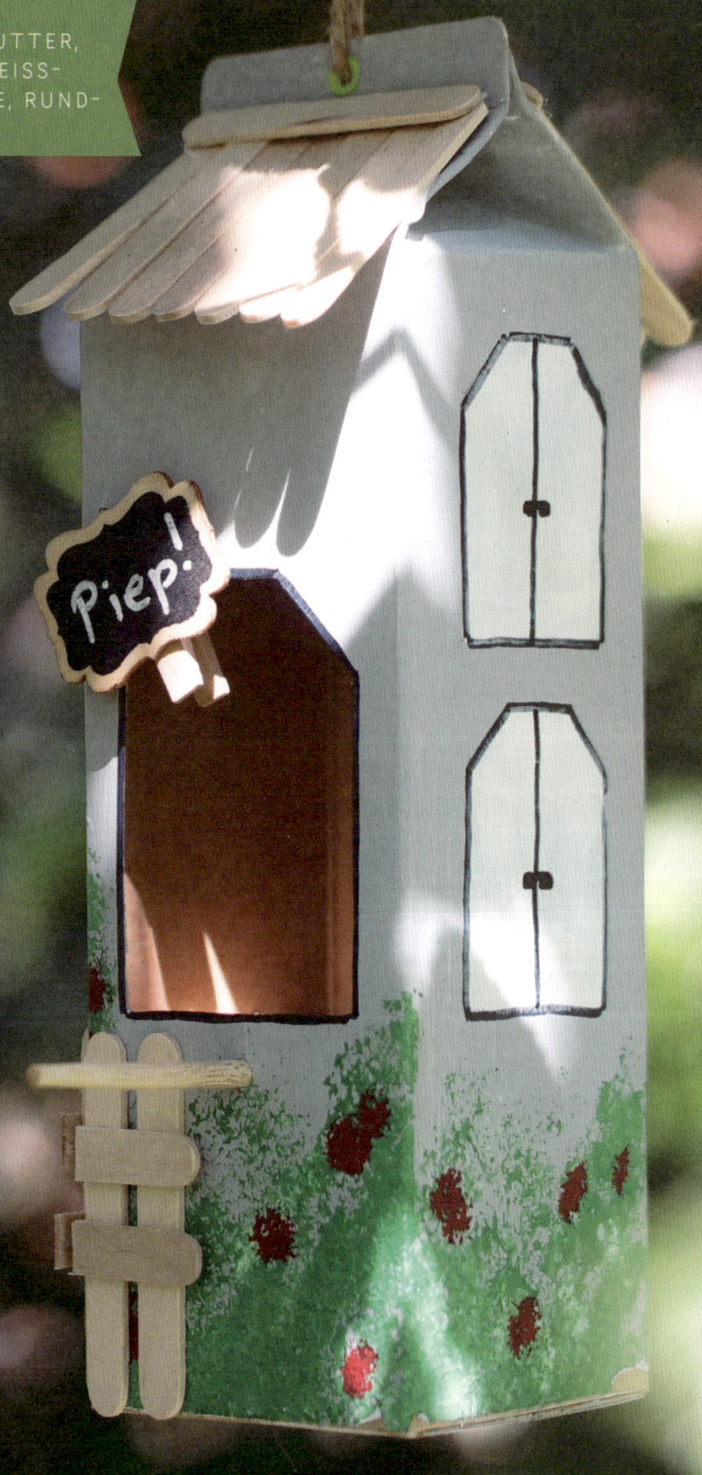

EIN SCHÖNES BASTELPROJEKT FÜR KINDER. HIER KÖNNEN SIE SICH GESTALTERISCH AUSTOBEN. SIEHT DAS FUTTERHÄUSCHEN AUS WIE EIN LEUCHTTURM? ODER WIE EINE RITTERBURG? WIE EIN SCHLOSS ODER WIE EIN GEMÜTLICHES GARTENHAUS? HIER DARF GEMALT UND GEKLEBT WERDEN, WAS DIE RESTEKISTE HERGIBT.

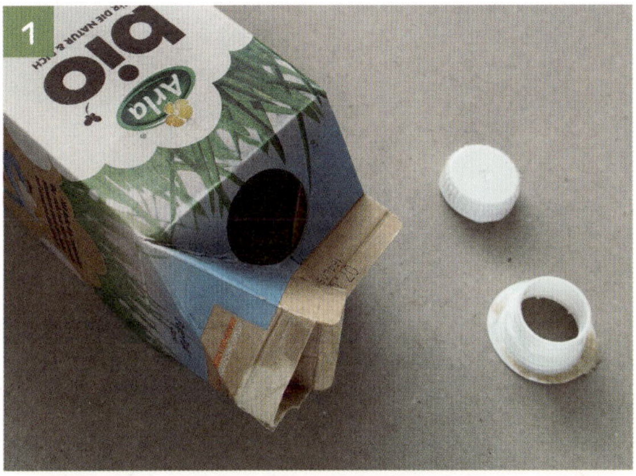

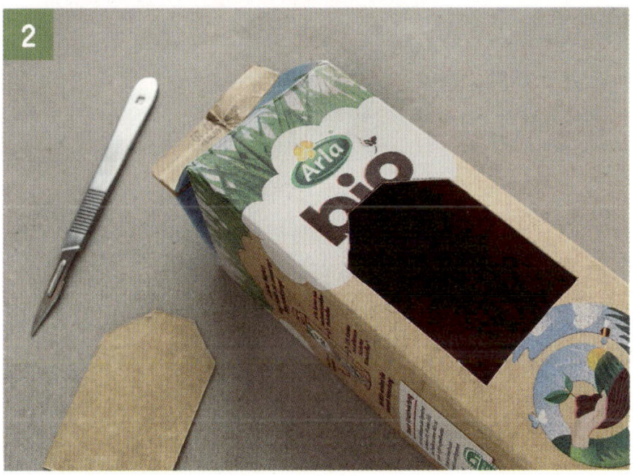

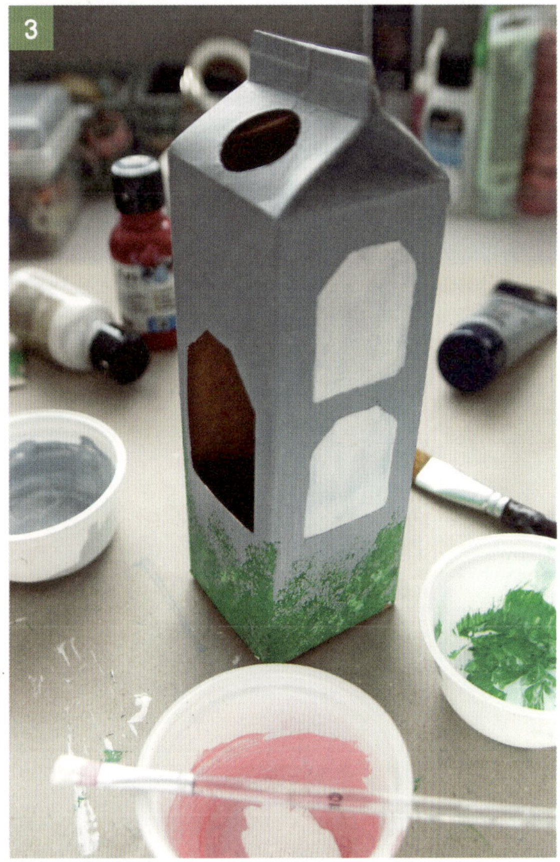

1. Die Milch- oder Safttüte sollte an der Oberseite zunächst vorsichtig geöffnet werden, um den Plastikverschluss zu entfernen. Anschließend mit Heißkleber wieder verschließen.

2. Nun die Öffnung ausschneiden – das Fenster zum Futter! Es sollte ungefähr in der Mitte der Tüte sein. Die Form kann man frei wählen.

3. Dann wird gemalt. Für eine gute Abdeckung sollte man die Tüte zweimal streichen. Die Farbe immer gut antrocknen lassen. Jetzt kann es mit der Gestaltung losgehen, z. B. mit weiteren Fenstern, einer Rosenhecke etc.

Fortsetzung auf
der nächsten Seite

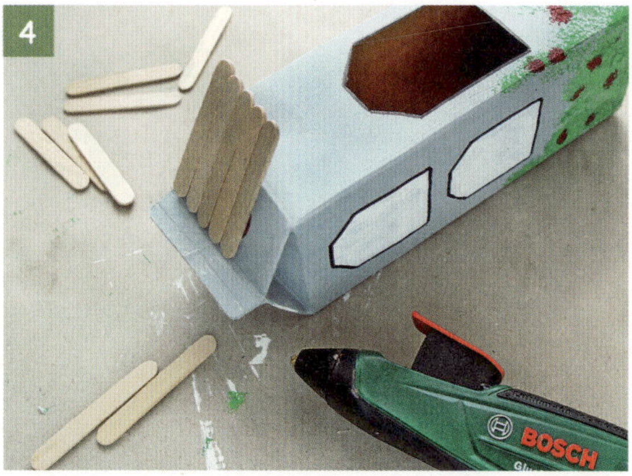

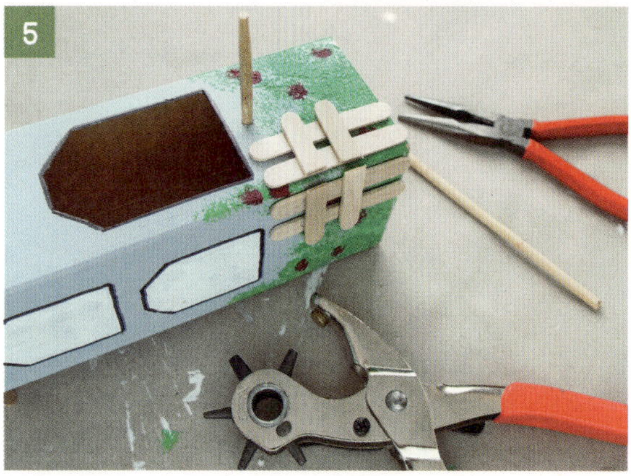

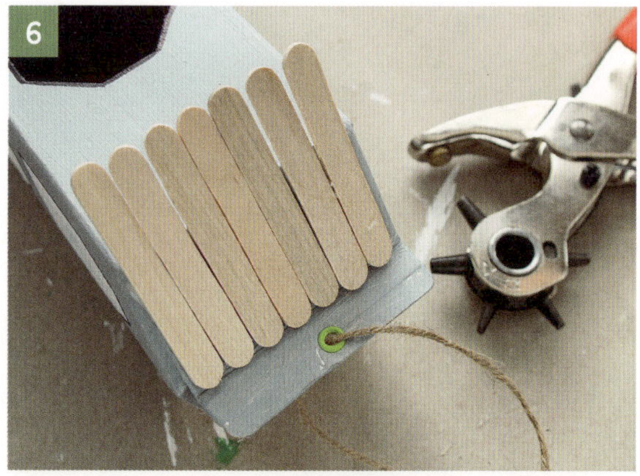

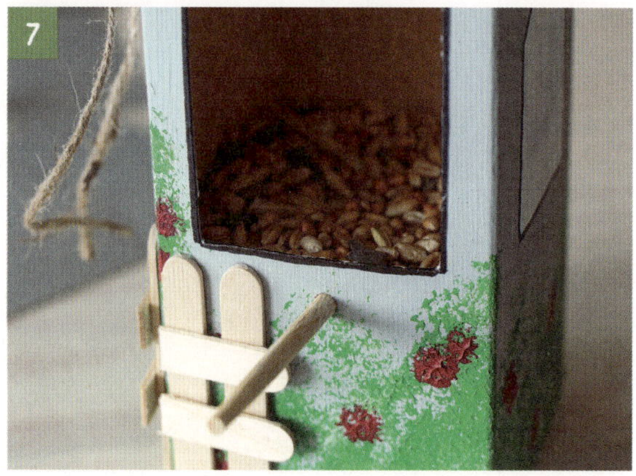

4. Die Dachschrägen werden mit kleinen Eisstielen beklebt, die es so fertig zu kaufen gibt. Alternativ sammelt man die Eisstiele nach jedem leckeren Eis selbst und schneidet sie passend zu.

5. Vielleicht noch ein kleiner Gartenzaun? Und natürlich eine Landestange für die Vögel. Dazu ein Loch unterhalb des Fensters stanzen und z. B. ein Essstäbchen aus Holz hineinkleben.

6. Für die Aufhängung stanzt man in die obere Lasche ein Loch, das man mit einer Niete verstärken kann. Ein Stück Sisalschnur einfädeln und verknoten.

7. Zum Schluss fehlt nur noch das passende Futter. Und dann ab damit nach draußen. Vielleicht einen Ort aussuchen, wo man die Piepmätze beim Naschen beobachten kann.

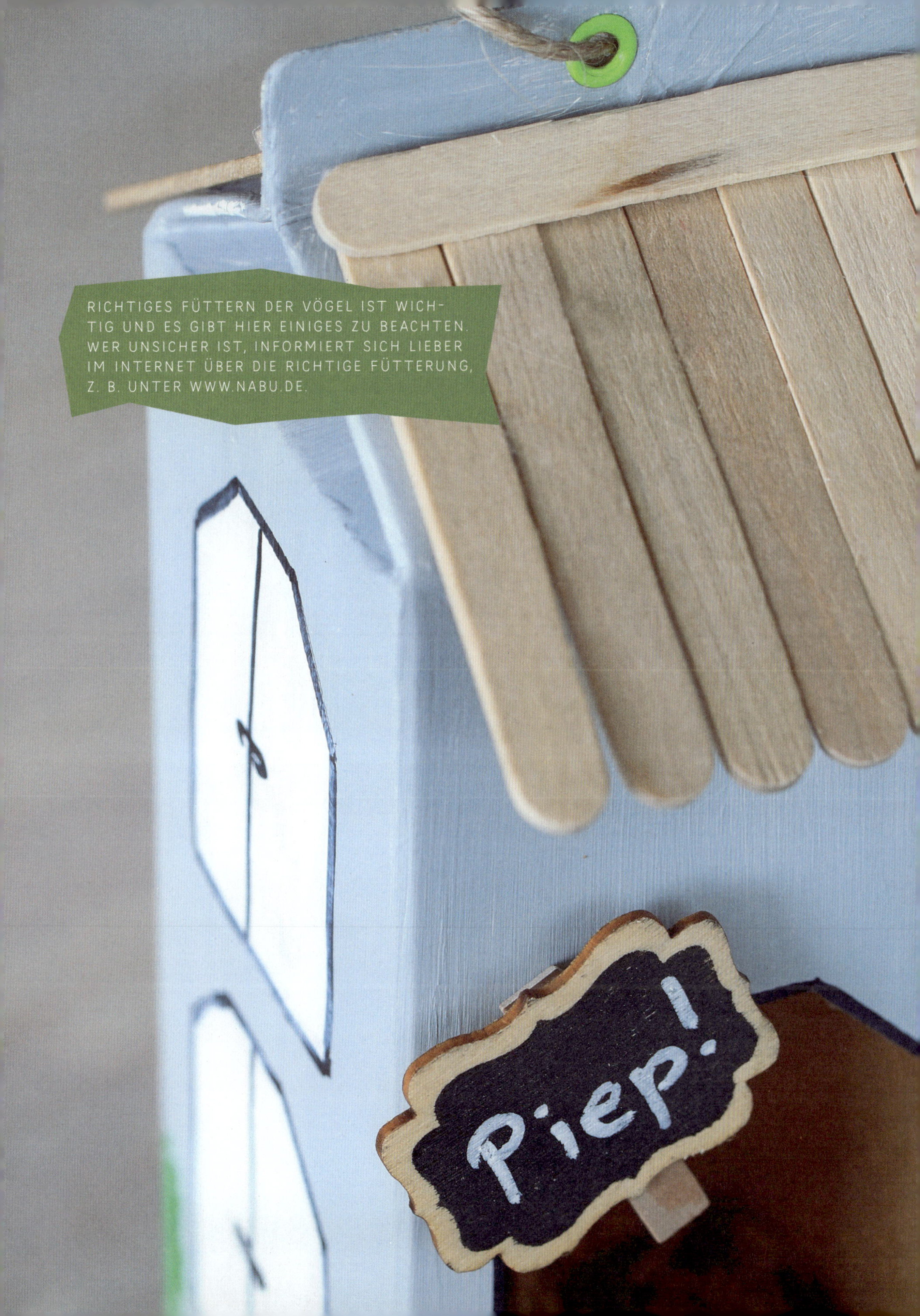

RICHTIGES FÜTTERN DER VÖGEL IST WICHTIG UND ES GIBT HIER EINIGES ZU BEACHTEN. WER UNSICHER IST, INFORMIERT SICH LIEBER IM INTERNET ÜBER DIE RICHTIGE FÜTTERUNG, Z. B. UNTER WWW.NABU.DE.

Picknick-Zeit

MATERIAL:
GETRÄNKEKARTON, CUTTER ODER SCHERE, LINEAL, AHLE, NÄHNADEL, CLIPS, ECKENSTANZER, WOLLGARN, FILZUNTERLAGE, ETIKETTIERER, ÄHREN

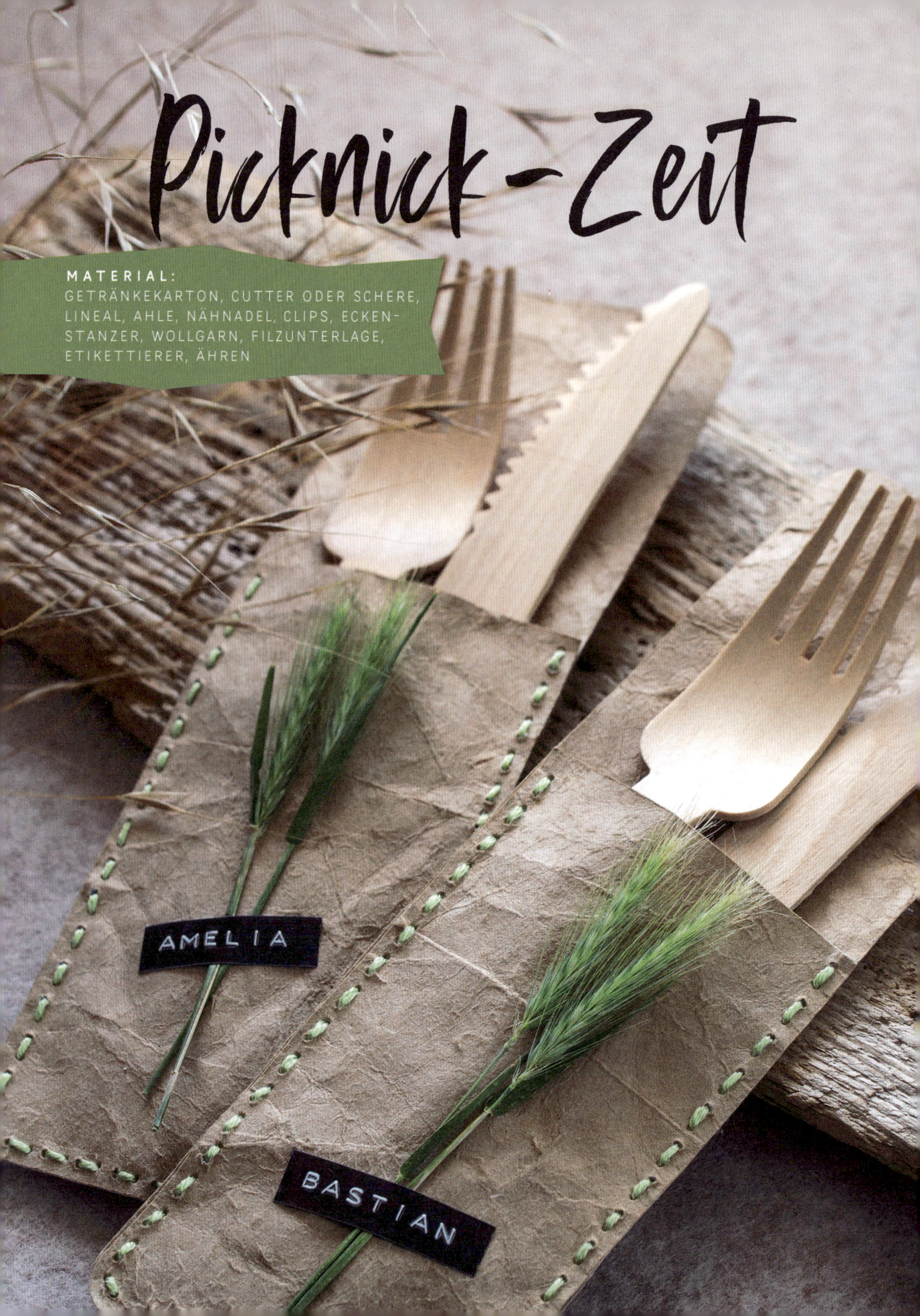

ES IST WARM, ES IST SONNIG – DA WILL MAN DOCH NUR NOCH RAUS. WIE WÄRE ES DENN MAL MIT EINEM PICKNICK IM GRÜNEN? JEDER BEKOMMT SEIN EIGENES HÜBSCH VERPACKTES BESTECK. NATÜRLICH KANN MAN DIESE KLEINEN BESTECKTASCHEN AUCH ALS DEKORATION AUF EINEN GEDECKTEN TISCH ZU HAUSE LEGEN.

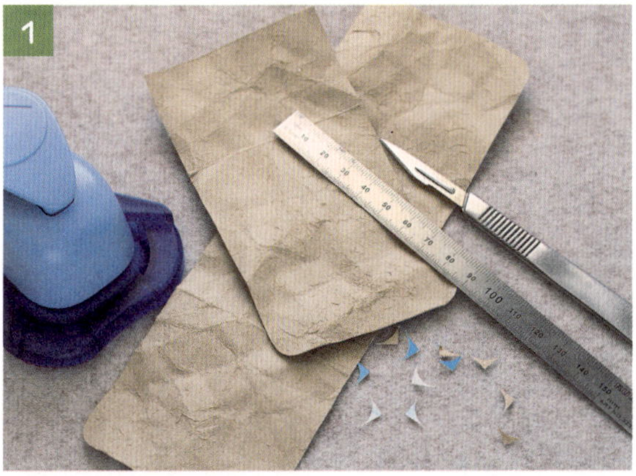

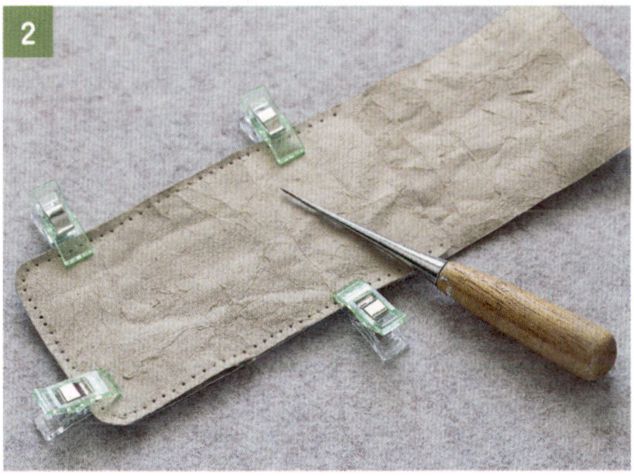

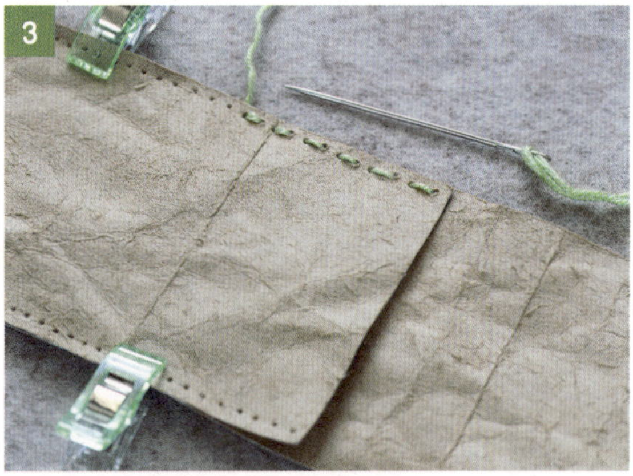

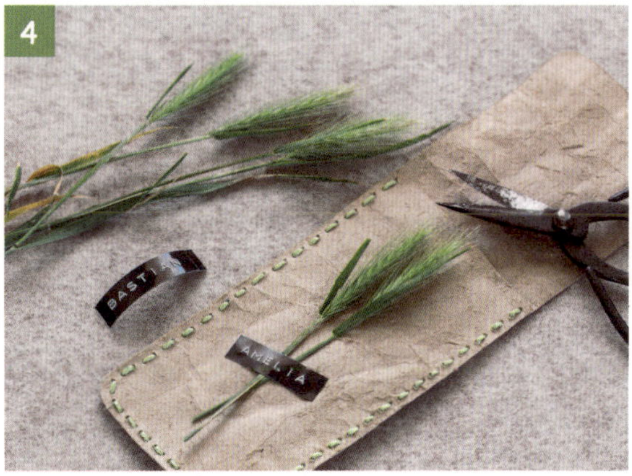

1. Zunächst Vorder- und Rückseite aus einem vorbereiteten Getränkekarton zuschneiden. In diesem Beispiel hat die Rückseite das Maß von 7 cm x 21 cm und die Vorderseite 7 cm x 12 cm. Die Ecken kann man mit einem Eckenstanzer bearbeiten oder mit der Schere abrunden.

2. Das kürzere Vorderteil auf das Rückenteil legen und mit kleinen Clips zusammenhalten. Dann mit einer Ahle die Löcher für die spätere Naht stanzen. Das erleichtert das Nähen. Bei so vielen Löchern, die gleichmäßig gestochen werden sollten, ist die Filzunterlage sehr hilfreich.

3. Einen Wollfaden auf eine dicke Nadel fädeln, das Ende verknoten und die Löcher nachnähen. Den Faden auf der Rückseite ein Stück durch die genähte Naht vernähen.

4. Die Vorderseite kann man nun verzieren. Zum Beispiel mit Namensetiketten und kleinen Ähren. Oder man beschriftet sie einfach mit einem Lackstift. Besteck hinein und ab zum Picknick!

Flechtkörbchen

MATERIAL:
GETRÄNKEKARTON, LINEAL, CUTTER, SCHERE, KLEBEBAND, FALZBEIN, KLAMMERN, HEISSKLEBEPISTOLE

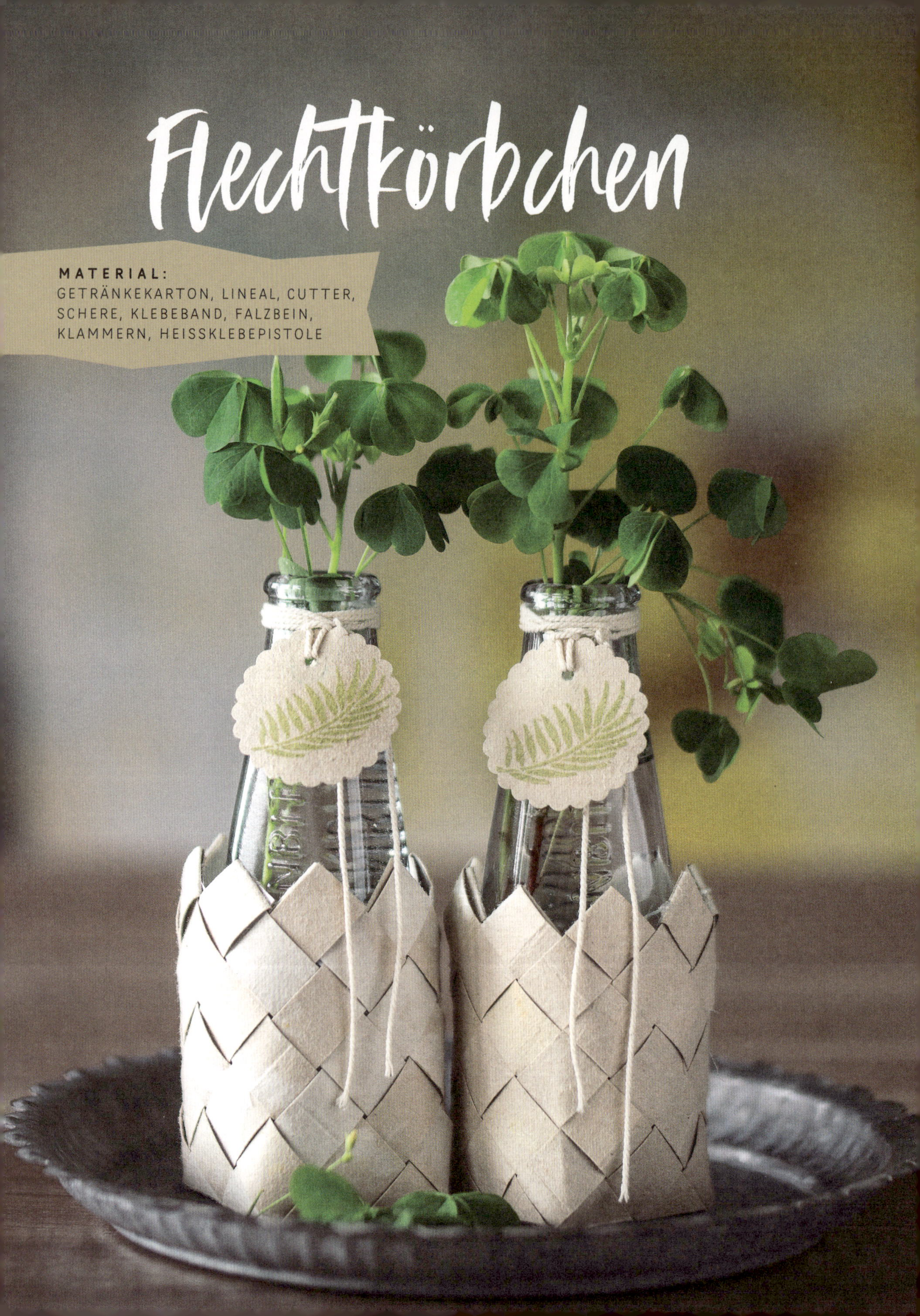

NICHTS FÜR UNGEDULDIGE, ABER AUF JEDEN FALL EIN SCHÖNES DIY AUS NUR ACHT SCHMALEN STREIFEN. SO ENTSTEHT EIN KÖRBCHEN FÜR KLEINE GESCHENKE, EINE HÜLLE FÜR EINEN NETTEN BLUMENGRUSS ODER EINFACH EINE AUFBEWAHRUNG FÜR CLIPS, KLAMMERN UND CO.

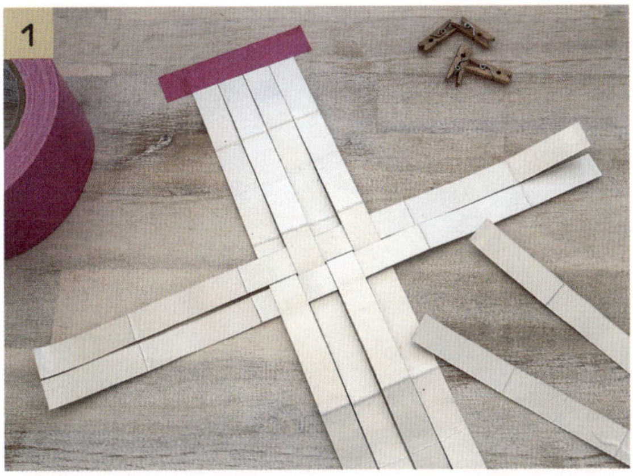

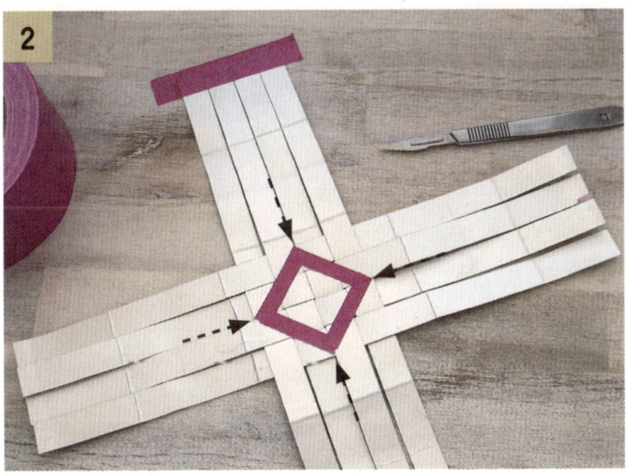

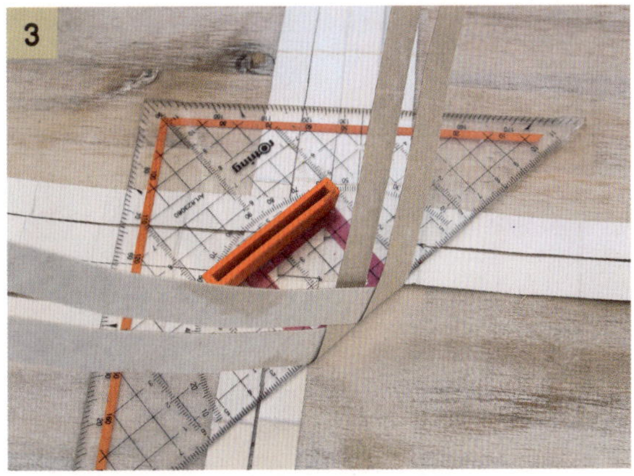

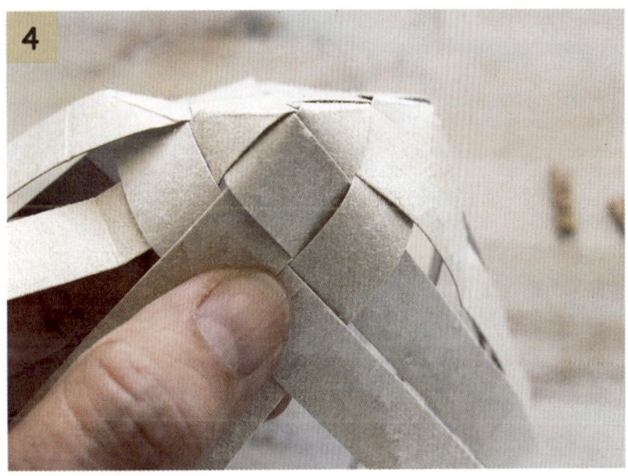

1. Aus der auseinandergefalteten, vorbereiteten Tüte schneidet man sich zunächst 8 Streifen à 1,5 cm Breite. Die Tüte der Länge nach zerschneiden. Soll die silberne Seite innen liegen, zeigt sie beim Falten zunächst nach oben. 4 Streifen mit etwas Klebeband auf der Unterlage fixieren und nach und nach die anderen 4 Streifen hineinweben. Die einzelnen Streifen gut zusammenschieben.

2. Nun klebt man 4 kleine Klebestreifen auf den geflochtenen Untergrund. (Alternativ kann es auch ein passendes Quadrat sein.) Wichtig ist, dass die Ecken jeweils vor den Kanten enden. Siehe Pfeile Abb. 2. Jetzt kann der Boden nicht mehr verrutschen.

3. Über diese Kanten biegt man nun die Streifen an allen vier Seiten nach innen. Das geht am besten über ein Lineal. Anschließend mit dem Falzbein noch einmal gut andrücken.

4. Nun beginnt man die Ecken zu falten. Das geht tatsächlich besser, wenn der Boden nach oben zeigt. An allen vier Ecken jeweils ein paar Streifen verweben und mit kleinen Klammern festklemmen.

Fortsetzung auf der nächsten Seite

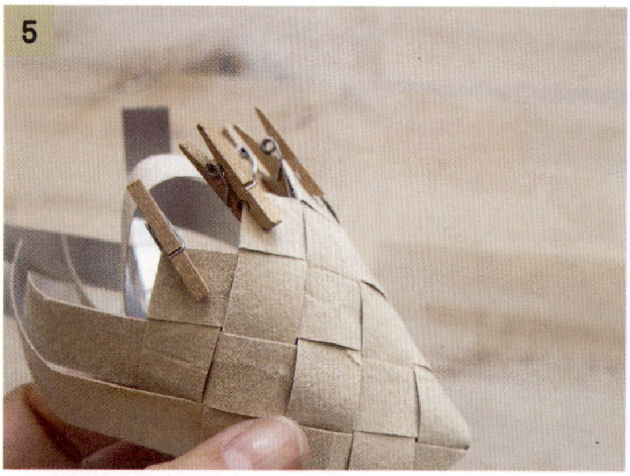

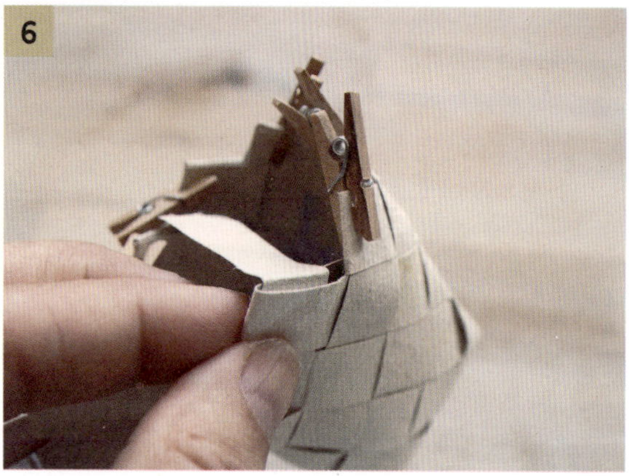

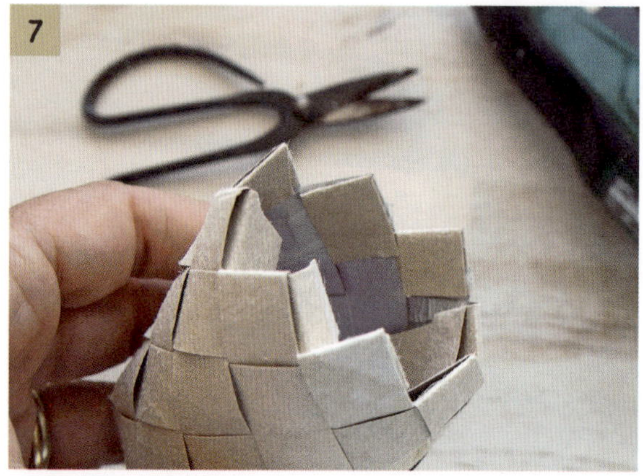

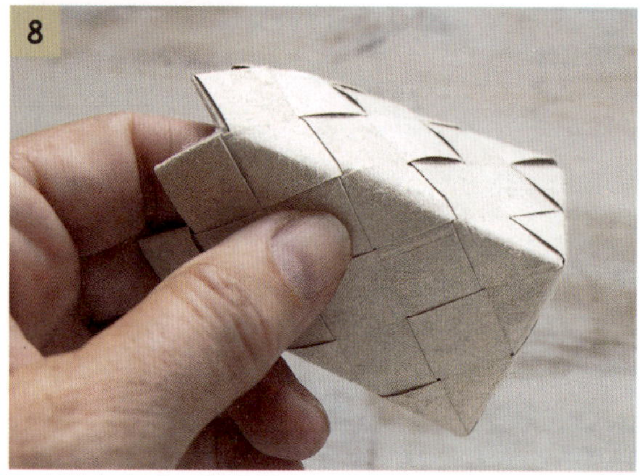

5. Jetzt kommt der pfrimelige Teil – das Verweben der restlichen Streifen. Da die Höhe durch die Länge der Streifen begrenzt ist, kann man nach ein paarmal Flechten nach und nach die oberen Kanten einschlagen.

6. Ich persönlich fand es am einfachsten, nach und nach immer wieder bis oben zu falten und gleich die fertige Kante festzuklemmen.

7. Die Streifenenden haben unterschiedliche Längen und müssen mit der Schere gekürzt werden. Anschließend klebt man die kleinen übriggebliebenen Stücke mit der Heißklebepistole innen fest.

8. Wer mag, arbeitet die Ecken noch heraus. Man kann dem Körbchen aber auch seine eher runde Form lassen.

MANCHMAL SUCHT MAN EIN KLEINES GESCHENK ALS MITBRINGSEL. WIE WÄRE ES MIT EINER HÜBSCH VERPACKTEN, KLEINEN KERZE?

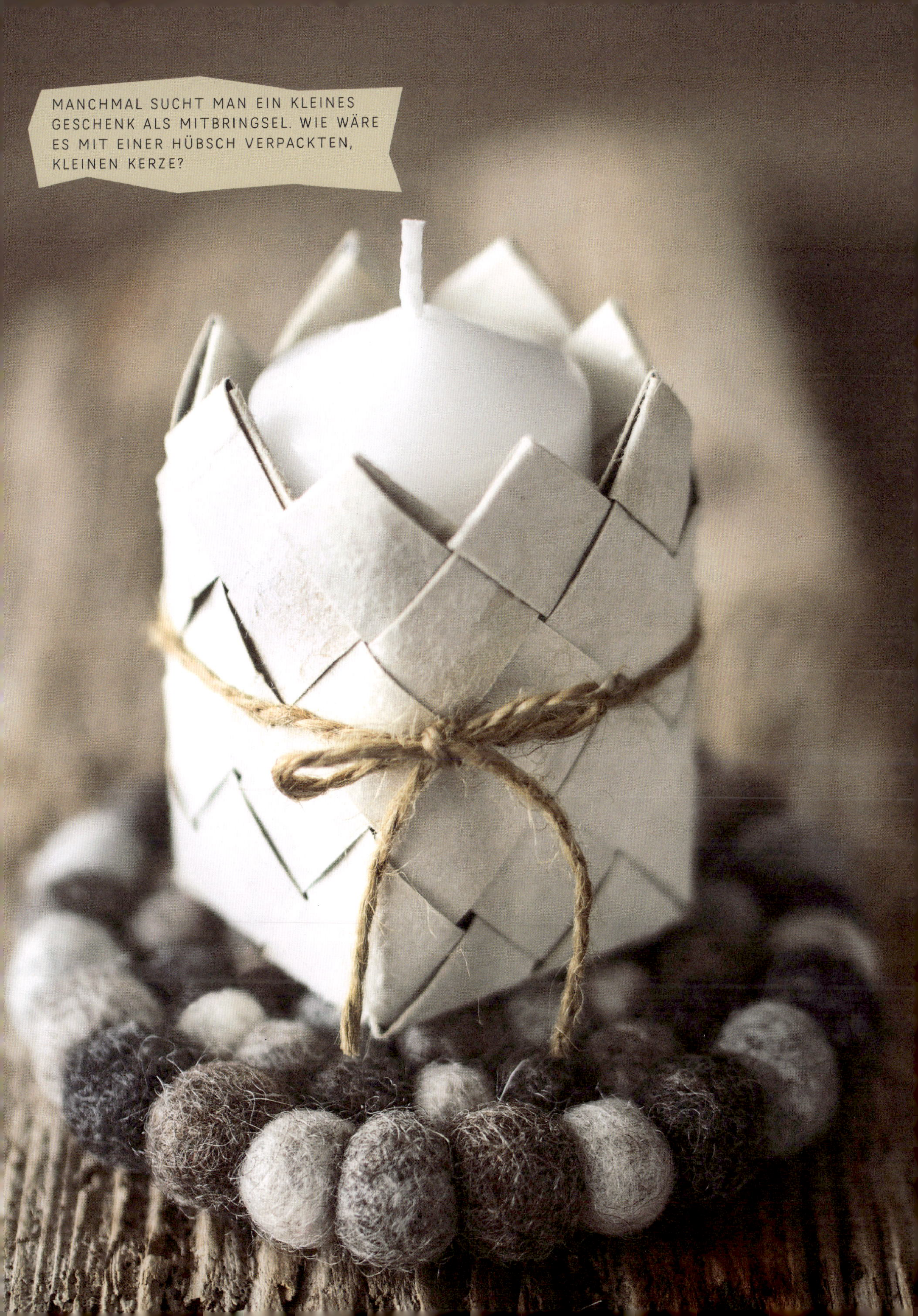

Geschenke und Dekoratives

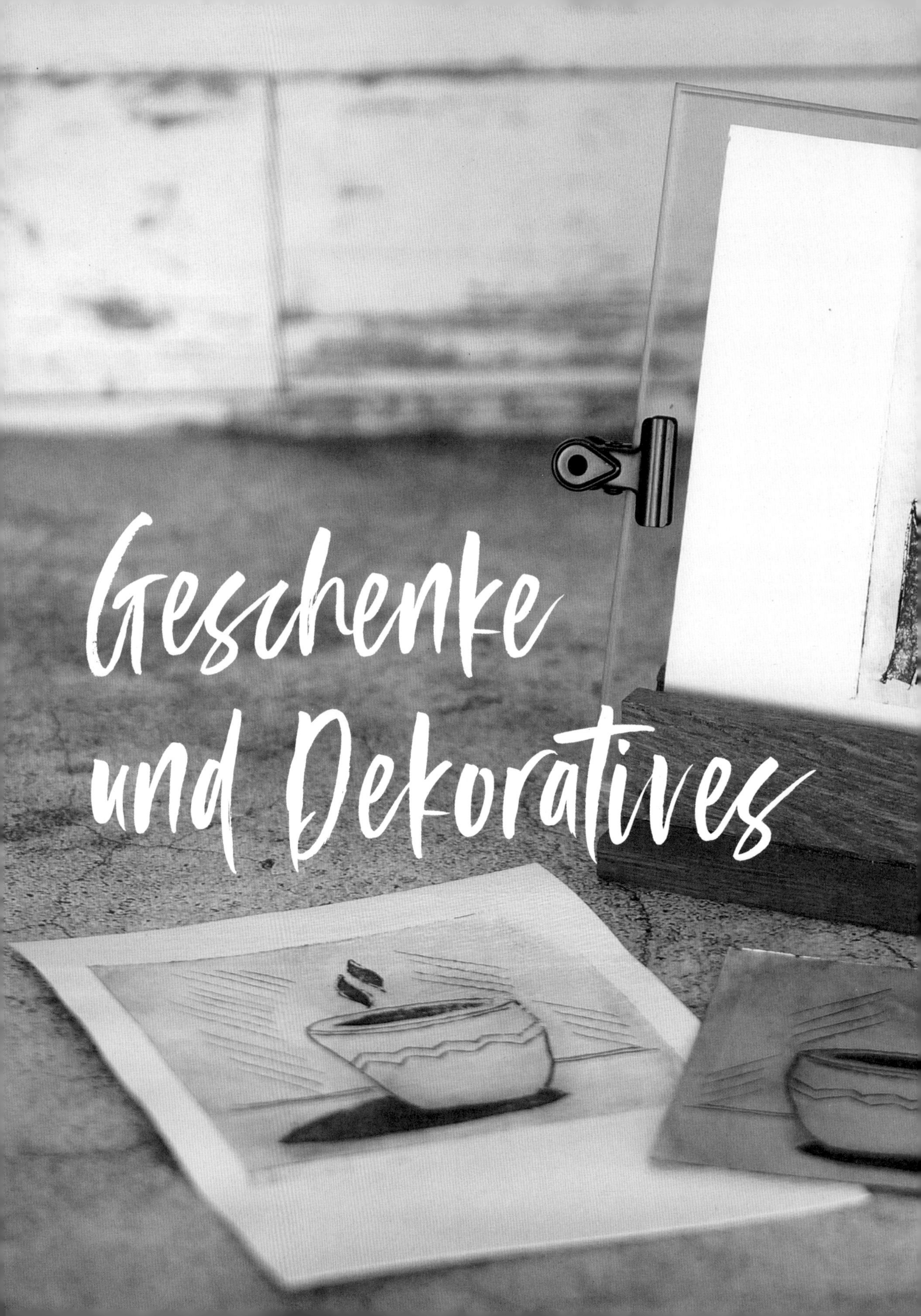

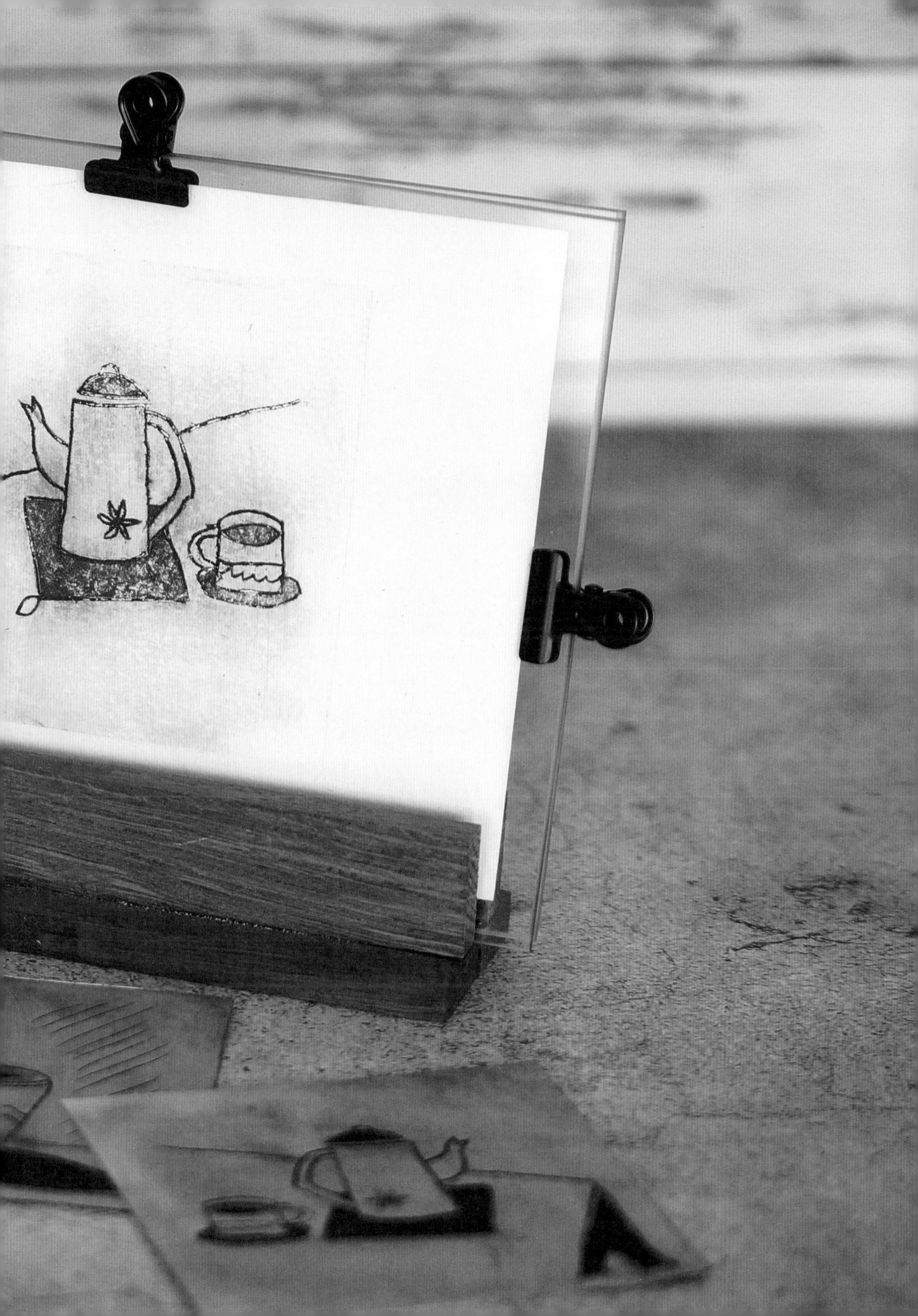

Happy Birthday

MATERIAL:
GETRÄNKEKARTON, SCHERE, STIFT, LOCHSTANZE, LINEAL, ACRYLFARBE, PINSEL, AUFKLEBER, PAPIERSTROHHALME, KLEBER, ETIKETTEN

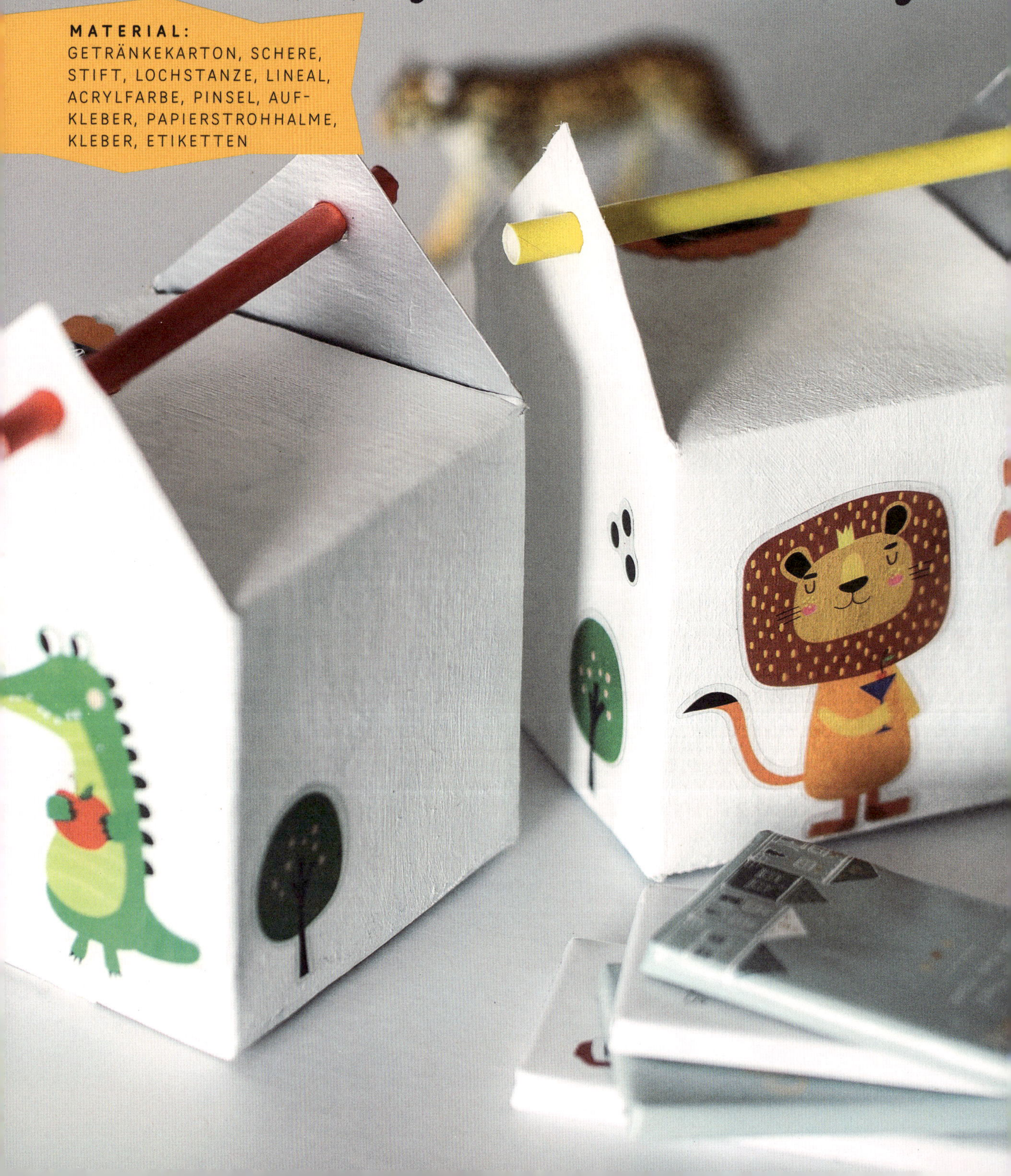

HEUTE IST ES OFT SO, DASS NICHT NUR DAS GEBURTSTAGSKIND EIN GESCHENK BEKOMMT, SONDERN AUCH DIE VIELEN KLEINEN GÄSTE SPÄTER EIN PÄCKCHEN MIT NACH HAUSE NEHMEN DÜRFEN. WIE WÄRE ES MIT EINER ÜBERRASCHUNGS-BOX? ABER ERST ZU HAUSE ÖFFNEN, BITTE!

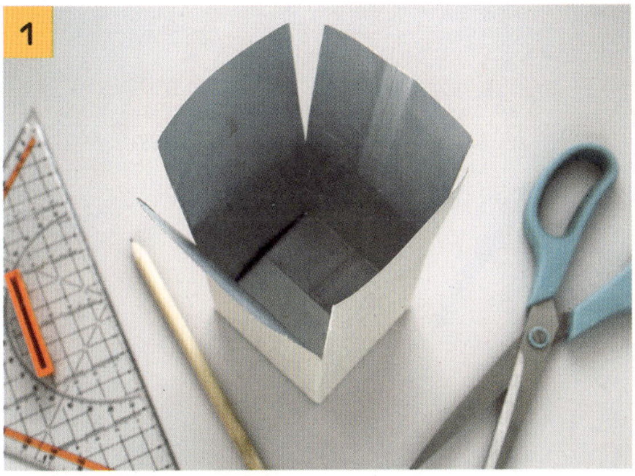

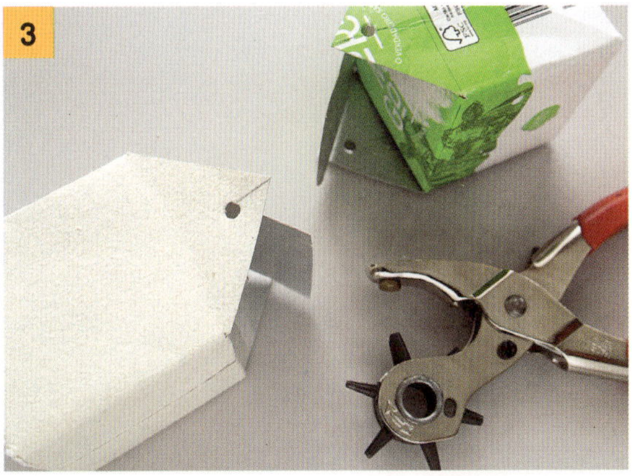

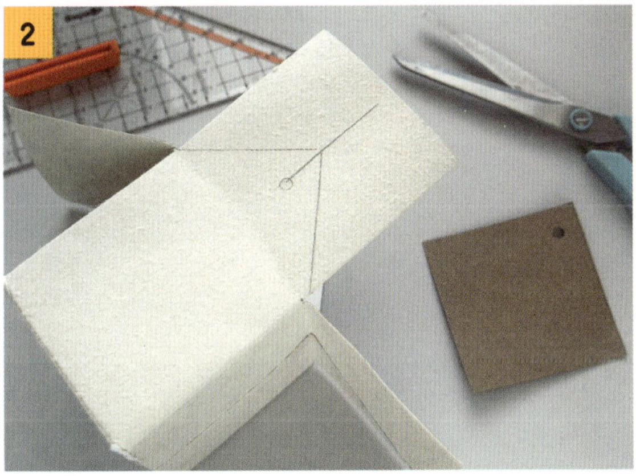

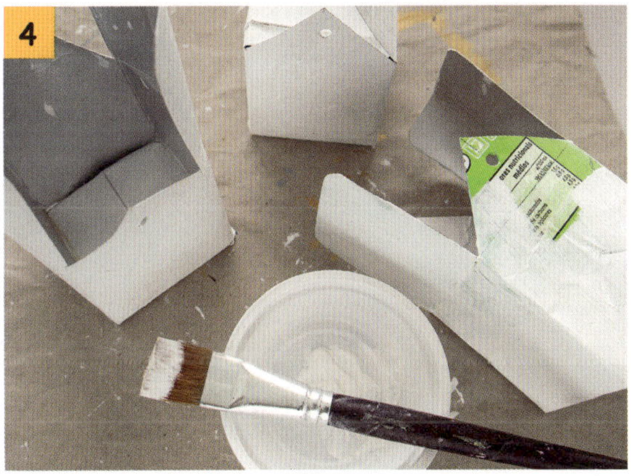

1. Den vorbereiteten Karton auf einer Höhe von 14 cm sauber abschneiden. Anschließend 7 cm von oben abmessen und alle vier Ecken bis dahin einschneiden.

2. Zwei Laschen zunächst gerade nach außen falten und andrücken, dann lässt sich die Lasche später leichter nach innen legen.
Für den Giebel kann man sich eine kleine Schablone basteln – ein Papp-Quadrat von 7 cm x 7 cm mit einem gestanzten Loch. Man ermittelt dann die Hälfte der Giebel-Lasche und legt die Schablone im rechten Winkel an, um den Giebel und auch die Markierung für das Loch anzuzeichnen.

3. Den Giebel ausschneiden und anschließend mit einer Lochzange die beiden Löcher stanzen. Man kann übrigens auch die bedruckte Schicht dranlassen, dann ist die Box später noch etwas stabiler.

4. Dann den Karton farbig anlegen, in diesem Falle mit weißer Acrylfarbe. Anfangs rollt sich der Karton durch die Farbe ein wenig auf, man kann ihn aber nach dem Trocknen wieder in Form bringen. Hat man die bedruckte Schicht nicht abgezogen, kann es sein, dass man mehrfach streichen muss, damit die Farbe richtig deckt.

Fortsetzung auf der nächsten Seite

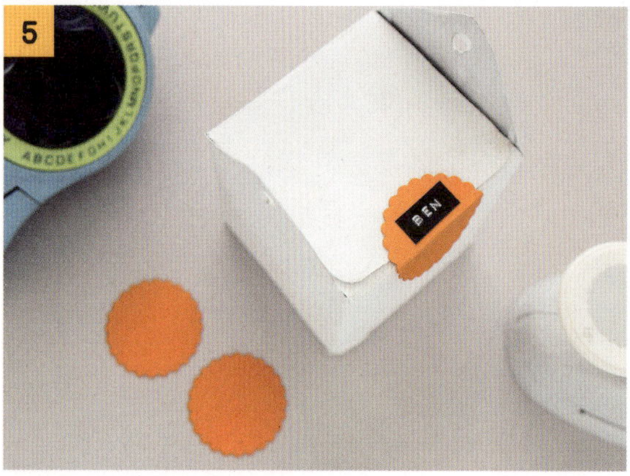

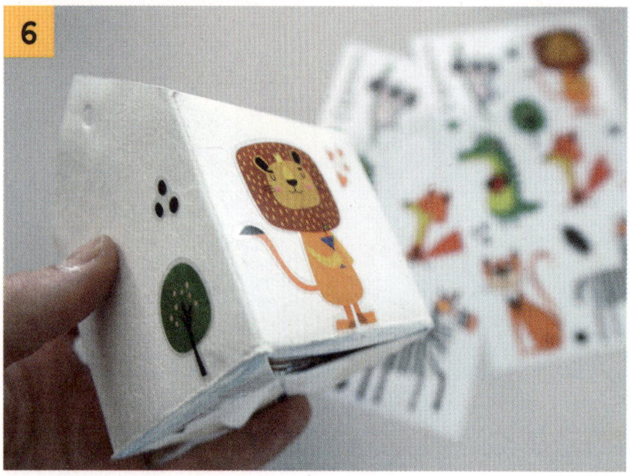

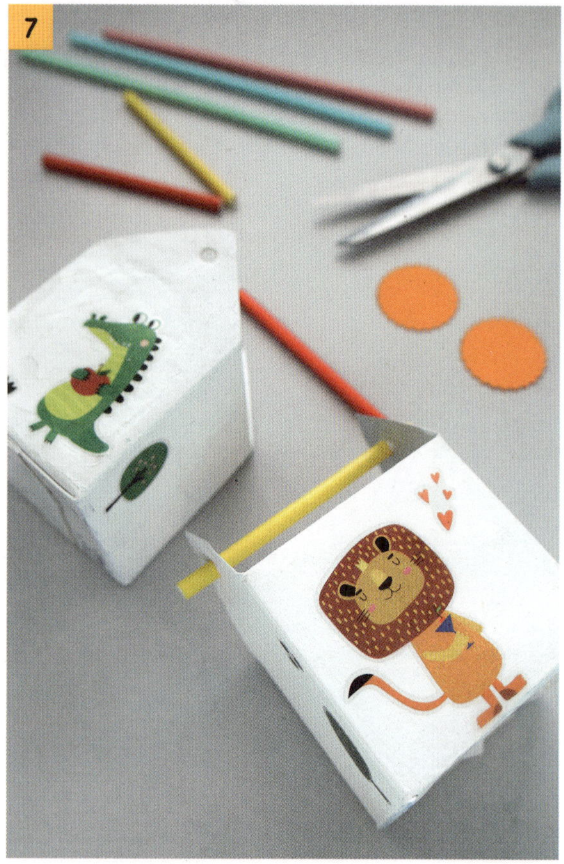

5. Zum Verschließen eignen sich kleine Etiketten. Die lassen sich mit einer Stanze aus verschiedenen bunten Papieren ausstanzen. Dann einmal in der Mitte falten und mit dem Namen des Kindes versehen (handschriftlich oder mit Klebe-Etikett). Anschließend die gefüllte Box an der Ecke damit zukleben.

6. Nun kann man die kleine Geschenkbox nach Herzenslust bekleben (alternativ auch bemalen).

7. Jetzt noch den kleinen Henkel zuschneiden. Dafür farbige Papierstrohhalme einmal in der Mitte durchschneiden. Das Päckchen mit Süßigkeiten etc. füllen und den Strohhalm durch die beiden Löcher im Giebel stecken. Mittig ausrichten und fertig ist das Geburtstagspräsent.

DIE BOXEN LASSEN SICH JE NACH MOTTO DER KINDERPARTY GESTALTEN. EIN BESUCH IM ZOO, EINHORNPARTY, POOLPARTY, DINOS ODER PRINZESSINNEN. WAS GERADE „IN“ IST.

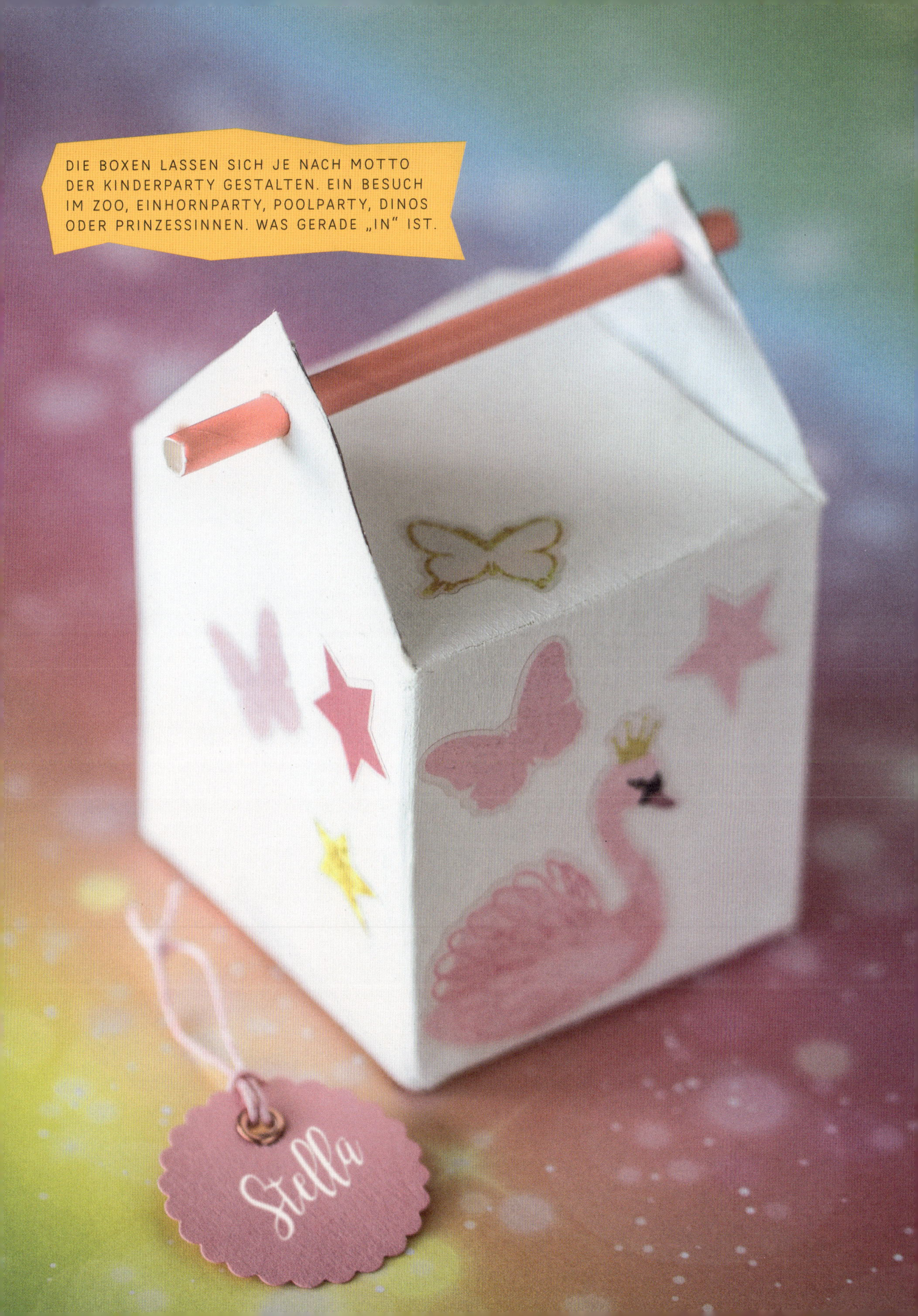

Kleiner Boxenstopp

MATERIAL:
GETRÄNKEKARTON, LINEAL, CUTTER, SCHERE, STOFF, BACKPAPIER, BÜGELEISEN, FALZBEIN, DEKORATION

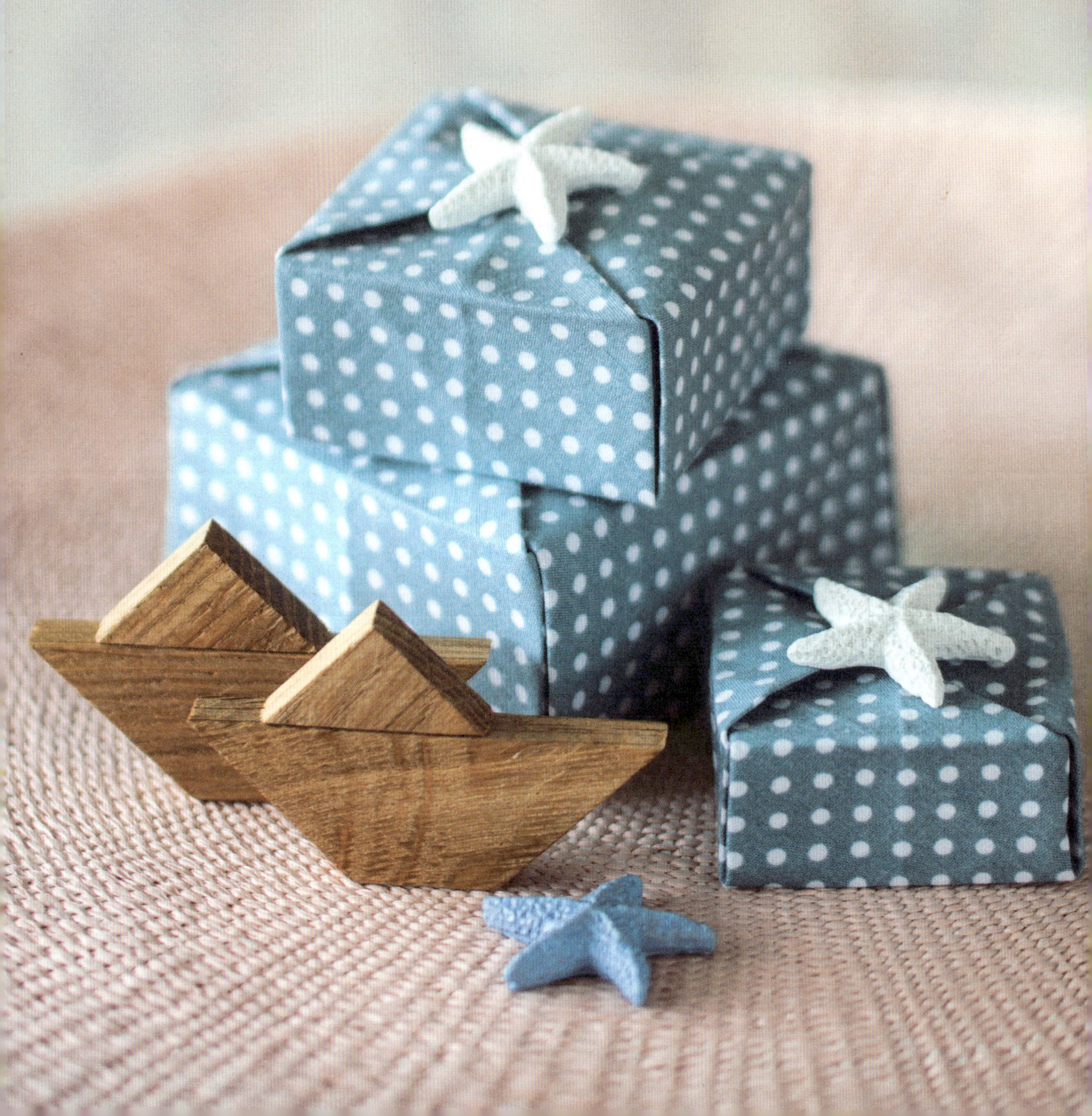

SCHACHTELN ZUM VERSCHENKEN SIND IMMER EINE SCHÖNE IDEE. UND WENN MAN GERADE MAL KEINE HAT, SIND SIE AUCH SCHNELL SELBST GEBASTELT. BESONDERS SCHÖN WERDEN SIE, WENN MAN SIE MIT EINEM STOFF BEZIEHT, DER IN DIESEM FALL AUFGEBÜGELT WIRD.

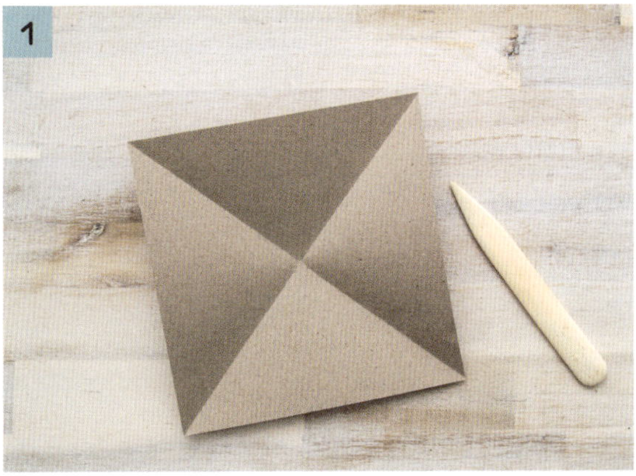

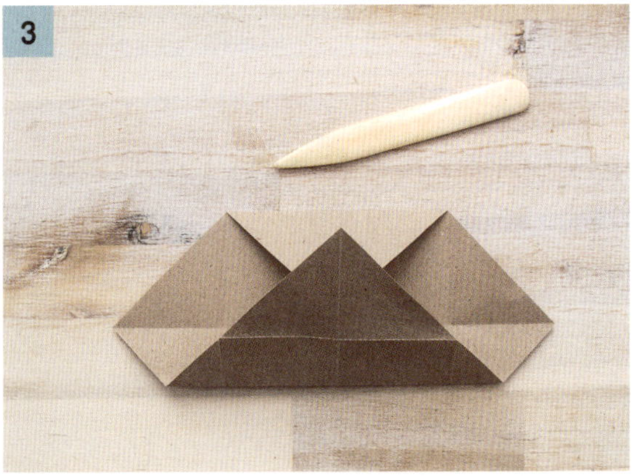

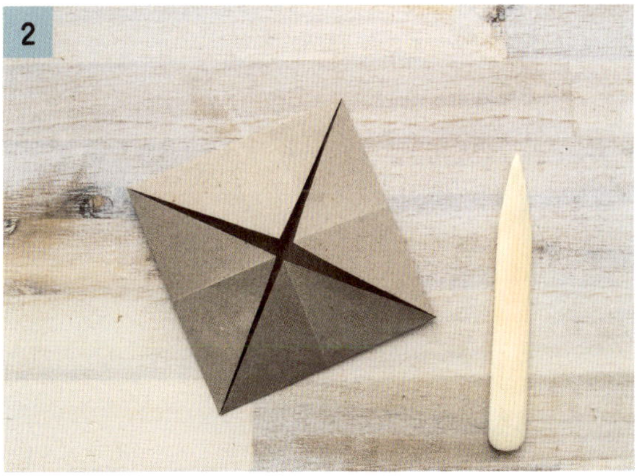

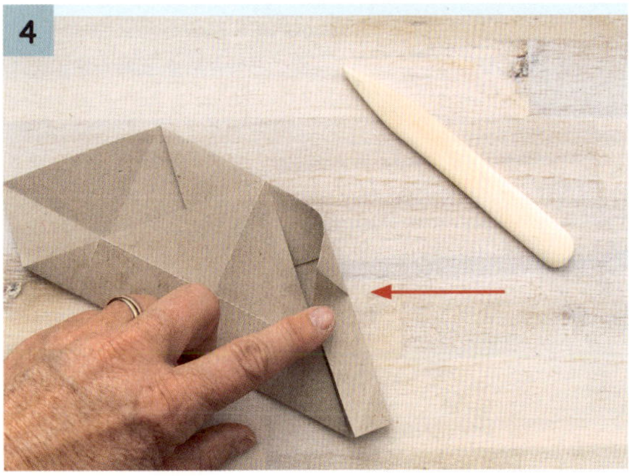

1. Den vorbereiteten Bogen wie auf Seite 33 und 41 beschrieben mit Stoff versehen. Nun mit der Stoffseite nach unten hinlegen und zunächst die Ecken zueinander falten. (Ich habe in den Anleitungsfotos einen normalen Bogen Papier verwendet, damit man die Faltungen besser erkennen kann.)

2. Dann alle Ecken zur Mitte falten und anschließend den Bogen wieder öffnen.

3. Nun das obere Dreieck nach unten falten und die untere Spitze ganz nach oben. Alles gut andrücken.

4. Jetzt die rechte Seite an die Diagonale des Dreiecks falten. Aber nur bis zu dem markierten Pfeil andrücken und glatt streichen.

Danach alles wieder auseinanderfalten und mit jeder Seite wiederholen. Am besten den Bogen immer entgegen dem Uhrzeigersinn drehen und fortfahren.

Fortsetzung auf der nächsten Seite

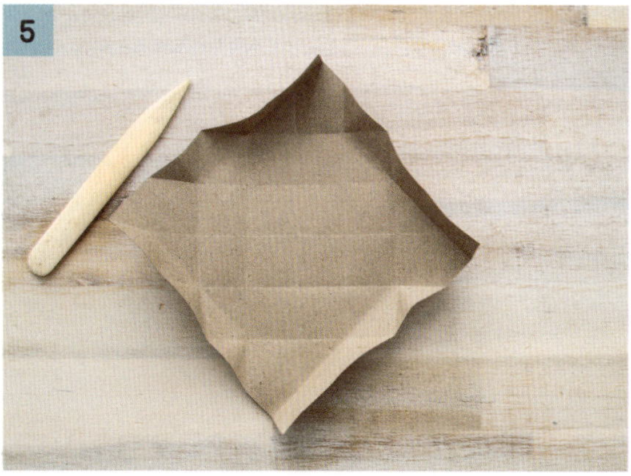

5. Danach sollte der Bogen so aussehen. Nun wenden und jeweils die geraden Seiten zueinanderfalten. Wieder wenden.

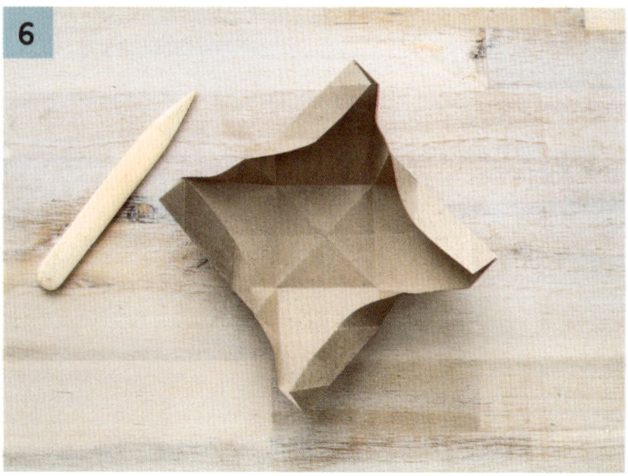

6. Nun die Schachtelform ein wenig herausformen und die schmalen Seiten einknicken.

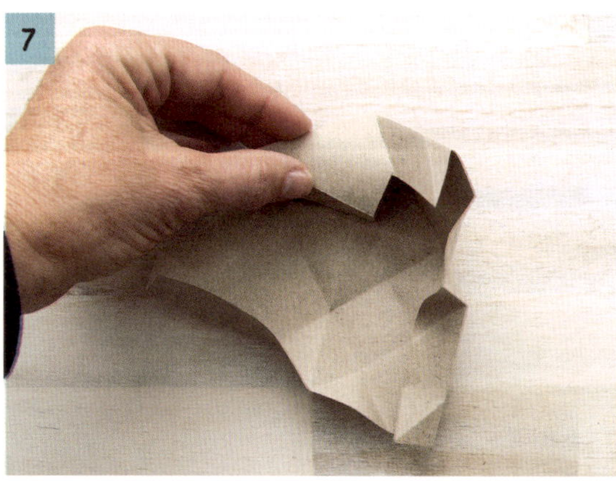

7. Jetzt die erste Deckellasche einfalten.

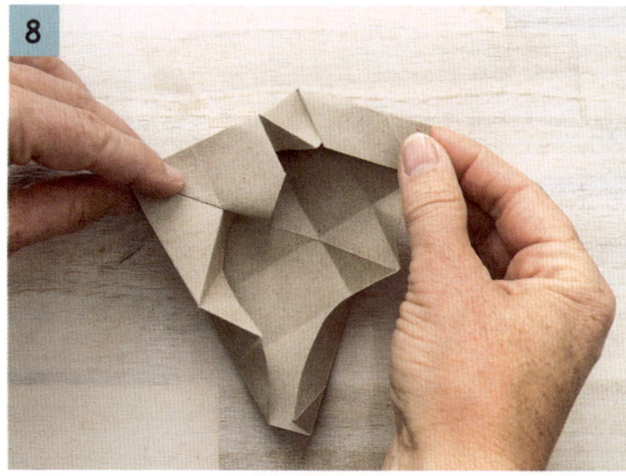

8. Dann im Uhrzeigersinn die nächsten Laschen einfalten.

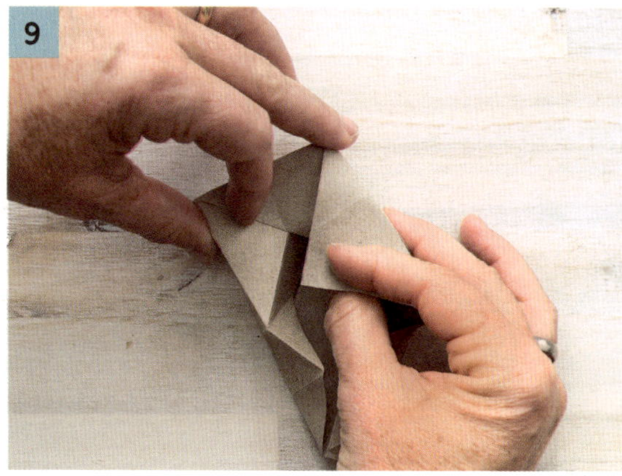

9. Langsam schließt sich die Box.

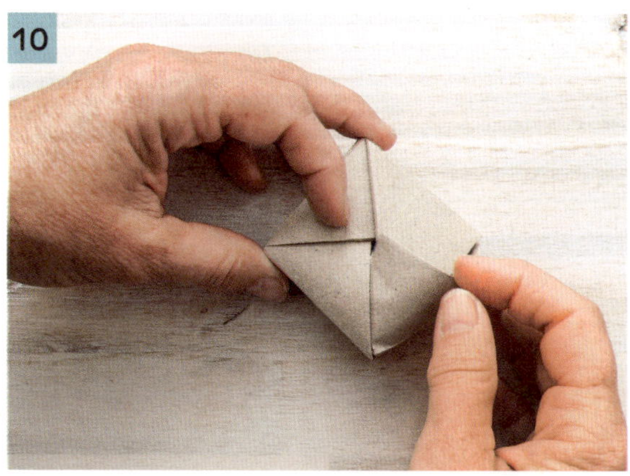

10. Zum Schluss die letzte Lasche unter die erste schieben. Nicht vergessen, vorher ein kleines Geschenk hineinzulegen... ;)

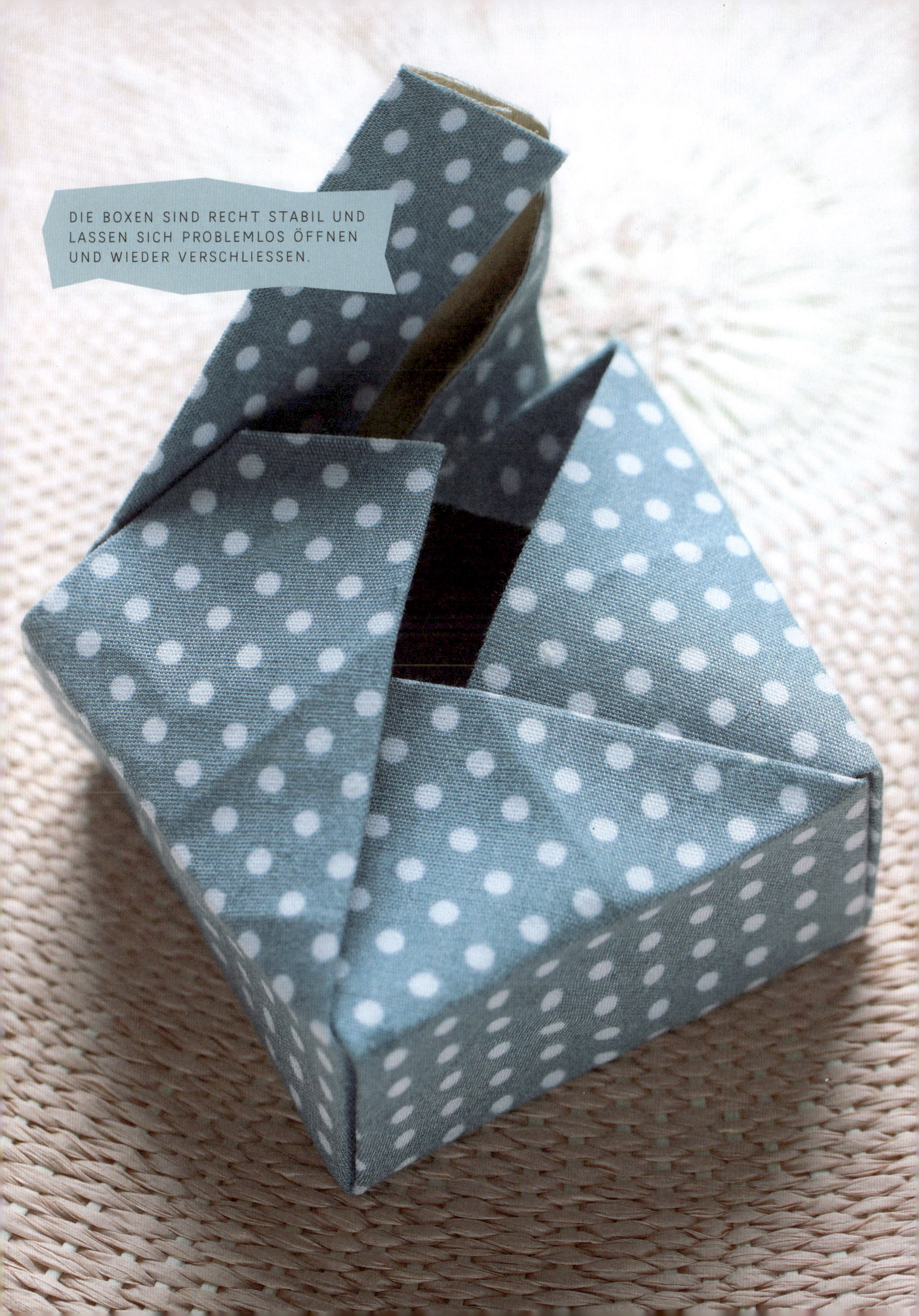

DIE BOXEN SIND RECHT STABIL UND LASSEN SICH PROBLEMLOS ÖFFNEN UND WIEDER VERSCHLIESSEN.

Schöner Abschluss

MATERIAL:
GETRÄNKEKARTON, CUTTER, LINEAL, STIFT, LOCHSTANZE, HÄKELNADEL, GARN, STOPFNADEL, SCHERE

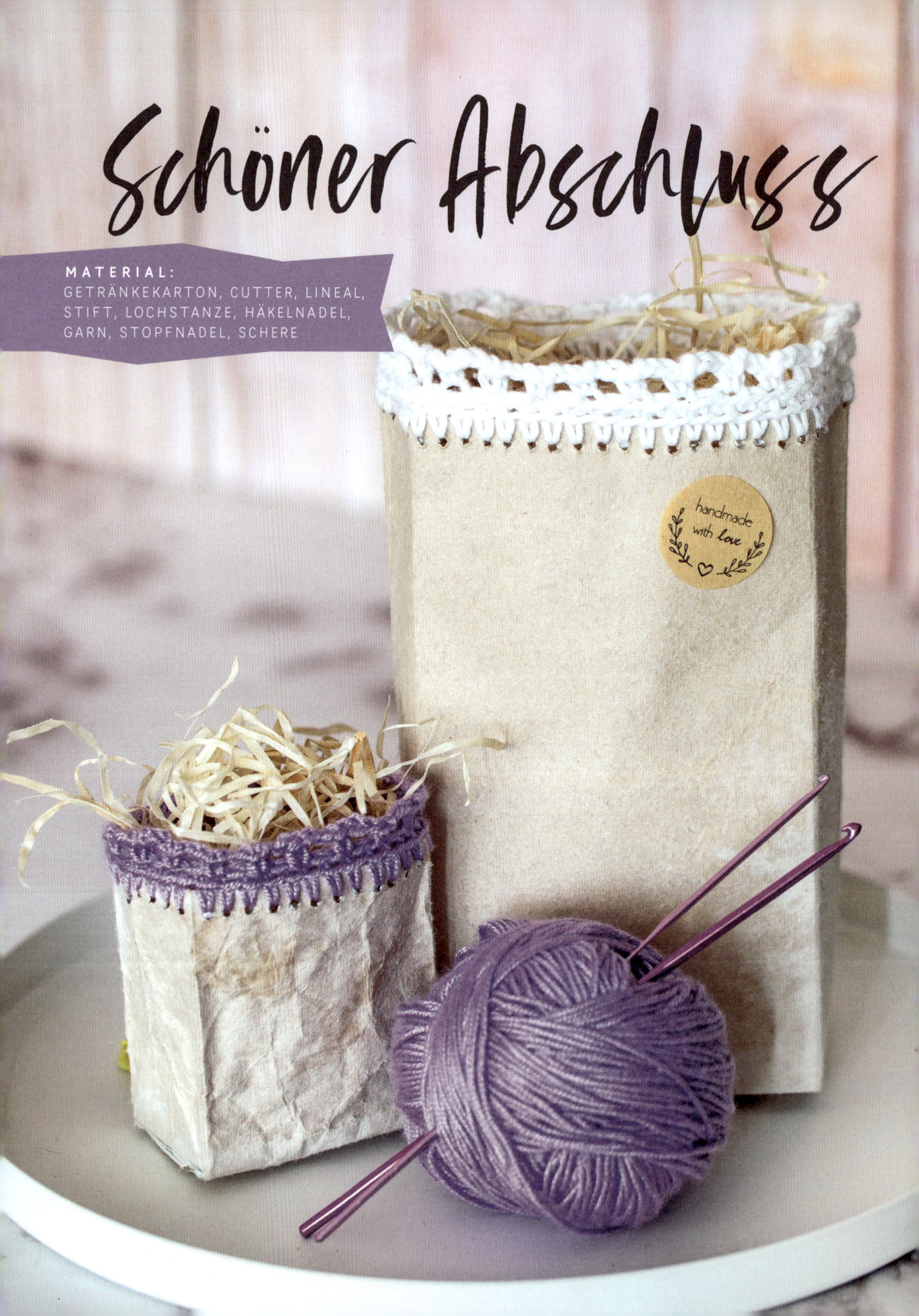

MAN KANN SO VIELES MIT MILCH- ODER SAFTTÜTEN MACHEN – WARUM NICHT AUCH EINFACH UMHÄKELN? AUF DIESE ART GIBT MAN EINER EINFACHEN TÜTE EINEN SCHÖNEN RAND. GARNRESTE FÜR SO EINE KLEINE HÄKELEI GIBT ES BESTIMMT NOCH IN IRGENDEINER SCHUBLADE ...

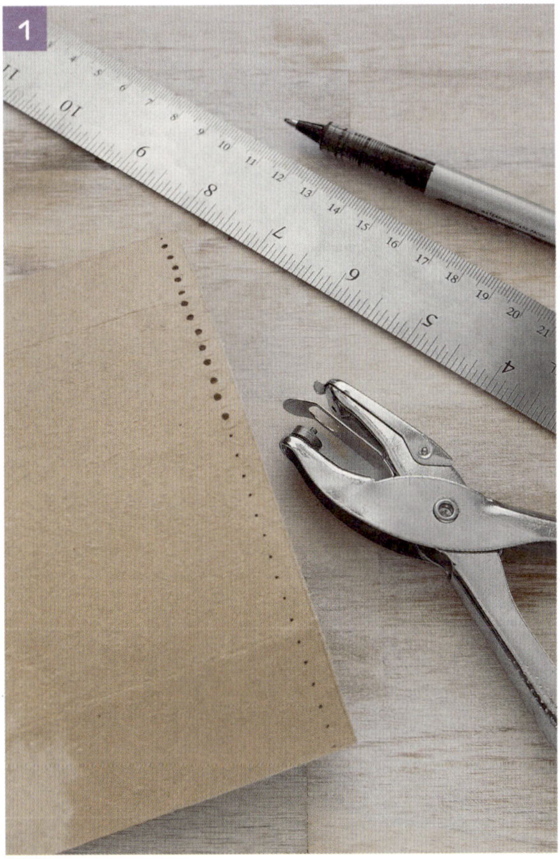

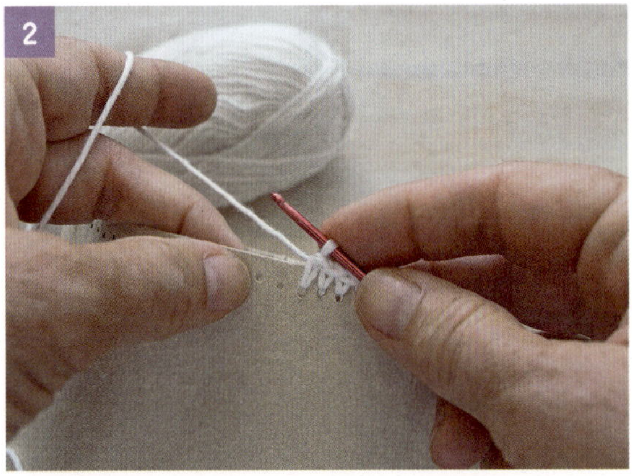

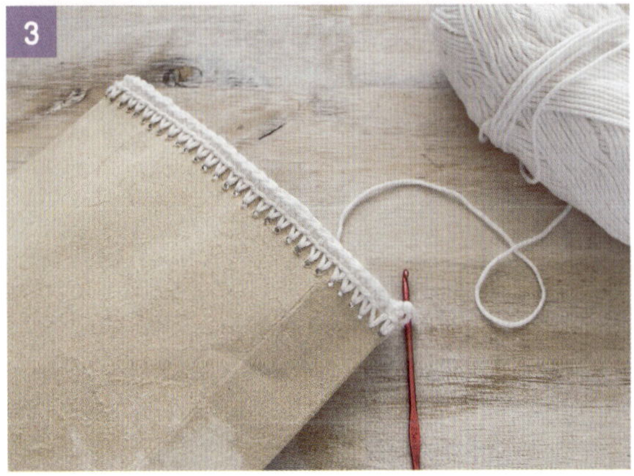

1. Die vorbereitete Tüte am oberen Rand auf die gewünschte Höhe abschneiden und mindestens 1 cm nach innen schlagen. Mit Lineal und Stift dann die Markierungen für die Löcher setzen. Hier haben sie einen Abstand von 5 mm. Das ist aber abhängig von der Größe der Lochstanze. Anschließend alle Löcher stanzen. Nicht zu dicht am Rand, damit dieser beim Häkeln nicht einreißen.

2. Nun beginnt man, mit dem ausgewählten Garn in jedes Loch eine feste Masche zu häkeln.

3. In diesem Beispiel habe ich eine zweite Reihe feste Maschen gehäkelt. Natürlich kann man hier auch Stäbchen oder mehrere Reihen häkeln.

Fortsetzung auf der nächsten Seite

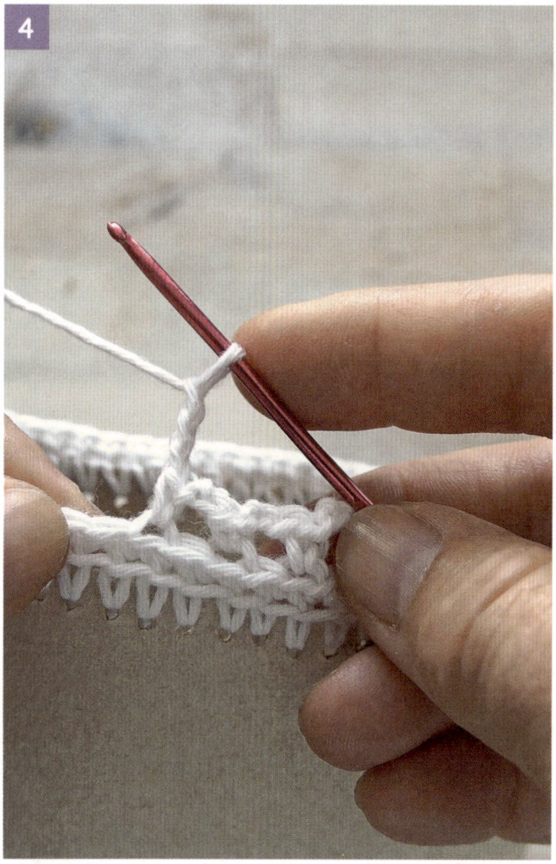

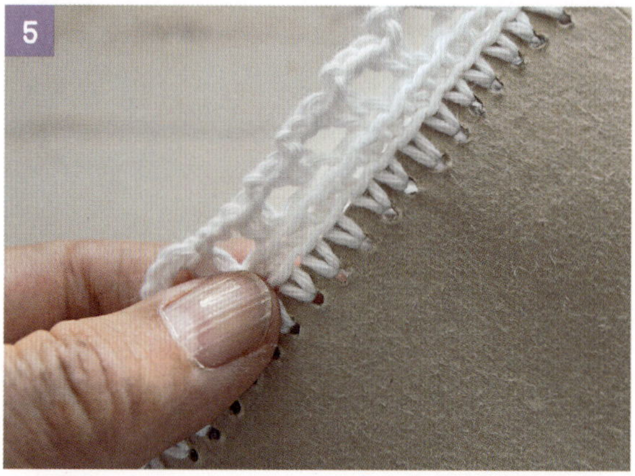

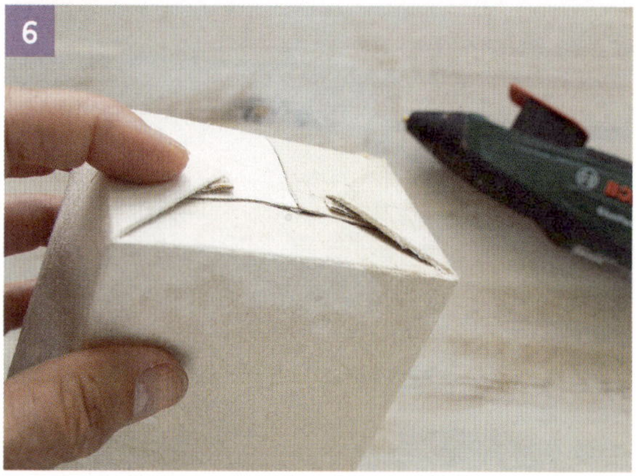

4. Als Abschluss bekommt die Tüte einen Rand aus kleinen Schlaufen. Dazu 3 Luftmaschen häkeln, eine Masche überspringen und mit einer festen Masche die Schlaufe schließen.

(Alternativ kann man den Rand mit „Mäusezähnchen" abschließen.
Diese häkelt man folgendermaßen:
1 feste Masche häkeln,
anschließend 3 Luftmaschen.
In die 1. Luftmasche 1 feste Masche arbeiten, eine Masche auslassen und erst in die nachfolgende Masche wieder 1 feste Masche häkeln.)

5. So fortfahren, bis der komplette Rand mit kleinen Schlaufen verziert ist. Die losen Fäden am besten mit einer Stopfnadel innen vernähen.

6. Nun muss man nur noch den Boden wieder in die richtige Form bringen. Das geht am besten mit Heißkleber.

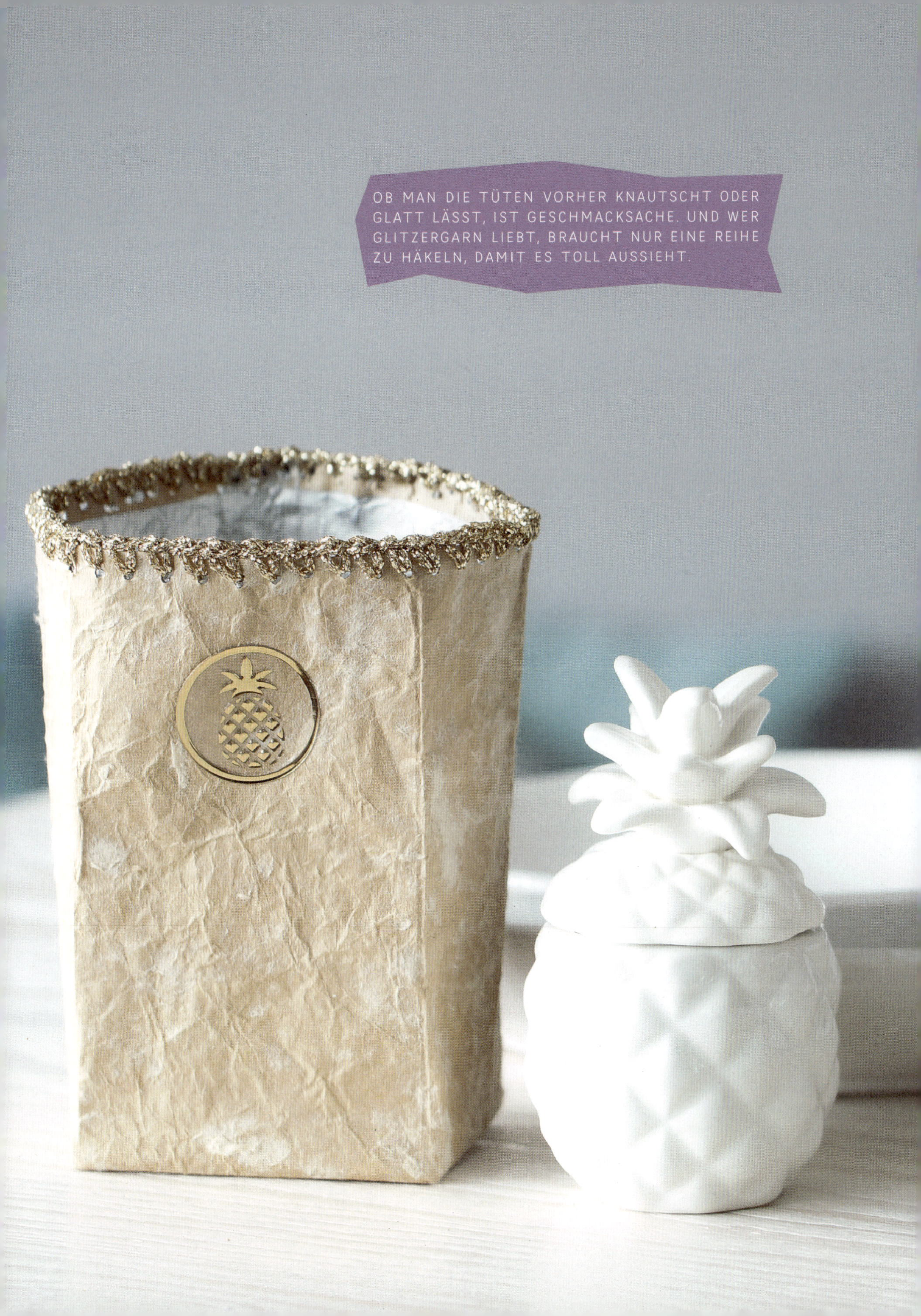

OB MAN DIE TÜTEN VORHER KNAUTSCHT ODER GLATT LÄSST, IST GESCHMACKSACHE. UND WER GLITZERGARN LIEBT, BRAUCHT NUR EINE REIHE ZU HÄKELN, DAMIT ES TOLL AUSSIEHT.

Cooler Mustermix

MATERIAL:
GETRÄNKEKARTON, SCHERE, ACRYLFARBE, PINSEL, LACKSTIFTE, KLAMMERN

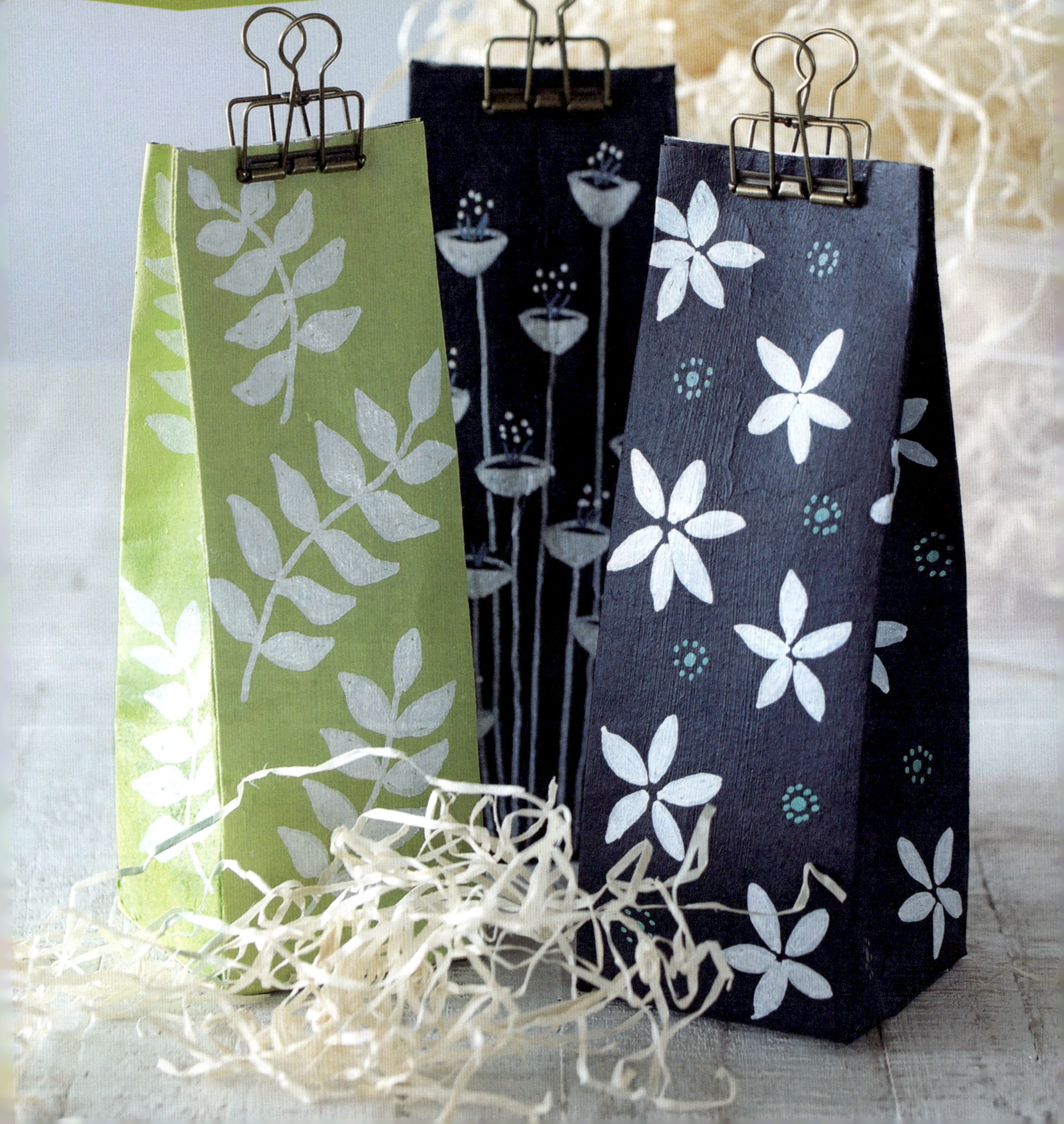

VERPACKUNGEN AUS MILCH- ODER SAFTTÜTEN GEHEN IMMER. BEI DER GESTALTUNG KANN MAN DER FANTASIE FREIEN LAUF LASSEN. FARBIG GRUNDIERT UND MIT LACKSTIFTEN VERZIERT ODER BESCHRIFTET SIND SIE FAST ZU SCHÖN, UM SIE ALS EINFACHE VERPACKUNG ZU VERWENDEN.

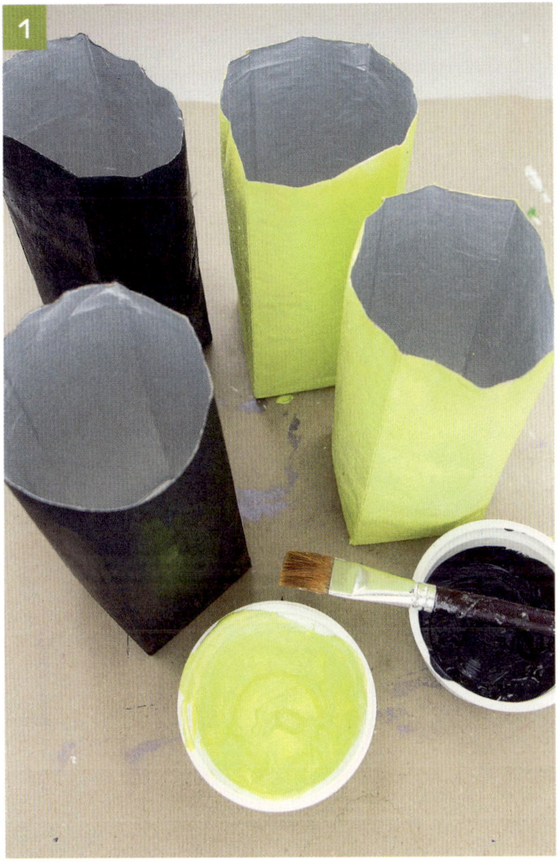

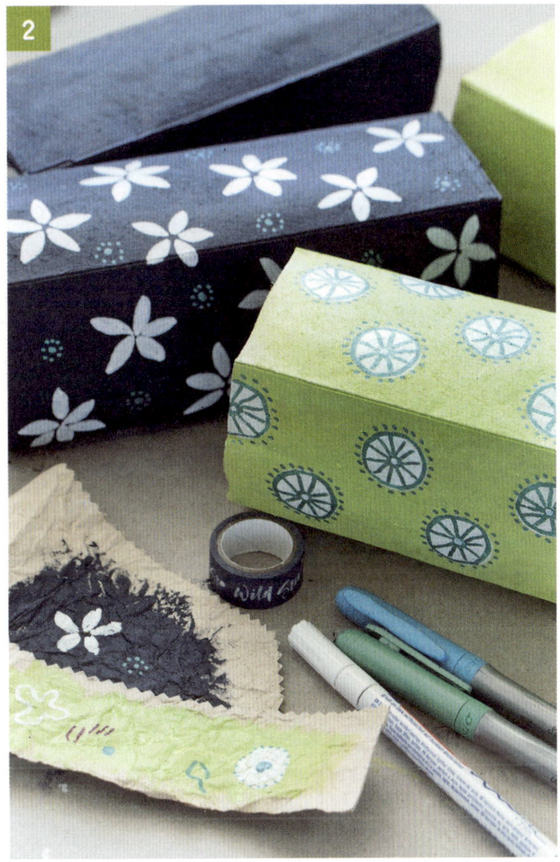

1. Von den Tüten nur den oberen Teil abschneiden und die bedruckte Schicht ablösen. Dann in der gewünschten Farbe grundieren. Möchte man eine weiße Tüte, muss man in der Regel 2 Schichten auftragen, damit die Farbe besser deckt.

2. Bevor man beginnt, die Muster aufzumalen, sollte die Grundfarbe richtig gut angetrocknet sein.

Dann malt man mit Lackstiften die Muster auf. Freihändig oder mit Schablonen. Für einfache Kreise kann man z. B. eine kleine Tape-Rolle als Vorlage verwenden. Oder man fertigt sich Schablonen aus Pappe an, die man mit einem Bleistift aufzeichnet und anschließend nachmalt.

Tipp: Die verschiedenen Muster und auch die Stifte sollte man immer erst auf einem kleinen Musterstück testen. Manche Stifte verlaufen oder lassen sich auf dem Untergrund nicht gut ausmalen.

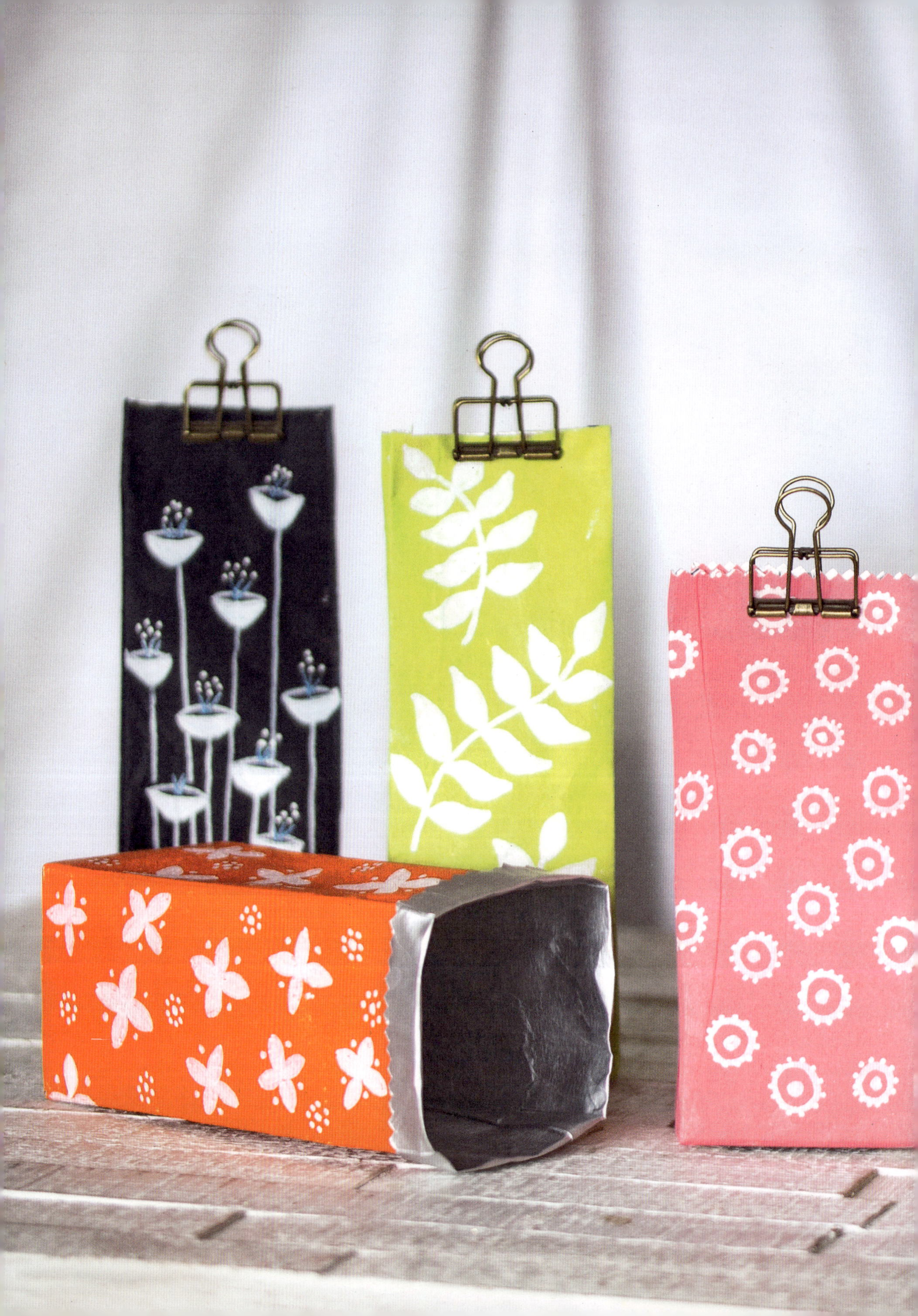

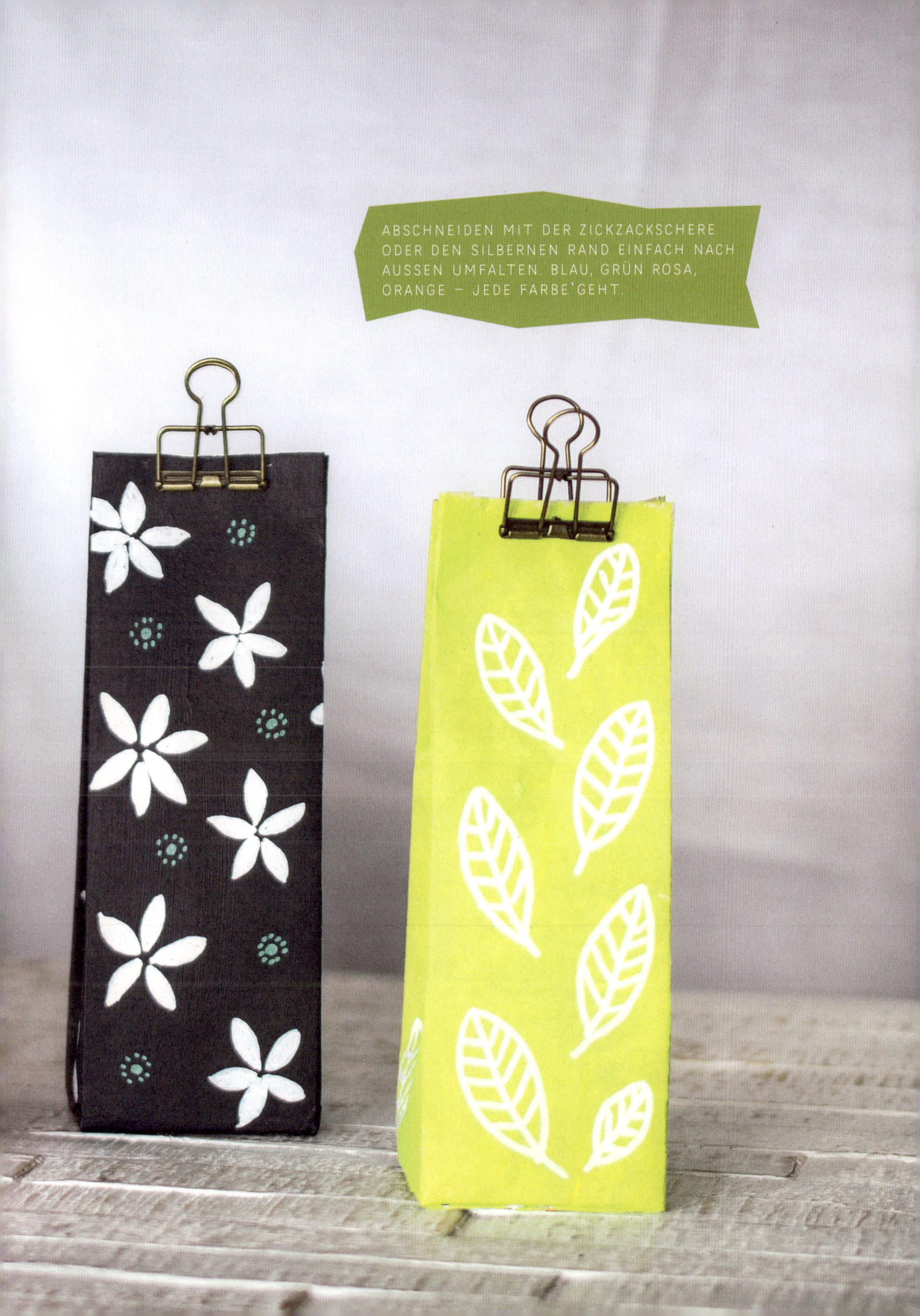

ABSCHNEIDEN MIT DER ZICKZACKSCHERE ODER DEN SILBERNEN RAND EINFACH NACH AUSSEN UMFALTEN. BLAU, GRÜN ROSA, ORANGE – JEDE FARBE`GEHT.

Im Reisefieber

MATERIAL:
GETRÄNKEKARTON, SCHERE/CUTTER, (EVTL. ZICKZACKSCHERE), NADEL, STERNCHENZWIRN, FALZBEIN, LINEAL, STIFT, KREISSTANZE, LOCHER, SPANNGUMMIS, PAPIER, STEMPEL, STEMPELFARBE, KLEBER, FOTOECKEN, CLIPS, AHLE

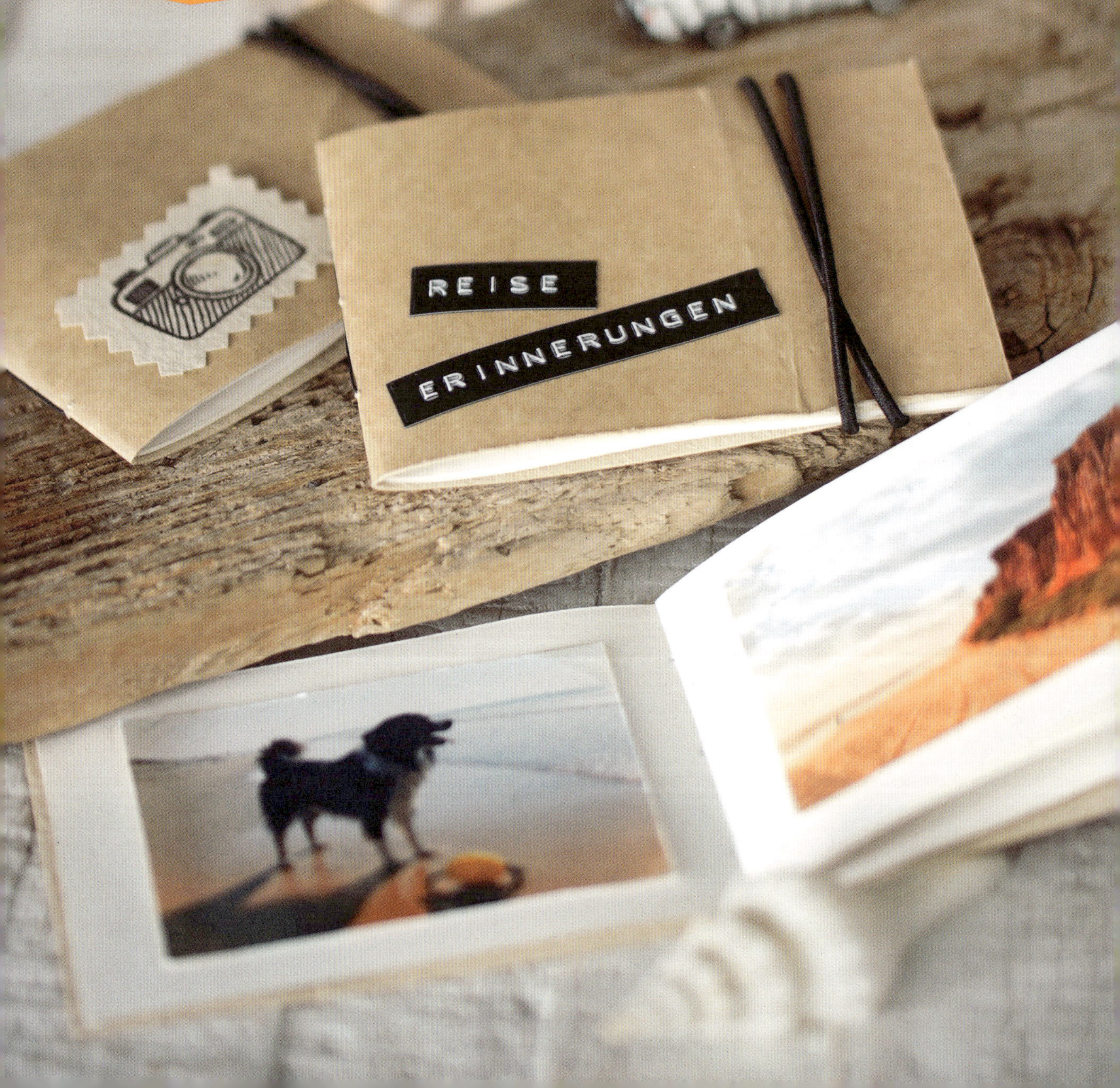

DIE SCHÖNSTEN ERINNERUNGEN HAT MAN IM KOPF – HEISST ES. ABER SO EINE KLEINE GEDANKENSTÜTZE IN FORM EINES FOTOBÜCHLEINS, DAS DIE BESTEN MOMENTE DES URLAUBS NOCH EINMAL ZUSAMMENFASST, KANN MAN IMMER WIEDER HERVORHOLEN UND VOR ALLEM AUCH DEN FREUNDEN ZEIGEN.

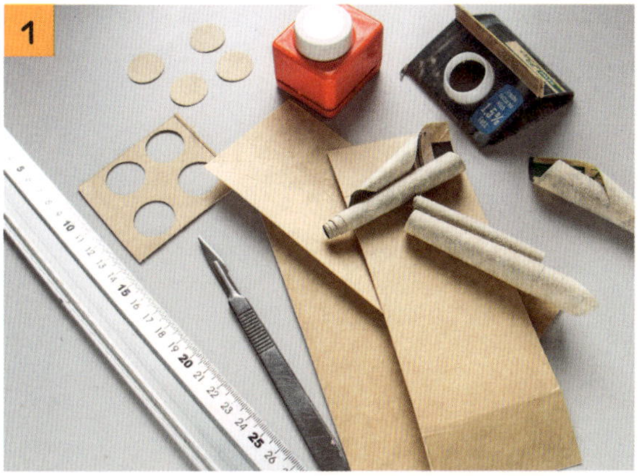

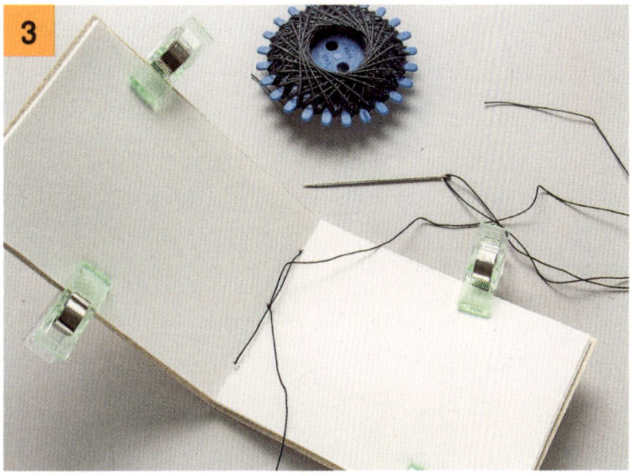

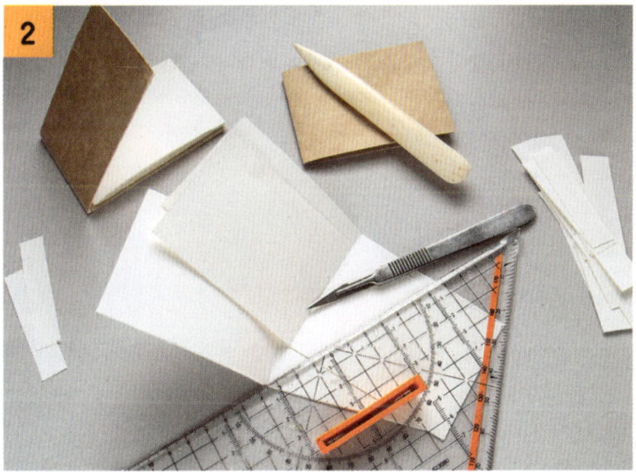

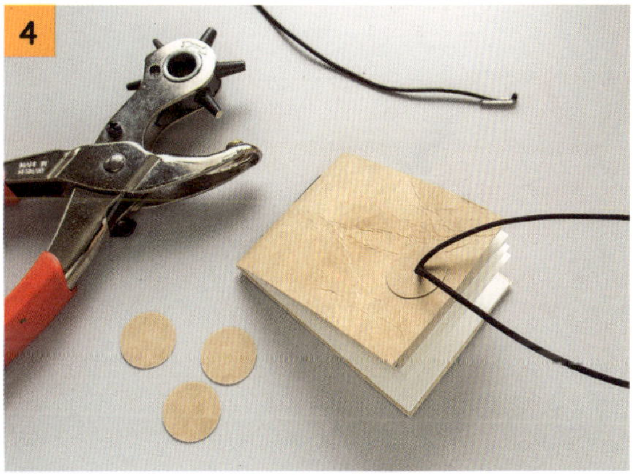

1. Für dieses Projekt (3 Fotoheftchen) eignet sich ein Getränkekarton mit quadratischer Grundform am besten. Zudem sollte er innen braun sein, denn hier ist später die Innenseite außen. Den Karton aufschneiden und aus drei Seitenflächen die Streifen für die Umschläge mit Cutter und Lineal herausschneiden. Sie haben in etwa die Größe 6,8 cm x 18,0 cm. Die bedruckte Schicht vorsichtig abziehen. Aus dem 4. Reststreifen mit der Klebenaht stanzt man drei Kreise aus.

2. Für den Innenteil kann man ganz normales Kopierpapier zurechtschneiden. Hier sind es 5 Blätter. Die Größe so wählen, dass die Innenseiten etwas kleiner als der Umschlag sind. Den Umschlag einmal in der Mitte falten und mit einem Falzbein glätten.

3. Die Innenseiten in den Umschlag legen und mit Clips befestigen, die Löcher mit einem Stift markieren und mit einer Ahle durchstechen. Dann mit der Nadel und dem Sternchenzwirn die Bögen einnähen (genaue Anleitung auf Seite 121).

4. Auf der Rückseite einen der ausgestanzten Kreise auflegen und mit dem Locher lochen. Anschließend das Spanngummi von außen hindurchstecken.

Fortsetzung auf der nächsten Seite

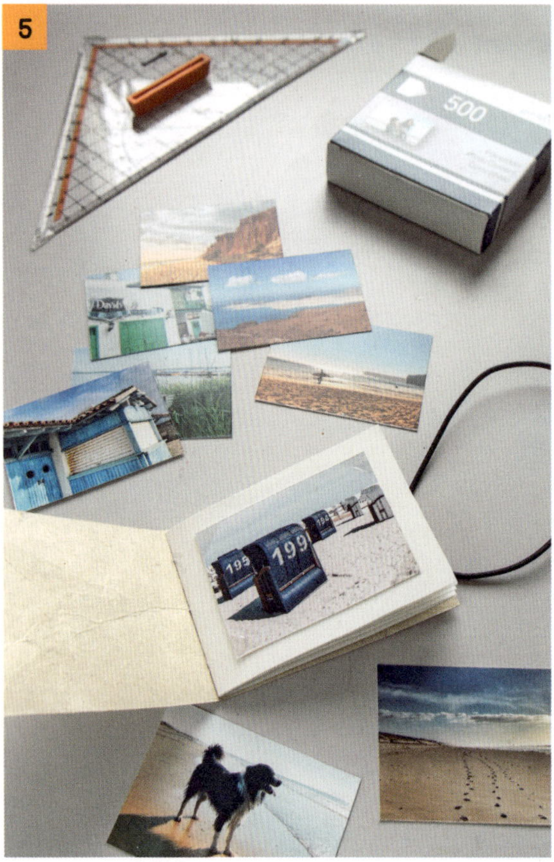

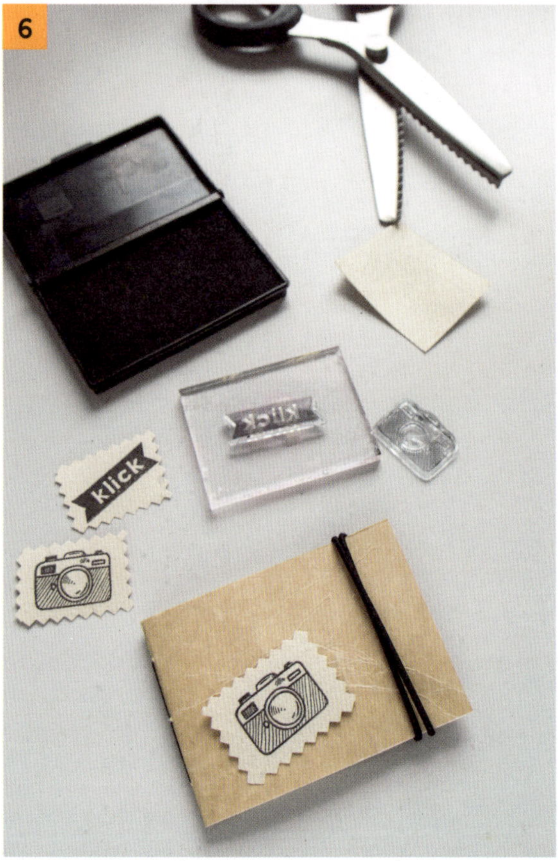

5. Nun kann man das kleine Fotobuch mit Erinnerungen füllen. Kleine Fotos in der passenden Größe zuschneiden und auf die Innenseiten kleben. Hierfür kann man auch Fotoecken verwenden, dann lassen sich die Fotos später auch mal austauschen.

6. Auf der Außenseite fehlt nun nur noch der Titel. Da die Stempelfarbe auf dem glatten Karton nicht hält, kann man ein Stück verwenden, wo zuvor die bedruckte Seite abgezogen wurde. Hier nun den Stempel anbringen, ausschneiden und auf den Umschlag kleben. Die Mappe dann mit dem Spanngummi schließen.

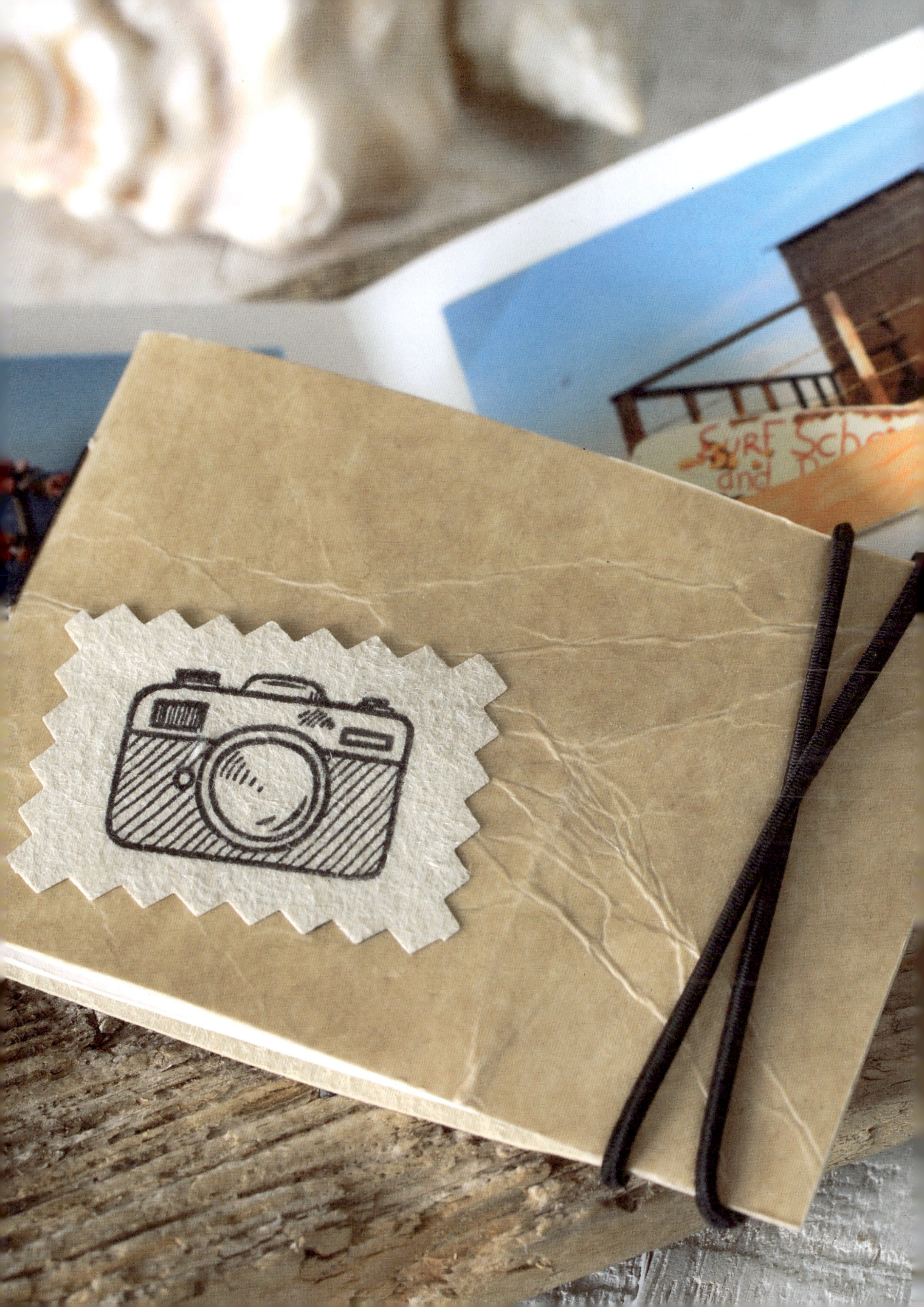
SURF

Zierfische

MATERIAL:
GETRÄNKEKARTONS, STIFT, SCHERE, BÜGELEISEN, BACKPAPIER, STOFFREST, NIETEN, NIETENZANGE, CLIPS, LACKSTIFT FILZUNTERLAGE, AHLE, NADEL, WOLLRESTE, FÜLLWATTE, GARN

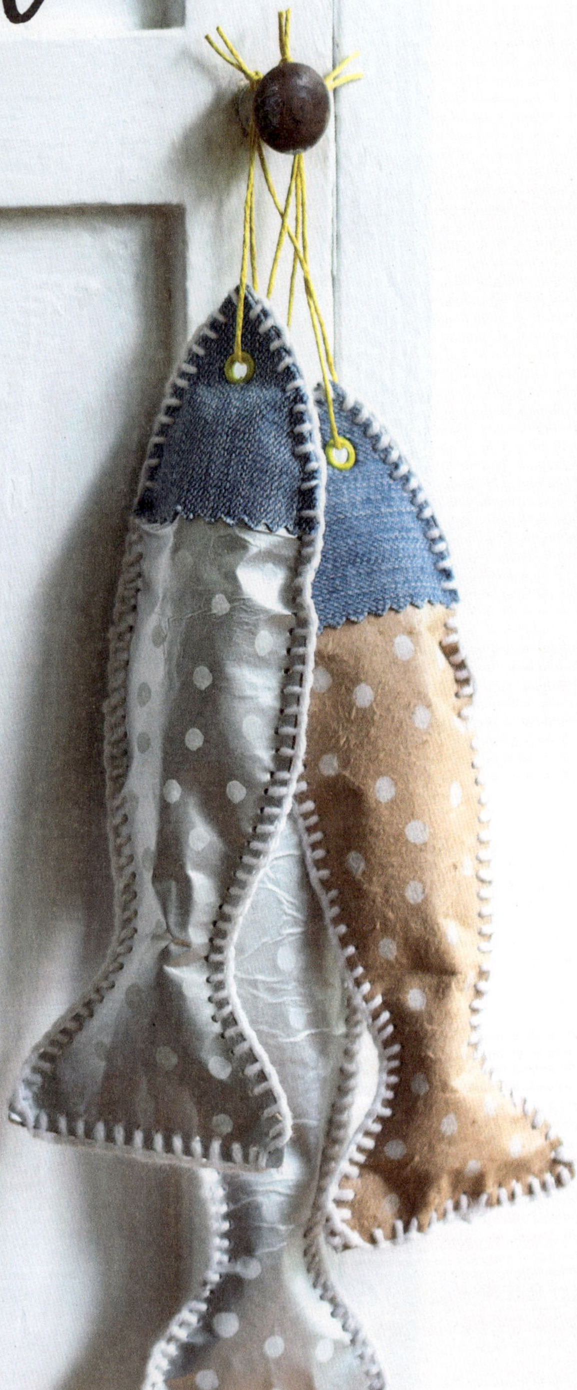

KEIN PLATZ FÜR EIN AQUARIUM? DIESE KLEINEN ZIERFISCHE KOMMEN AUCH OHNE WASSER AUS. ALS DEKORATION AUF DER SOMMERLICHEN TERRASSE ODER ALS ZIERDE AN EINEM SCHRANK. ACH SO: FÜTTERN MUSS MAN SIE NATÜRLICH AUCH NICHT!

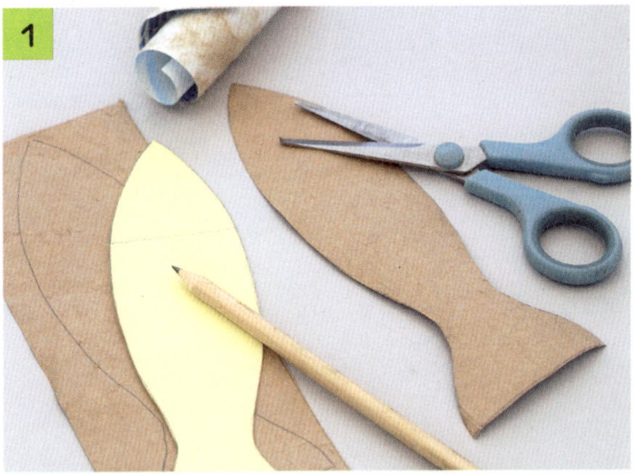

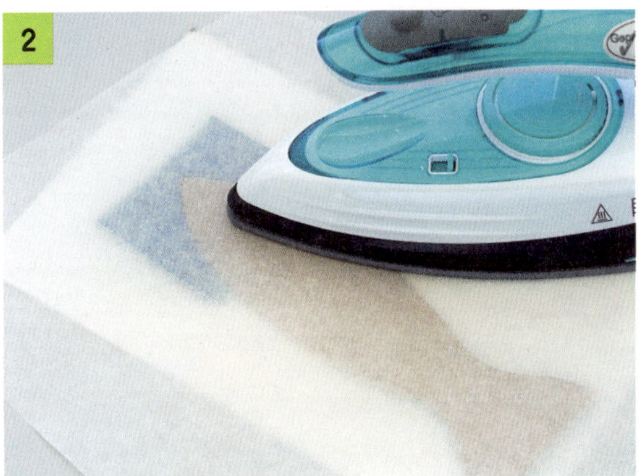

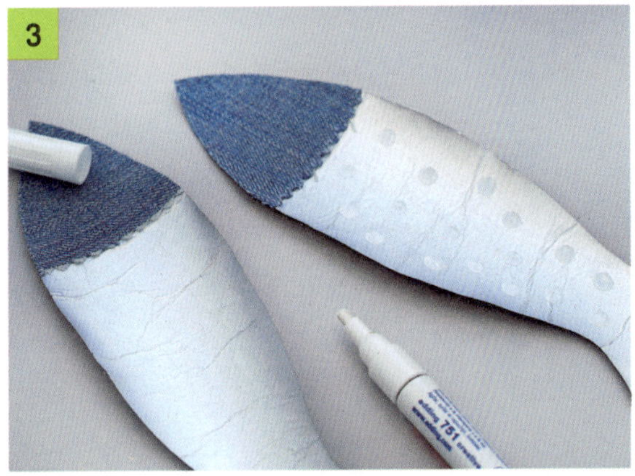

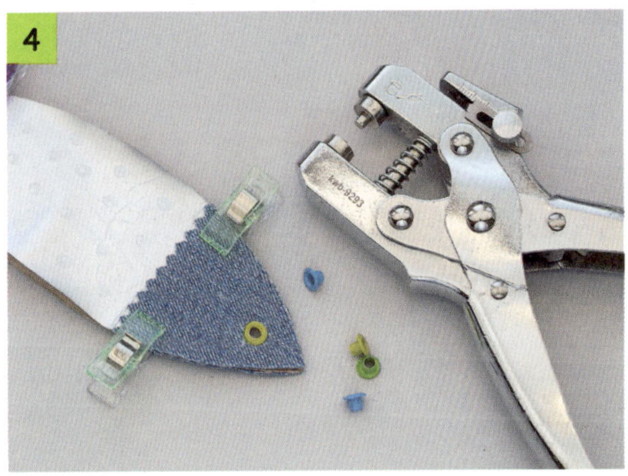

1. Die Vorlage (Seite 120) als Schablone verwenden und die Fische auf den vorbereiteten Karton zeichnen, danach mit einer Schere ausschneiden.

2. Für den Kopf des Fisches schneidet man sich nun ein Stück Stoffrest zu (in diesem Falle aus einer alten Jeans) und bügelt durch ein Stück Backpapier den Stoff auf die silberne Seite des Kartons. Den überschüssigen Rand mit der Schere abschneiden.

3. Jetzt erst mal den Fisch bemalen. Zum Beispiel mit einem weißen Lackstift viele kleine Punkte aufzeichnen.

4. Dann zwei Fische zusammenfassen, silberne Seite nach außen, und für das Auge eine Niete befestigen. So sind beide Teil schon mal fixiert.

Fortsetzung auf
der nächsten Seite

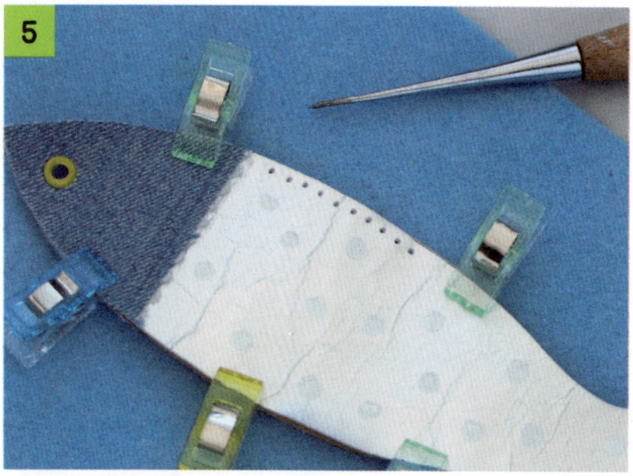

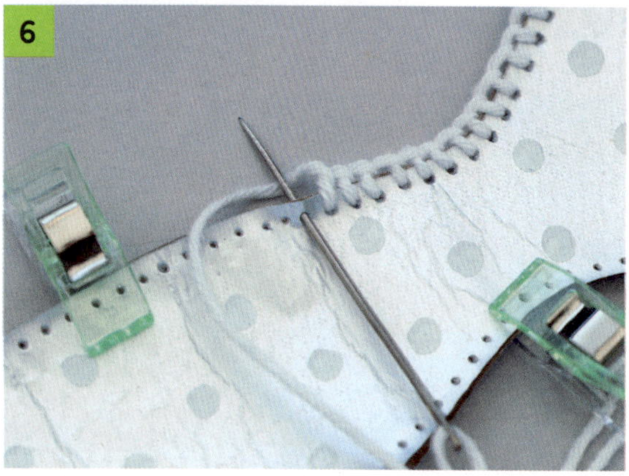

5. Dann mit Clips alle Seiten zusammenheften. (Sie müssen genau übereinander liegen.) Auf eine Filzunterlage legen und mit der Ahle die Löcher für die spätere Naht stechen. Nicht zu dicht am Rand, damit beim Anziehen des Fadens das Loch nicht einreißen kann.

6. Mit einer dicken Nadel und einem Wollgarn (z. B. weiße Baumwolle) nun im Schlingstich (Anleitung Schlingstich siehe Seite 121) den Fisch rundherum zunähen. Dabei zunächst die Schwanzflosse offen lassen. Den Faden so lang wählen, dass er jeweils für die Hälfte des Fisches ausreicht. Anfang und Ende später miteinander verknoten.

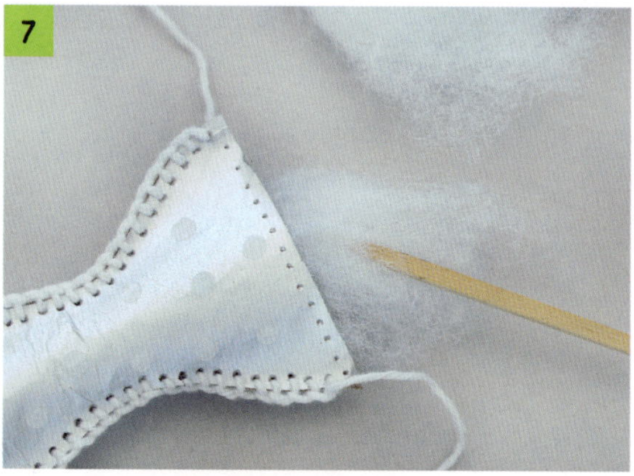

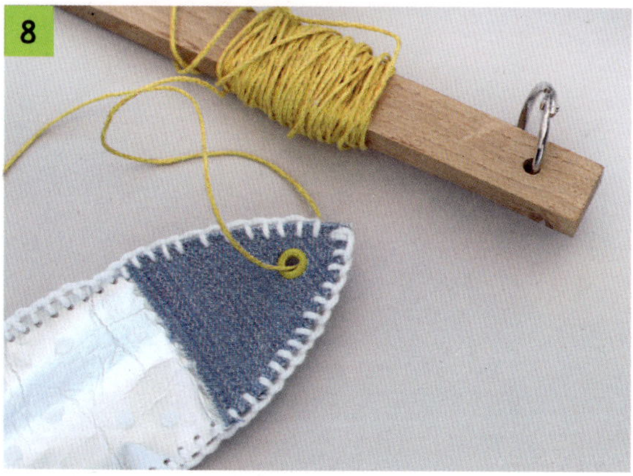

7. Die Füllwatte vorsichtig in den Fisch stopfen. Dabei z. B. einen Stift oder einen kleinen Holzspieß verwenden. Anschließend die Schwanzflosse ebenfalls zunähen und die Fadenenden miteinander verknoten und abschneiden.

8. Nun noch ein farbiges Garn durch das Auge ziehen und verknoten. Fertig ist der Fisch zum Aufhängen!

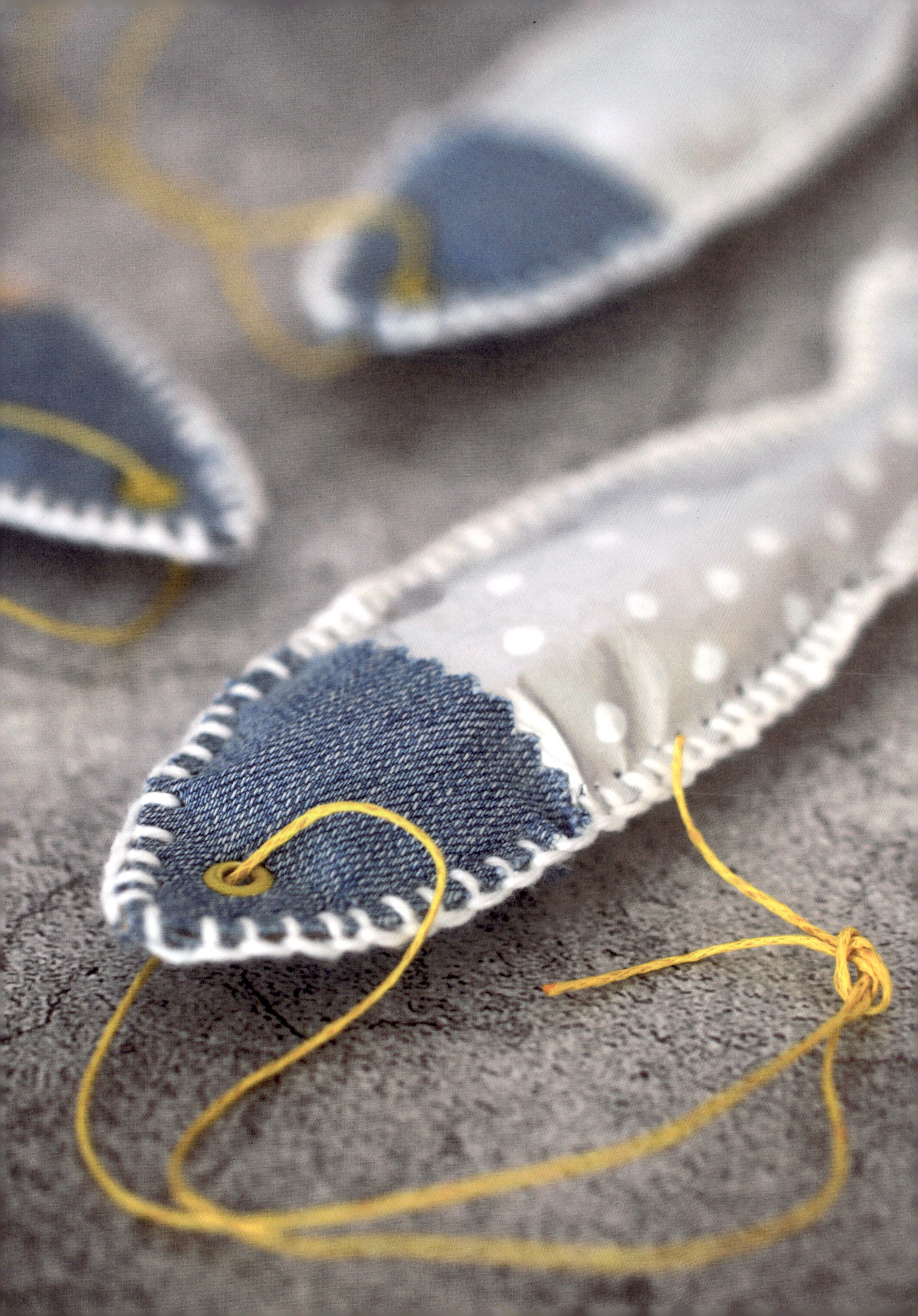

Wer den Wal hat...

MATERIAL:
GETRÄNKEKARTON, LINEAL, CUTTER, KLEBEBAND, KUGELSCHREIBER, RADIERNADEL, LINOLDRUCKFARBE, FILZ (1MM DICK), KÜCHENKREPP, AQUARELLPAPIER, FLACHE SCHALE, CLIPS, NUDELMASCHINE

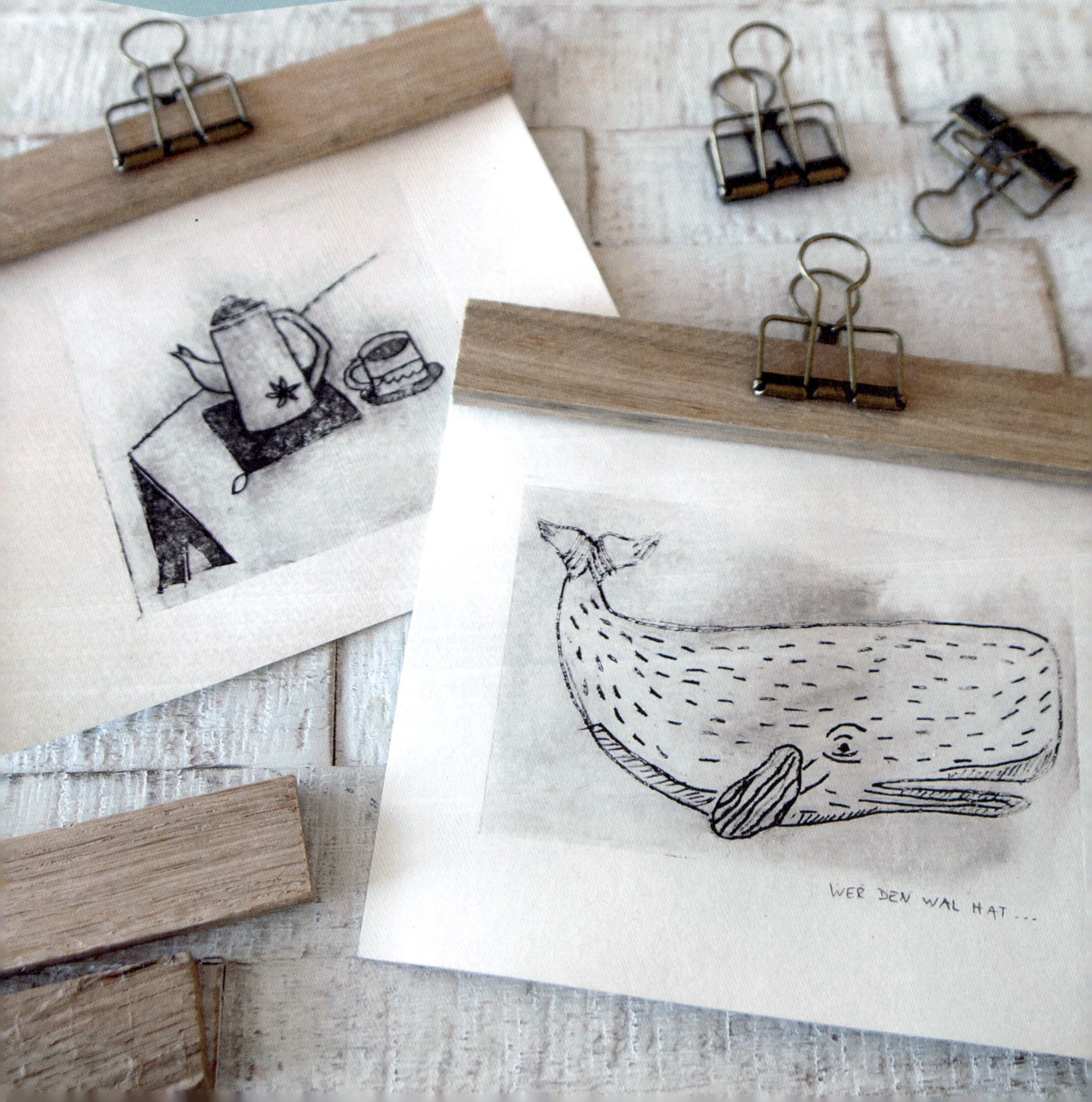

DRUCKEN MIT GETRÄNKEKARTONS? DA MUSS MAN ERST MAL DRAUF KOMMEN. ABER WARUM SOLLTE DIE BESCHICHTETE SEITE EINER MILCHTÜTE NICHT ALS DRUCKPLATTE FUNKTIONIEREN, WENN MAN SIE SO EINFACH BEARBEITEN KANN. TIEFDRUCK MIT DER NUDELMASCHINE – GANZ SIMPEL!

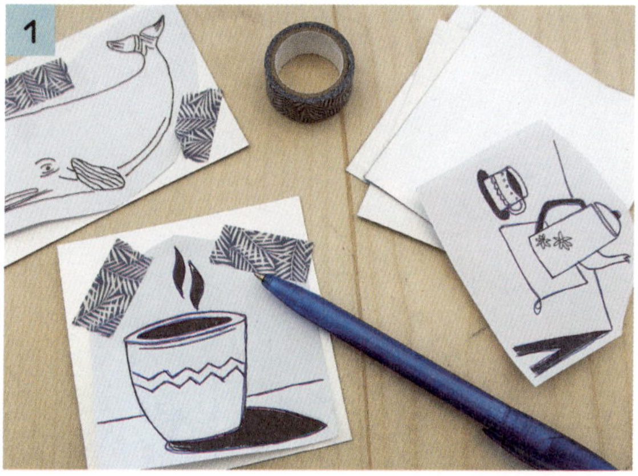

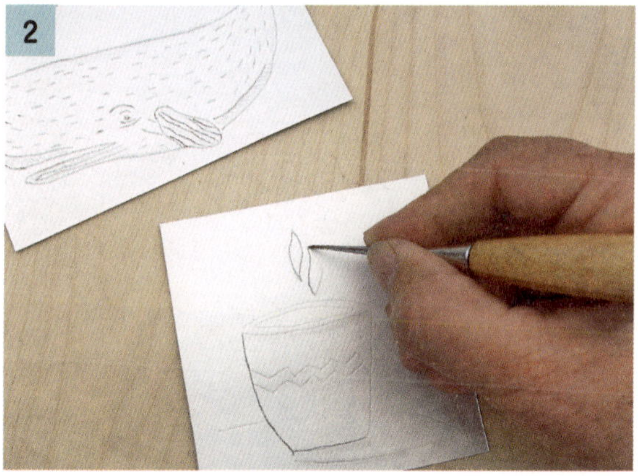

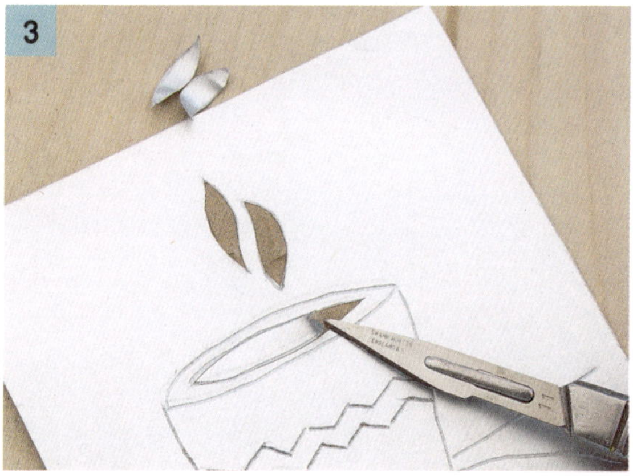

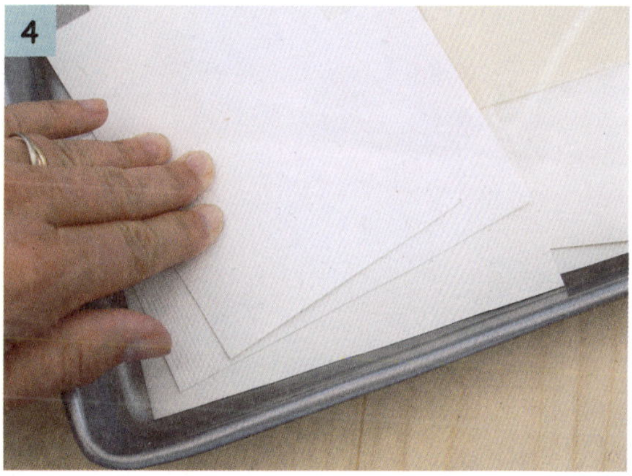

1. Die Größe der Motive richtet sich nach der Breite der Nudelmaschine. Hier sind die Bildmotive ca. 8 cm x 8 cm bzw. 12 cm x 8 cm groß und das zu bedruckende Papier hat in etwa Postkartengröße. Die gewünschte Zeichnung mit Klebestreifen auf die silberne Seite des Kartons heften und mit Kugelschreiber nachmalen. Dabei drückt sich die Kontur schon leicht in den Karton. Prüfen, ob die Linien auch wirklich erkennbar sind. **Achtung:** Das Motiv erscheint später seitenverkehrt!

2. Dann verwendet man eine Radiernadel (oder Ahle oder dicke Nähnadel), um die Konturen nachzuziehen. Dabei nicht den Karton zerkratzen.

3. Stellen, die später im Druck komplett schwarz sein sollen, schneidet man vorsichtig mit dem Cutter aus. Dazu leicht die Kontur nachziehen und die oberste Schicht der Alufolie lösen.

4. In der Zwischenzeit wässert man das zu bedruckende Papier in einer flachen Schale. Für den Tiefdruck muss das Papier gut durchfeuchtet sein. Hier eignen sich Aquarellpapiere ab 200 g. Eine halbe Stunde mindestens wässern. Vor dem Drucken den Bogen auf ein Stück Krepp legen und etwas trocken tupfen.

Fortsetzung auf der nächsten Seite

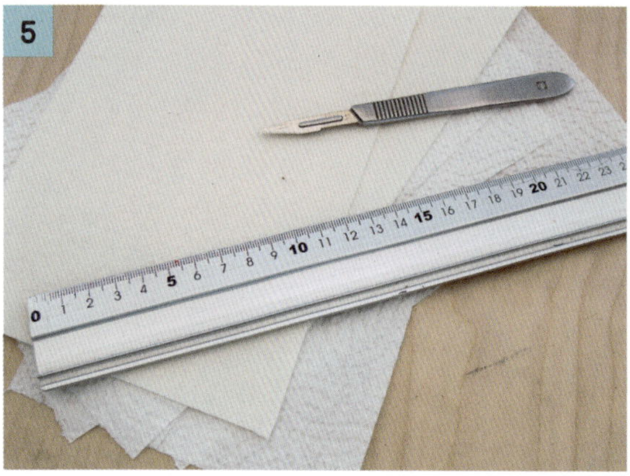

5. Nun das Küchenkrepp (4x) und den Filz (2x) zuschneiden, sodass sie später durch die Nudelmaschine passen.

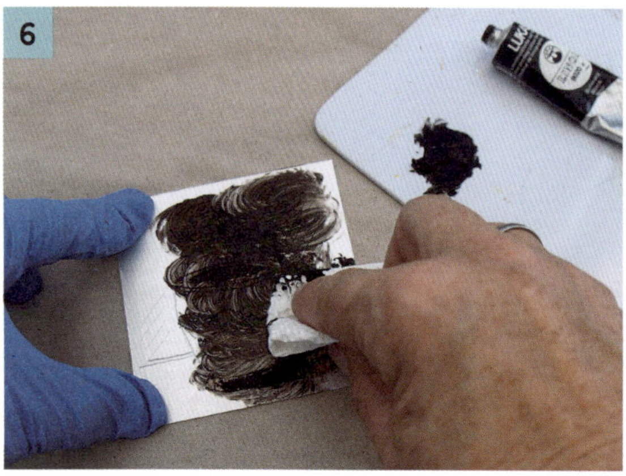

6. Die Farbe auf den Karton kreisförmig auftragen. Es sollte Tiefdruckfarbe sein. Ich habe Linoldruckfarbe auf Wasserbasis verwendet.

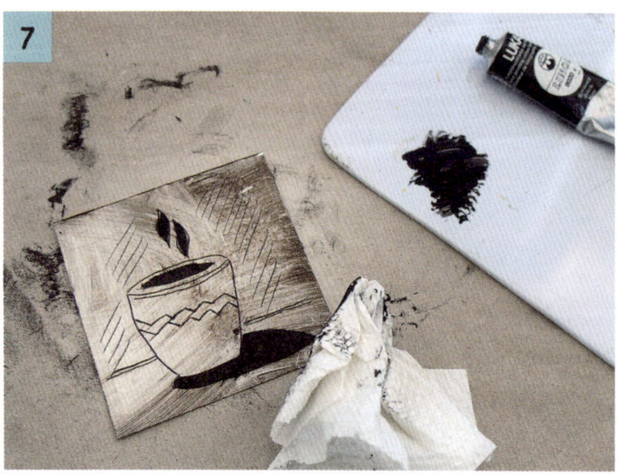

7. Anschließend wischt man mit einem sauberen Stück Krepp die überschüssige Farbe wieder weg.

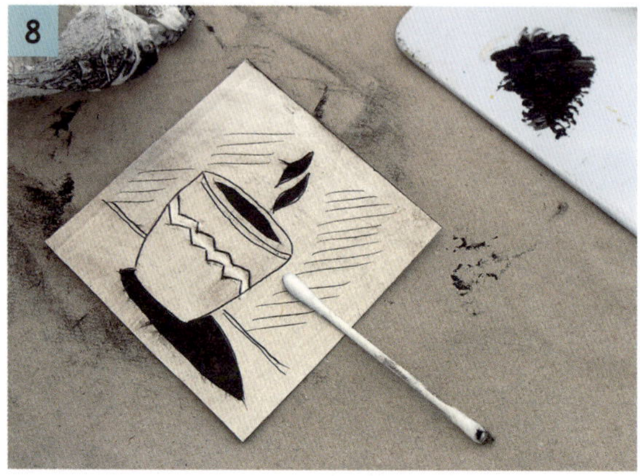

8. Sollen ein paar Stellen später weißer erscheinen kann man diese mit einem Wattestäbchen einzeln herausarbeiten.

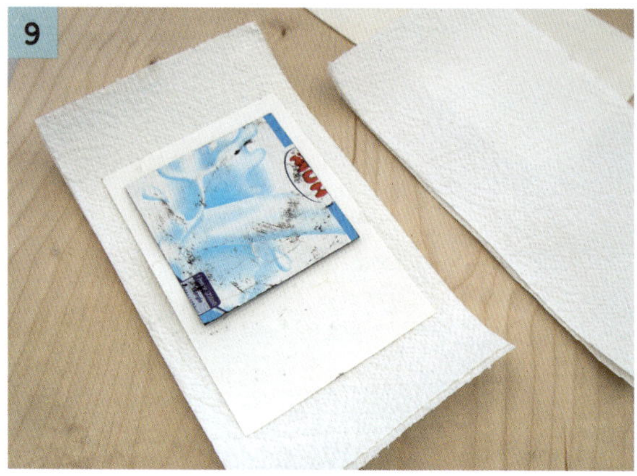

9. Nun die Bögen Schichten. Erst den Filz, darauf zwei Lagen Küchenkrepp, das angefeuchtete Papier, das Motiv, dann wieder Krepp und Filz.

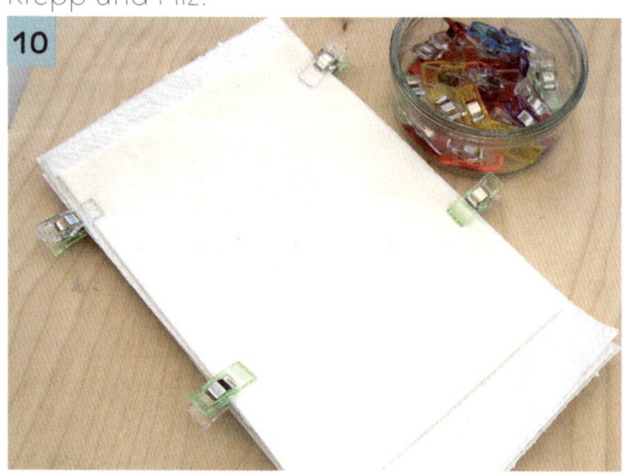

10. Damit beim Einfädeln in die Nudelmaschine nichts verrutscht, kann man die Teile mit Clips zunächst sichern.

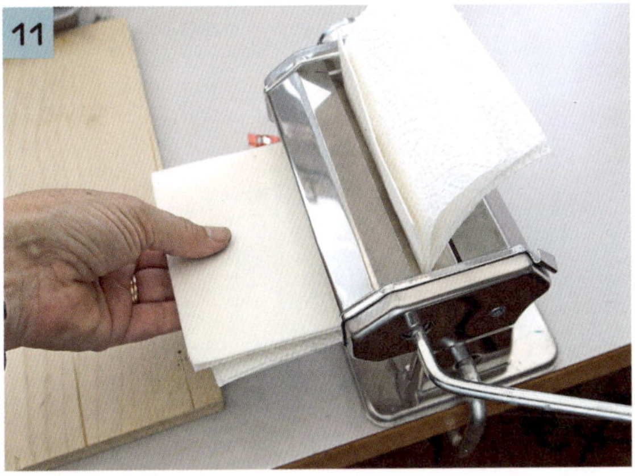

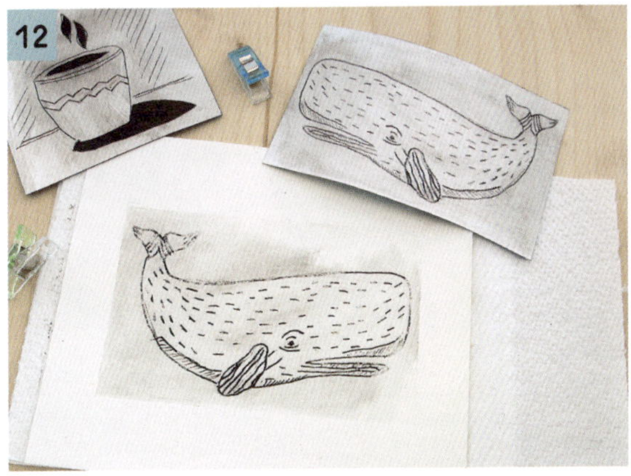

11. Dann einfädeln und durch die Maschine nudeln. Dabei aufpassen, dass sich nichts verschiebt. Die Einstellung der Maschine hängt von der Dicke des Filzes und des Krepps ab. Da muss man ein wenig experimentieren.

12. Die einzelnen Schichten lösen und tadaaaa! Ein Wal. Oder eine Kaffeetasse oder was immer man zuvor gezeichnet hat.

TIPP:
BEIM ARBEITEN EVTL. HANDSCHUHE TRAGEN, DENN DIE FINGER WERDEN MIT JEDEM DRUCK SCHWÄRZER. DAHER AUCH AM BESTEN DIE WEITEREN BÖGEN PAPIER MIT EINER PINZETTE AUS DEM WASSERBAD NEHMEN, UM FLECKEN ZU VERMEIDEN.

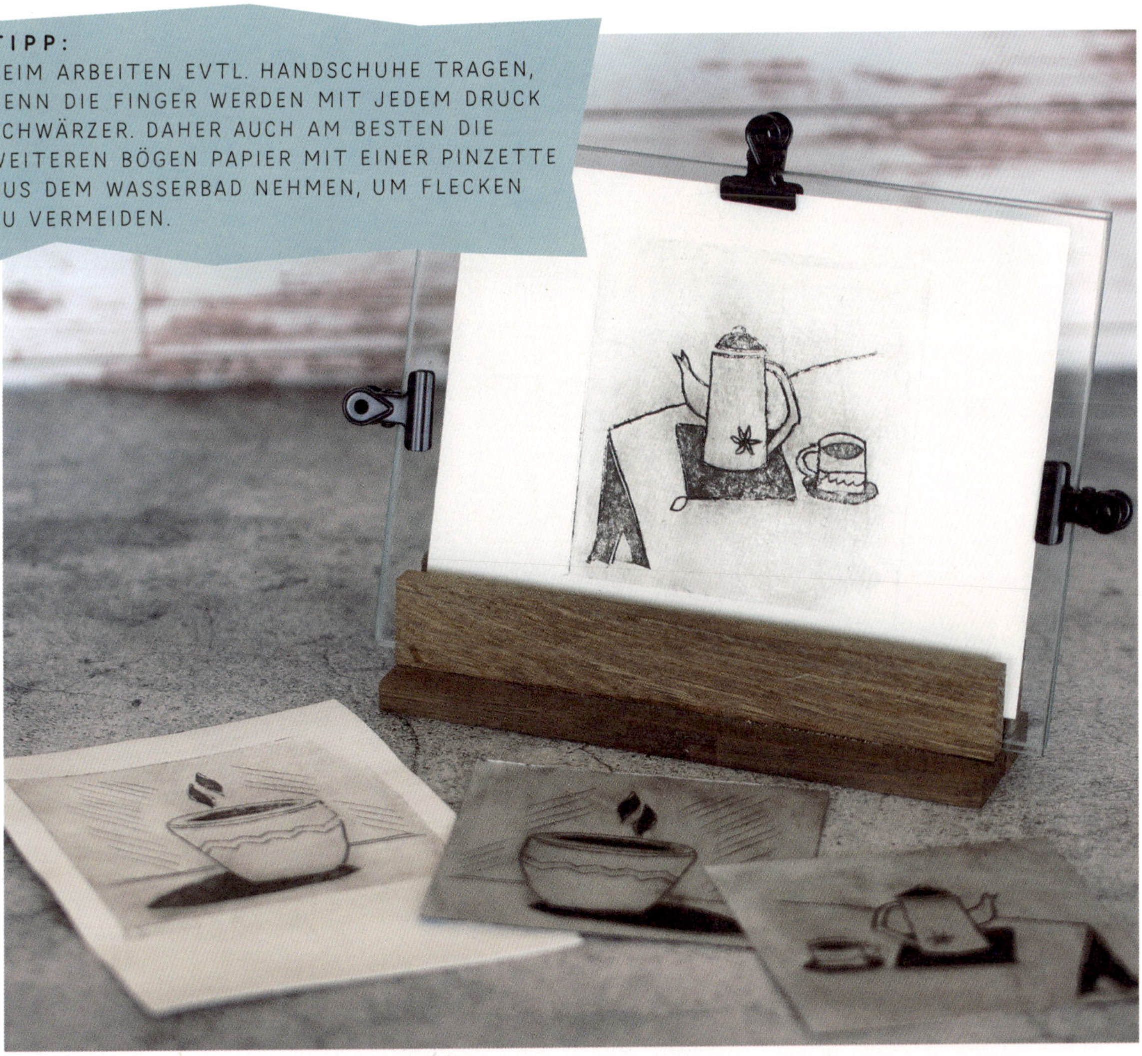

Pinguin-Art

MATERIAL:
GETRÄNKEKARTON, KUGELSCHREIBER, KLEBEBAND, CUTTER, LINOLDRUCKFARBE, PLASTIKKARTE, KÜCHENKREPP ODER BAUMWOLLLAPPEN

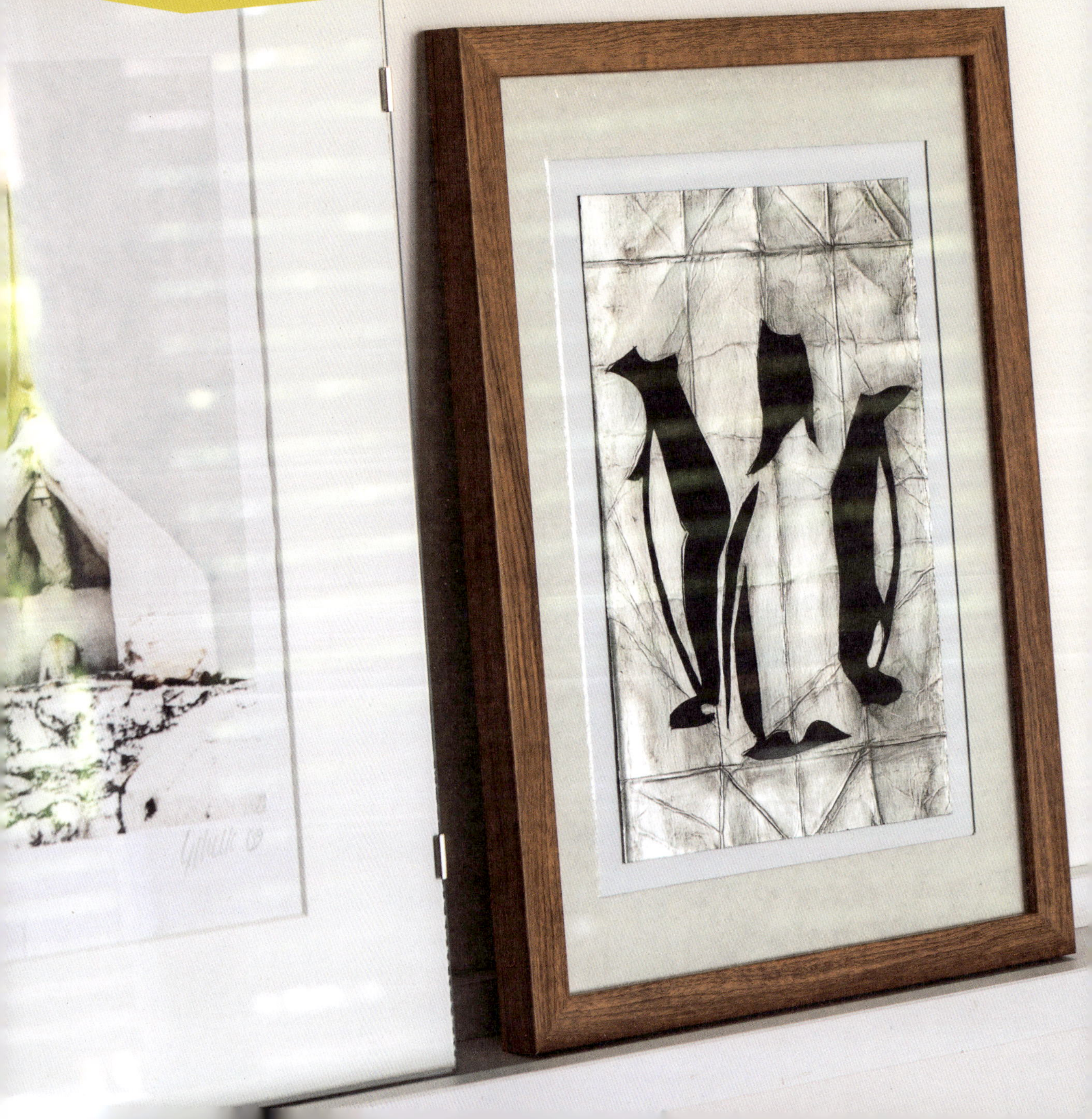

ES SPRICHT NATÜRLICH NICHTS DAGEGEN, NACH DEM DRUCKEN EINES MOTIVES DIE EIGENTLICHE „DRUCKPLATTE“ SELBST ALS KLEINES KUNSTWERK ZU BETRACHTEN. DIE MOTIVE AUF DEM ALUMINIUMBESCHICHTETEN KARTON HABEN EINEN GANZ EIGENEN CHARME.

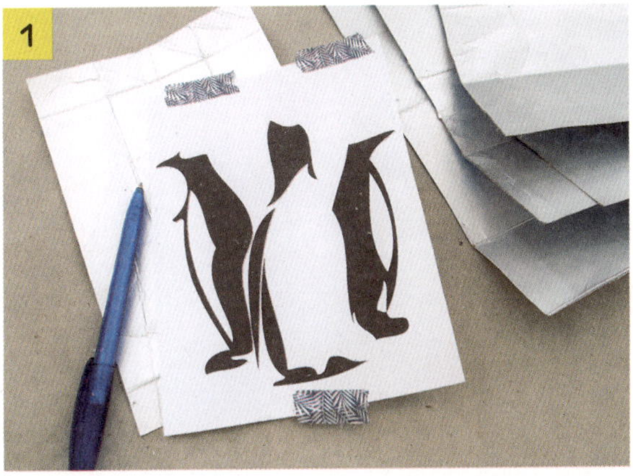

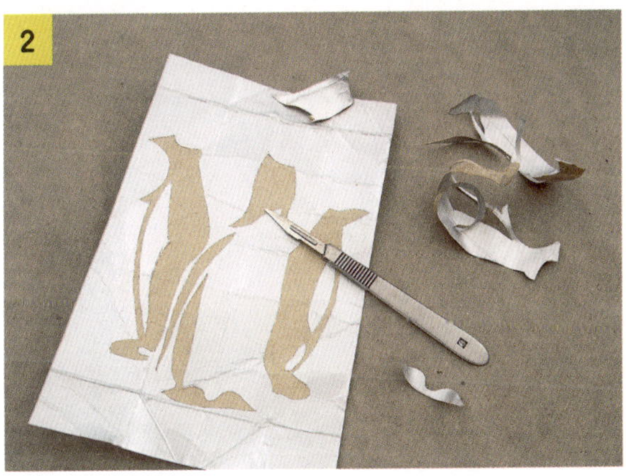

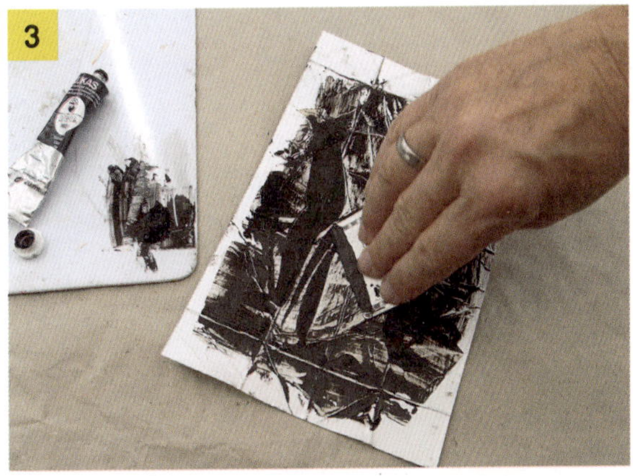

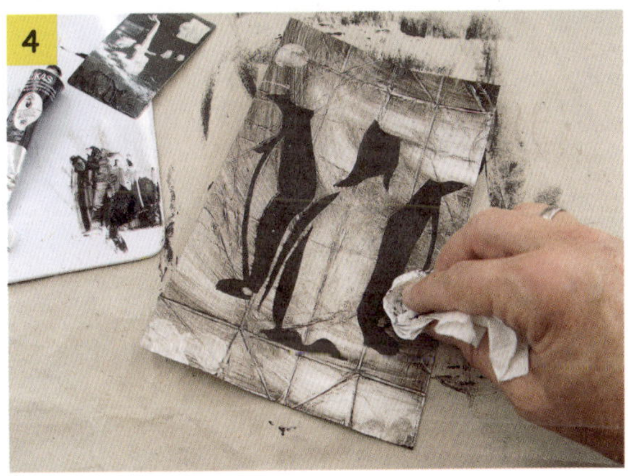

1. Hier verwendet man den ganzen Karton mit all seinen Knicken. Am besten noch ein bisschen zerknüllen, damit er noch mehr Struktur bekommt. Die Vorlage wieder mit Klebeband auf dem Karton fixieren und mit einem Kugelschreiber oder Ähnlichem nachzeichnen.

2. Wenn – wie hier – nur die Flächen herausgeschnitten werden, muss man die Linien nicht mehr mit der Nadel nachzeichnen. Einfach vorsichtig mit dem Cutter an den Konturen entlang schneiden und die Aluschicht ablösen.

3. Dann die Linoldruckfarbe mit einer kleinen Plastikkarte auf der Fläche verteilen und mit einem Küchenkrepp einreiben.

4. Zum Schluss die überschüssige Farbe einfach mit einem Tuch wieder abwischen. Solange, bis man mit dem Ergebnis zufrieden ist. Selbstverständlich kann man mit der Vorlage auch erst noch ein paar Drucke herstellen, sofern sie durch die Nudelmaschine passt.

Danish Heart

MATERIAL:
GETRÄNKEKARTON, BLEISTIFT, KLEBER, AHLE, SCHERE, FALZBEIN

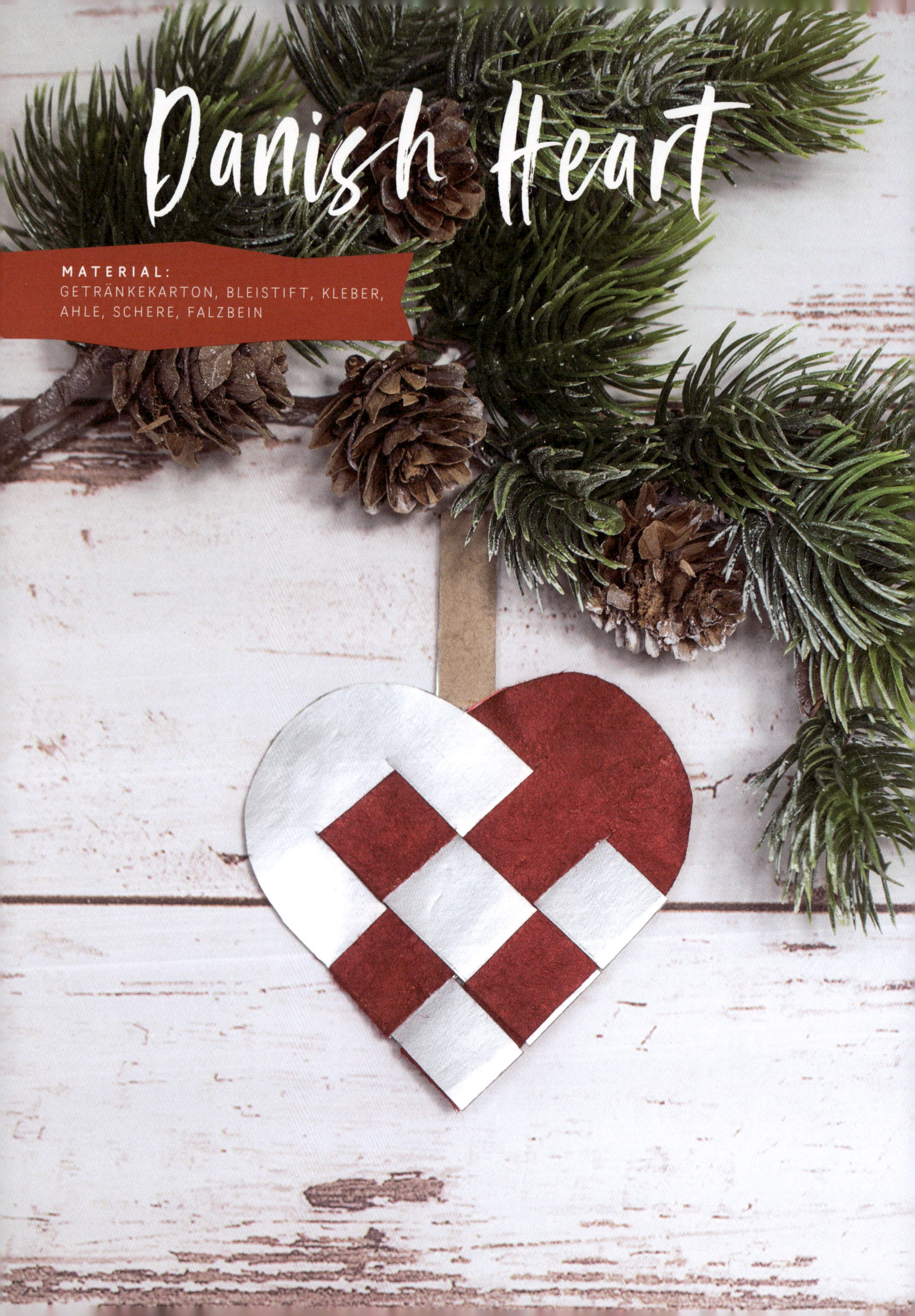

DAS DANISH HEART IST EINE TRADITIONELLE DEKORATION AM DÄNISCHEN WEIHNACHTSBAUM. ZWEI TEILE AUS PAPIER ODER FILZ WERDEN IM SCHACHBRETTMUSTER INEINANDERGEWEBT. MAN KANN SIE AUFHÄNGEN, AUF KARTEN KLEBEN ODER ALS TÜTCHEN FÜR SÜSSIGKEITEN VERWENDEN, DENN SIE LASSEN SICH AUCH ÖFFNEN.

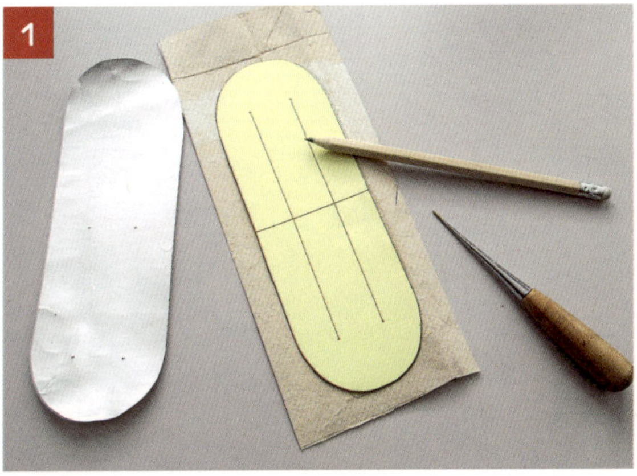

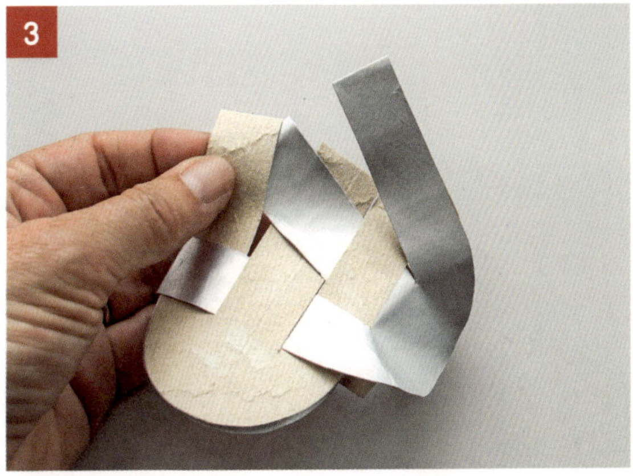

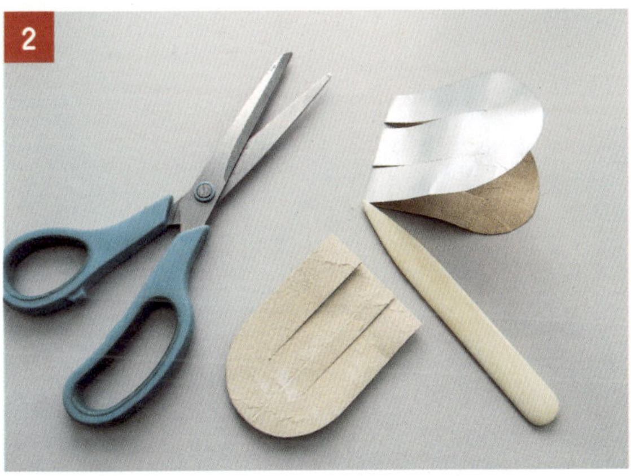

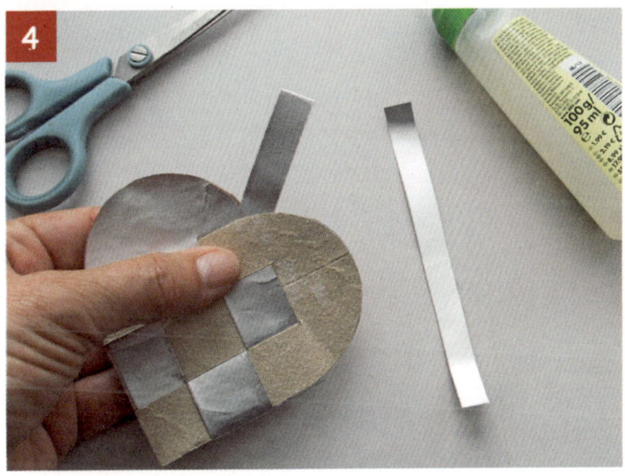

1. Auf Seite 122 ist eine Vorlage in zwei Größen für das Herz zu finden. Diese kopieren und als Schablone verwenden. Mit dem Bleistift auf den vorbereiteten Karton die Form aufzeichnen und die Stellen für die Einschnitte mit einer Ahle markieren.

2. Anschließend ausschneiden, einmal in der Mitte falten und gut falzen. Beim einen die silberne Seite außen, beim anderen die Papierseite. (Natürlich kann man die Pappseite auch vorher mit Farbe anmalen.) Mit der Schere bis zu den Markierungen einschneiden.

3. Nun das Herz verweben. Die einzelnen Laschen werden alle entweder über eine Lasche geschoben oder durch eine hindurchgesteckt. Eine genauere Anleitung zeigt Seite 123. Wenn das Herz auf beiden Seiten gleich aussieht, hat man alles richtig gemacht.

4. Aus einem Streifen faltet man dann noch eine Lasche, schiebt sie oben in das Herz und verklebt die beiden offenen Seiten miteinander. Nun kann man das Herz aufhängen.

Alternative Ideen auf der nächsten Seite

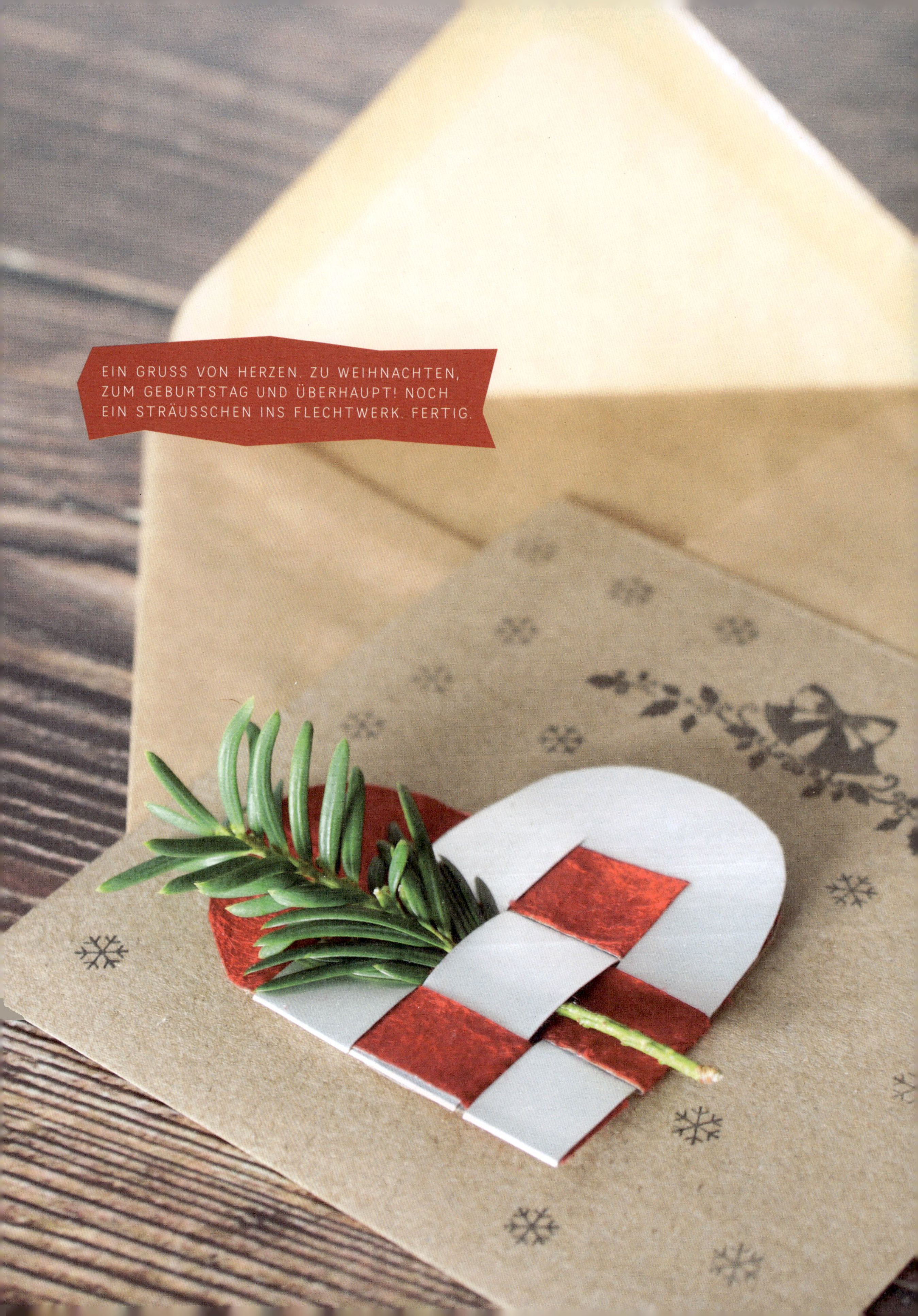

EIN GRUSS VON HERZEN. ZU WEIHNACHTEN, ZUM GEBURTSTAG UND ÜBERHAUPT! NOCH EIN STRÄUSSCHEN INS FLECHTWERK. FERTIG.

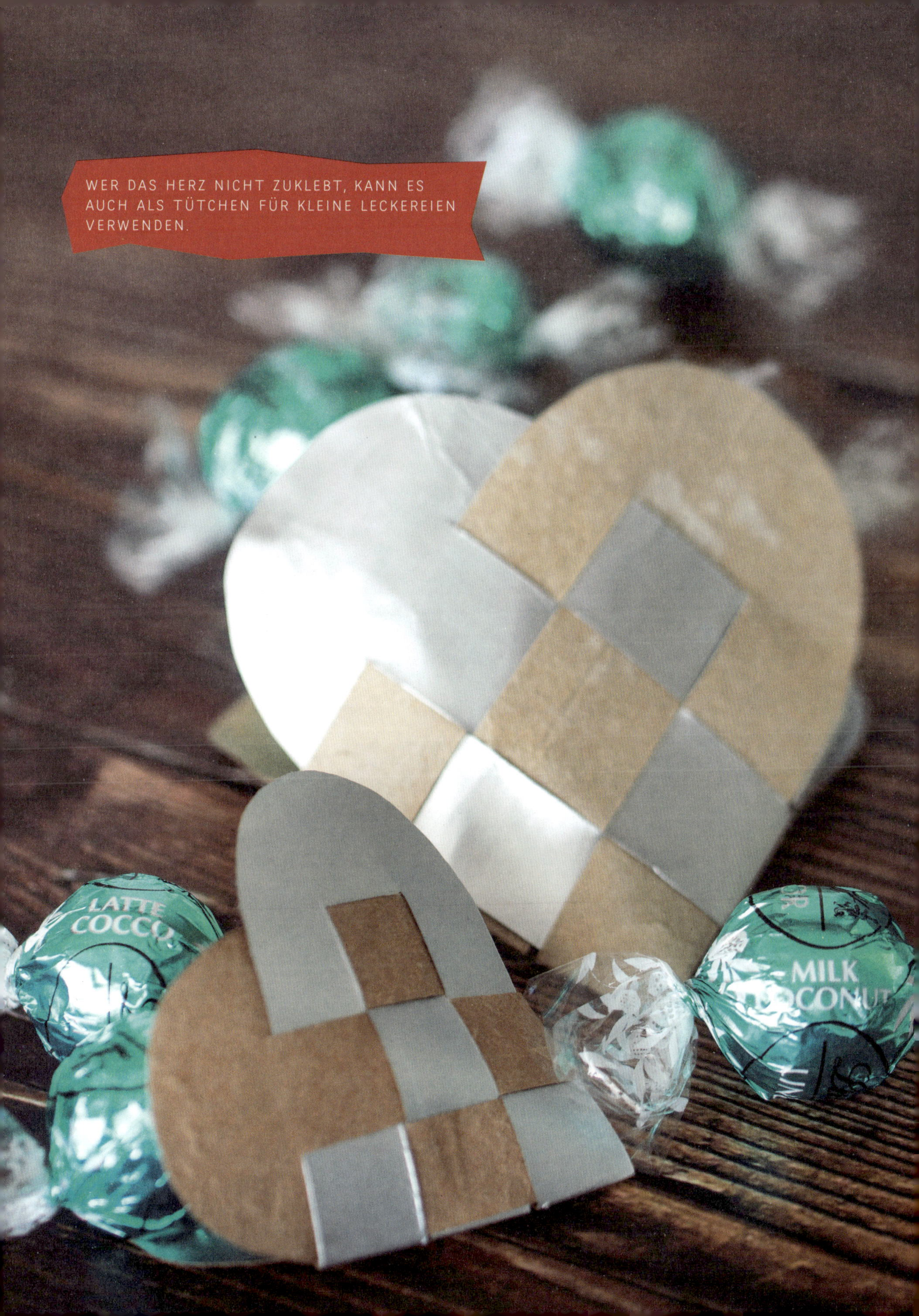

WER DAS HERZ NICHT ZUKLEBT, KANN ES AUCH ALS TÜTCHEN FÜR KLEINE LECKEREIEN VERWENDEN.

Herbstgestöber

MATERIAL:
1-2 GETRÄNKEKARTONS, FLACHE SCHALE, SPIRALSCHWAMM, STIFT, SCHERE, STOPFNADEL, BLUMENDRAHT, HEISSKLEBEPISTOLE

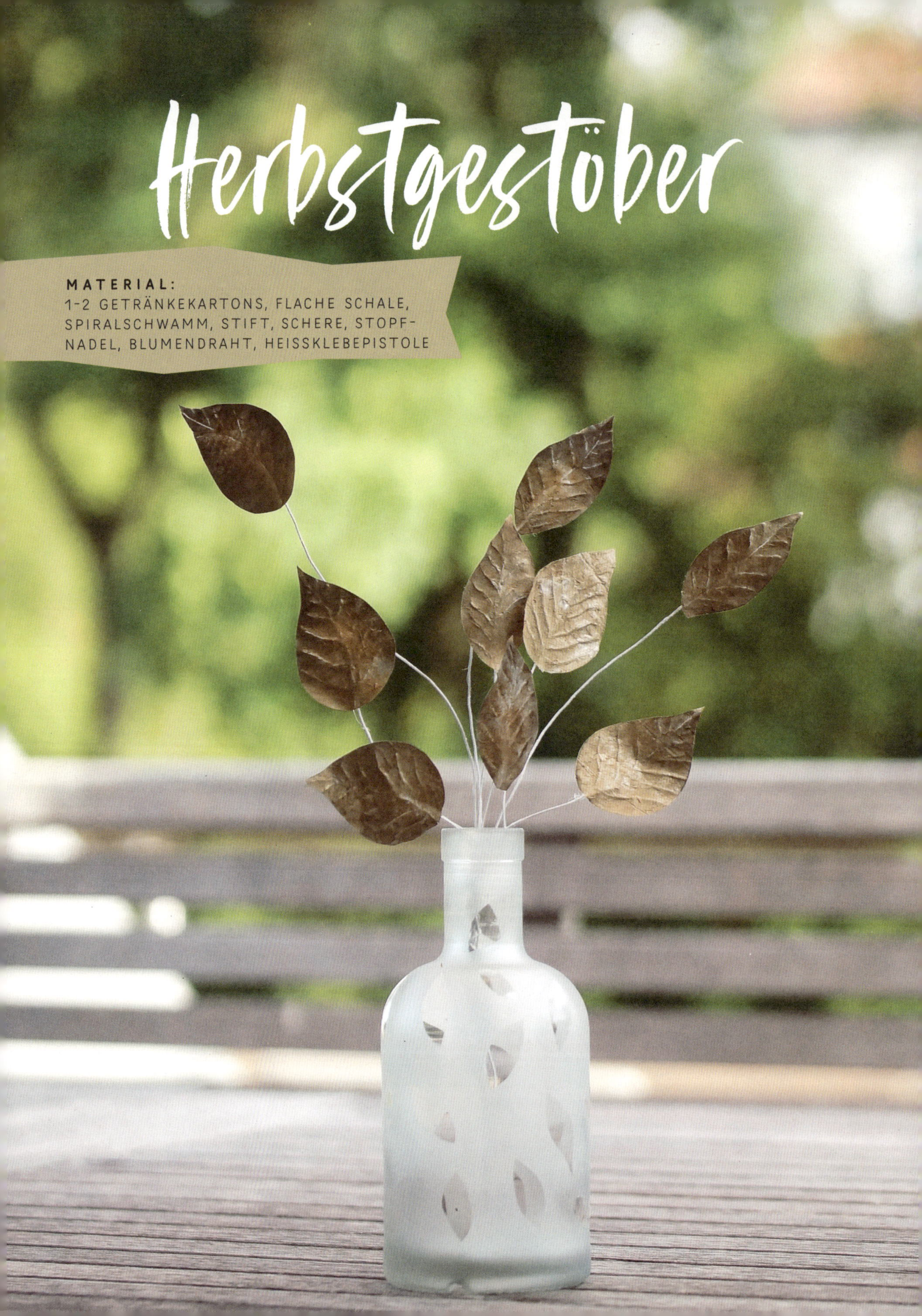

EIN KLEINER VORGESCHMACK AUF DEN HERBST: FILIGRANES HERBSTLAUB LÄSST SICH NÄMLICH SELBST HERSTELLEN. MACHT SICH GUT IN EINER VASE, ABER AUCH ALS DEKORATION FÜR PÄCKCHEN KANN MAN DIE ZARTEN BLÄTTER WUNDERBAR VERWENDEN.

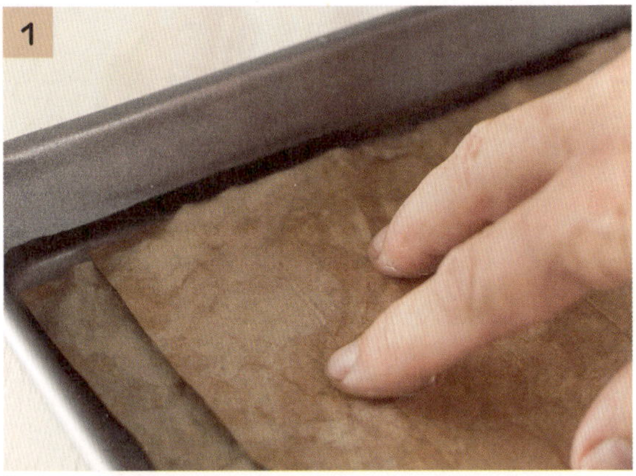

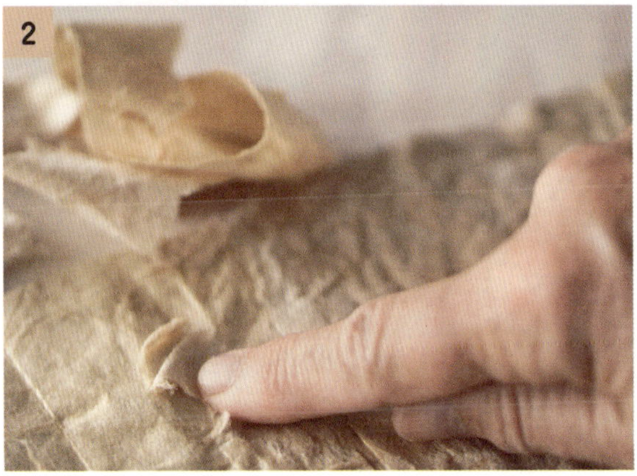

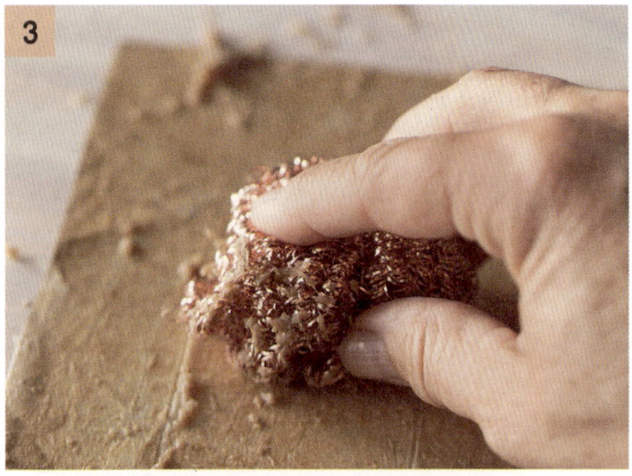

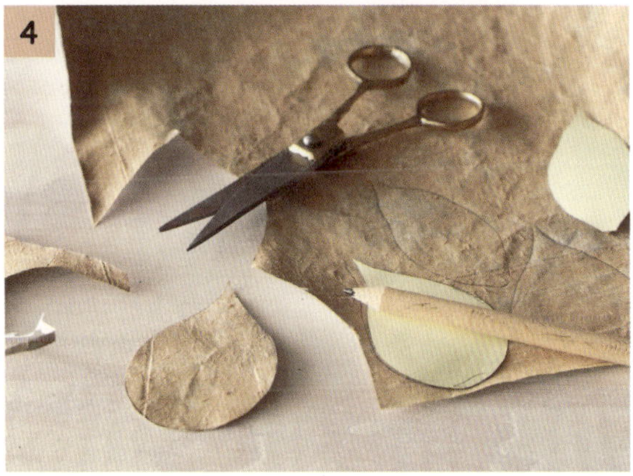

1. Je nach Menge der gewünschten Blätter 1–2 vorbereitete Getränketüten in eine flache Schale mit warmem Wasser einweichen.

2. Nach einer Weile die Bögen herausnehmen. In der Regel lässt sich dann noch einmal eine Schicht abziehen. Danach noch einmal ins Wasserbad.

3. Für ein gleichmäßiges Abrubbeln der Pappschicht kann man nun einen kleinen Spiralschwamm verwenden. Dabei in kreisenden Bewegungen vorsichtig über die Pappschicht reiben. Ist der gewünschte Effekt erreicht, lässt man die Bögen erst einmal trocknen.

4. Die Blätter entweder freihändig oder mit einer Schablone (Vorlage siehe Seite 120) aufzeichnen und anschließend ausschneiden.

Fortsetzung auf der nächsten Seite

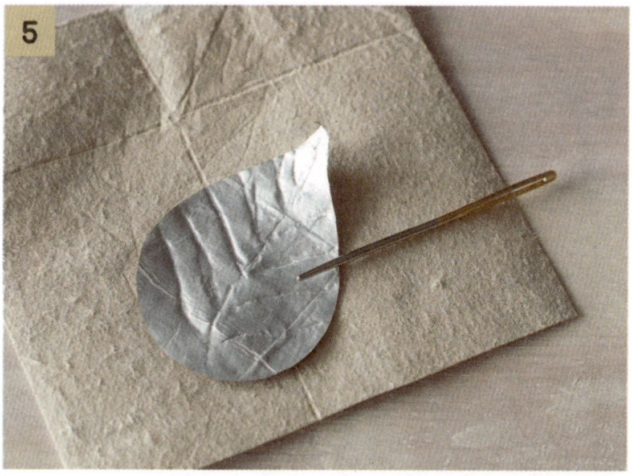

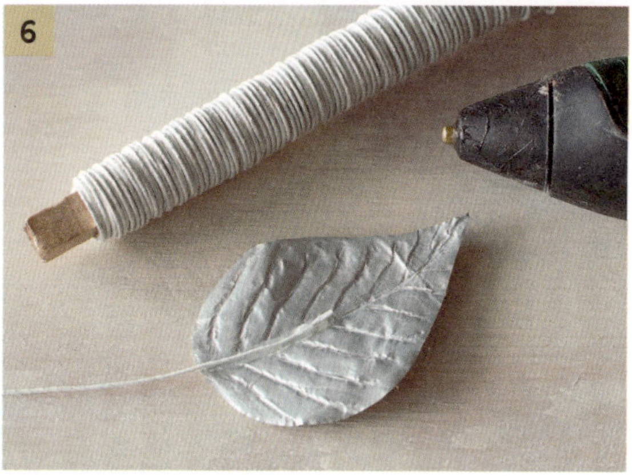

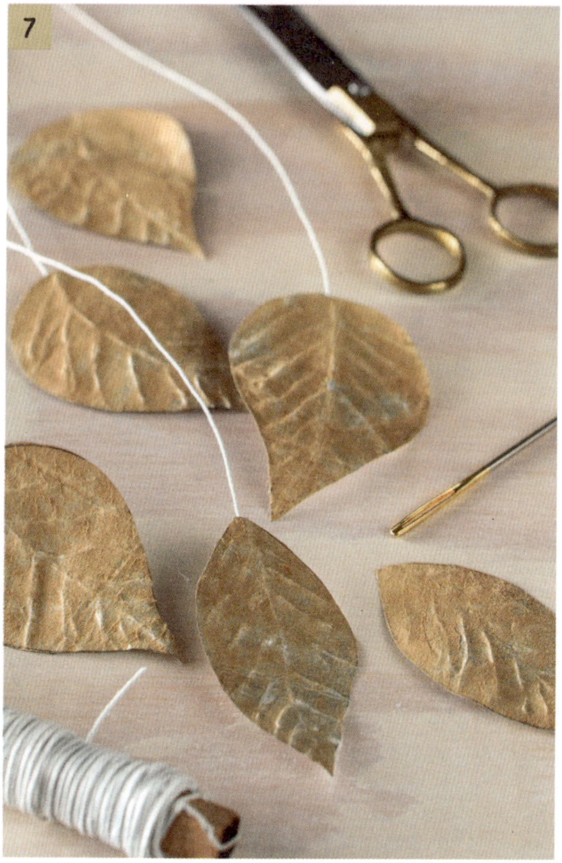

5. Mit einer dicken Stopfnadel auf der silbernen Schicht die Blattadern eingravieren. Nicht so fest, damit das Papier nicht einreißt.

6. Ist man mit dem Ergebnis zufrieden, klebt man mit Heißkleber ein Stück Blumendraht (ca. 20 cm) auf.

7. Dann so viele Blätter herstellen, dass man daraus einen kleinen Strauß zusammenstellen kann.

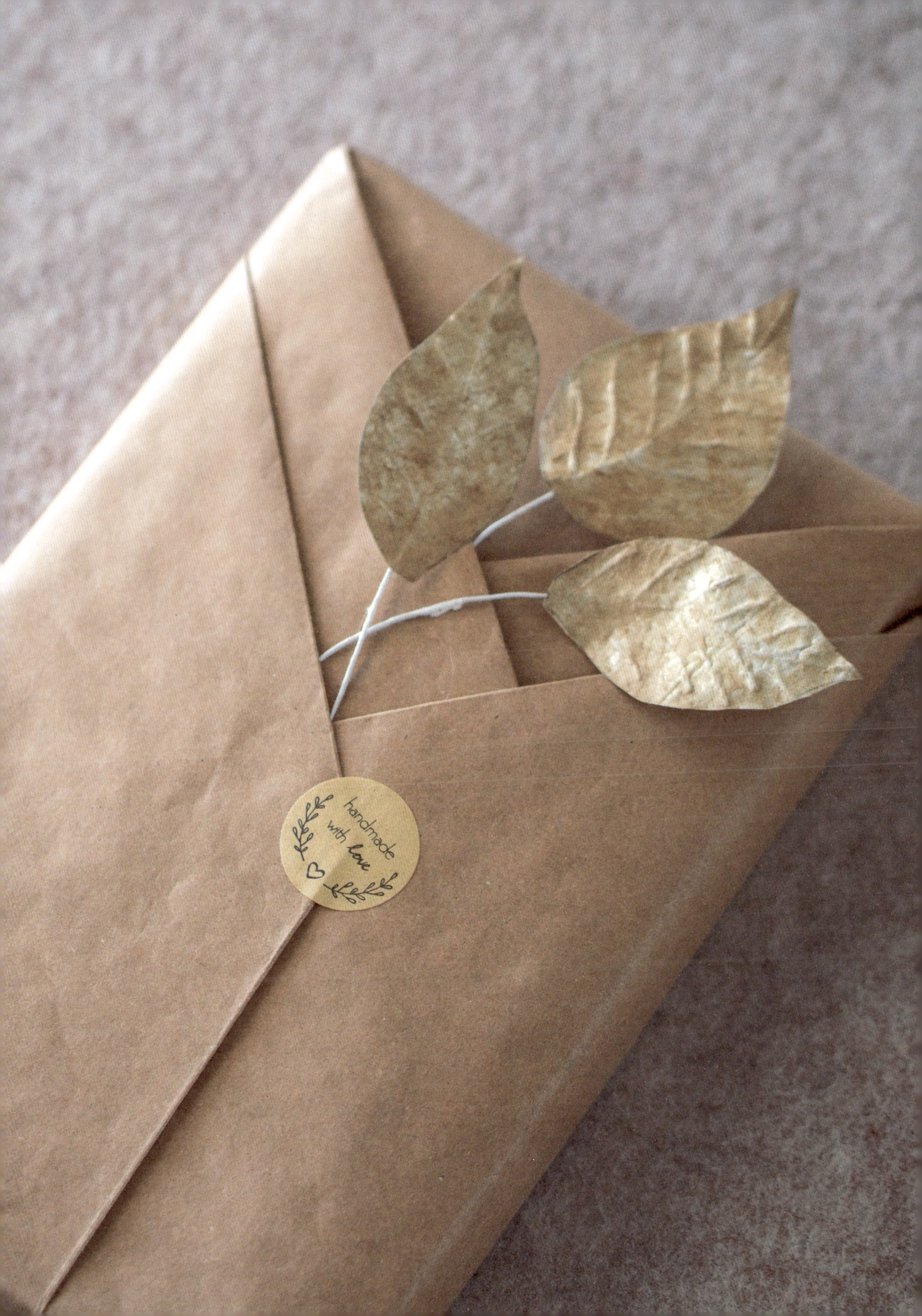
handmade
with love

Advent, Advent...

MATERIAL:
VIELE KLEINE TÜTEN AUS VERBUNDMATERIAL, SCHERE, HEISSKLEBER, ACRYLFARBEN, PINSEL, FILZ- UND LACKSTIFTE, METALLCLIPS, STANZE

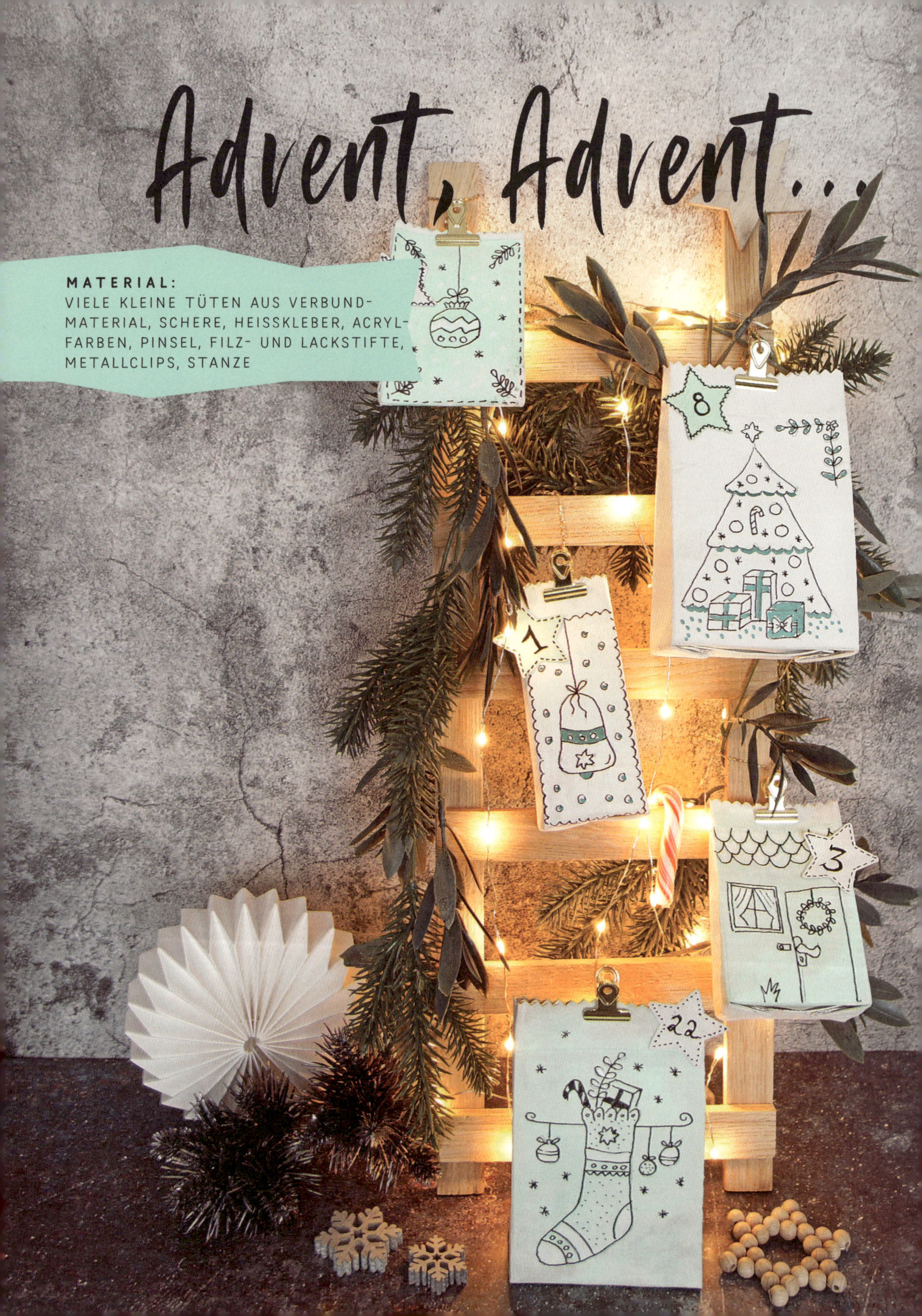

... EIN TÜTCHEN HÄNGT. NICHT NUR MILCH UND SAFT KANN MAN IN KLEINEN TÜTEN AUS VERBUNDMATERIAL KAUFEN. MANCHMAL GIBT ES AUCH SAHNE ODER TOMATENSOSSE. DIESE BEHÄLTNISSE EIGNEN SICH SUPER ALS MATERIAL FÜR EINEN ADVENTSKALENDER, DA MAN SIE JEDES JAHR NEU BEFÜLLEN KANN.

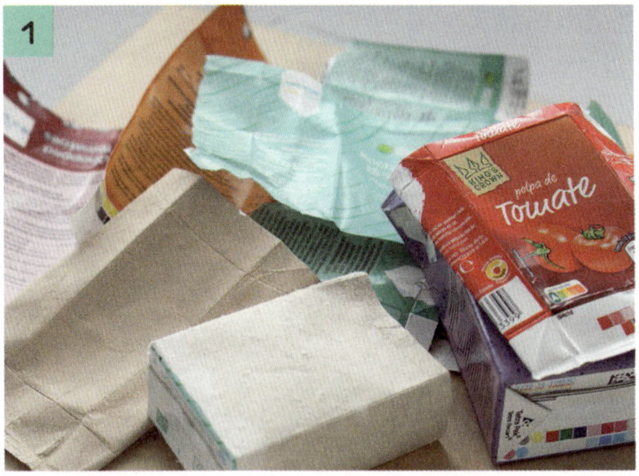

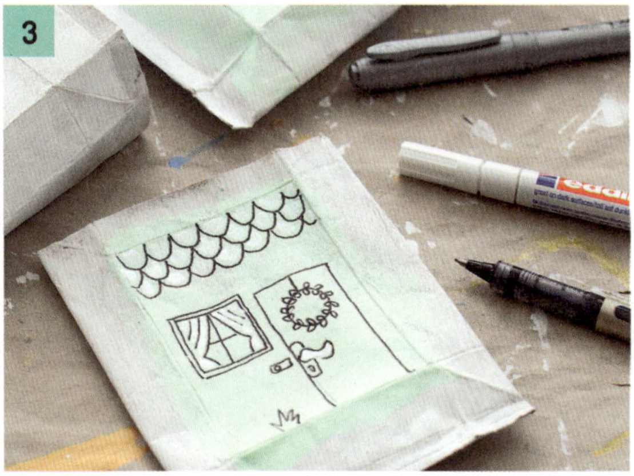

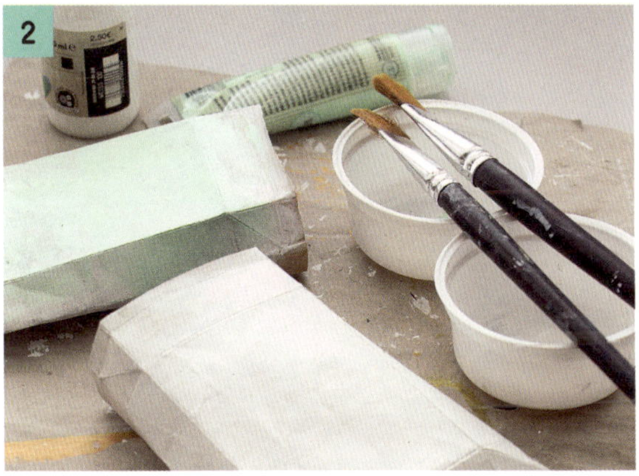

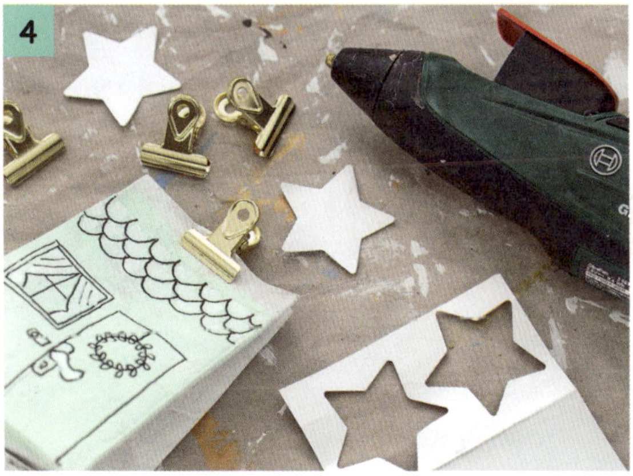

1. Zunächst löst man auch hier, wie bei den großen Getränketüten, die bedruckte Schicht vorsichtig ab. Die Tüten dann komplett auseinanderfalten und flach drücken.

2. Anschließend mit Acrylfarben anmalen. Weiß, pastell oder ganz wie man mag. (Es können auch kräftige Farben wie Rot und Dunkelgrün sein.)

3. Sind die Farben gut getrocknet, kann man verschiedene Motive darauf malen. Wer unsicher ist, malt sich das Motiv mit einem Bleistift vor und dann mit dem Filzstift nach.

4. Später wird der Tütenboden wieder zusammengelegt und mit Heißkleber festgeklebt. Die Seiten wie eine Tüte nach innen legen und oben mit einem Clip zusammenheften.

Für die Zahlen der einzelnen Tage kann man eine Sternenstanze verwenden. Die Sterne gestalten und später auf die Tüten kleben oder mit am Clip befestigen.

VORLAGE HÄNGEAMPEL
VON SEITE 62

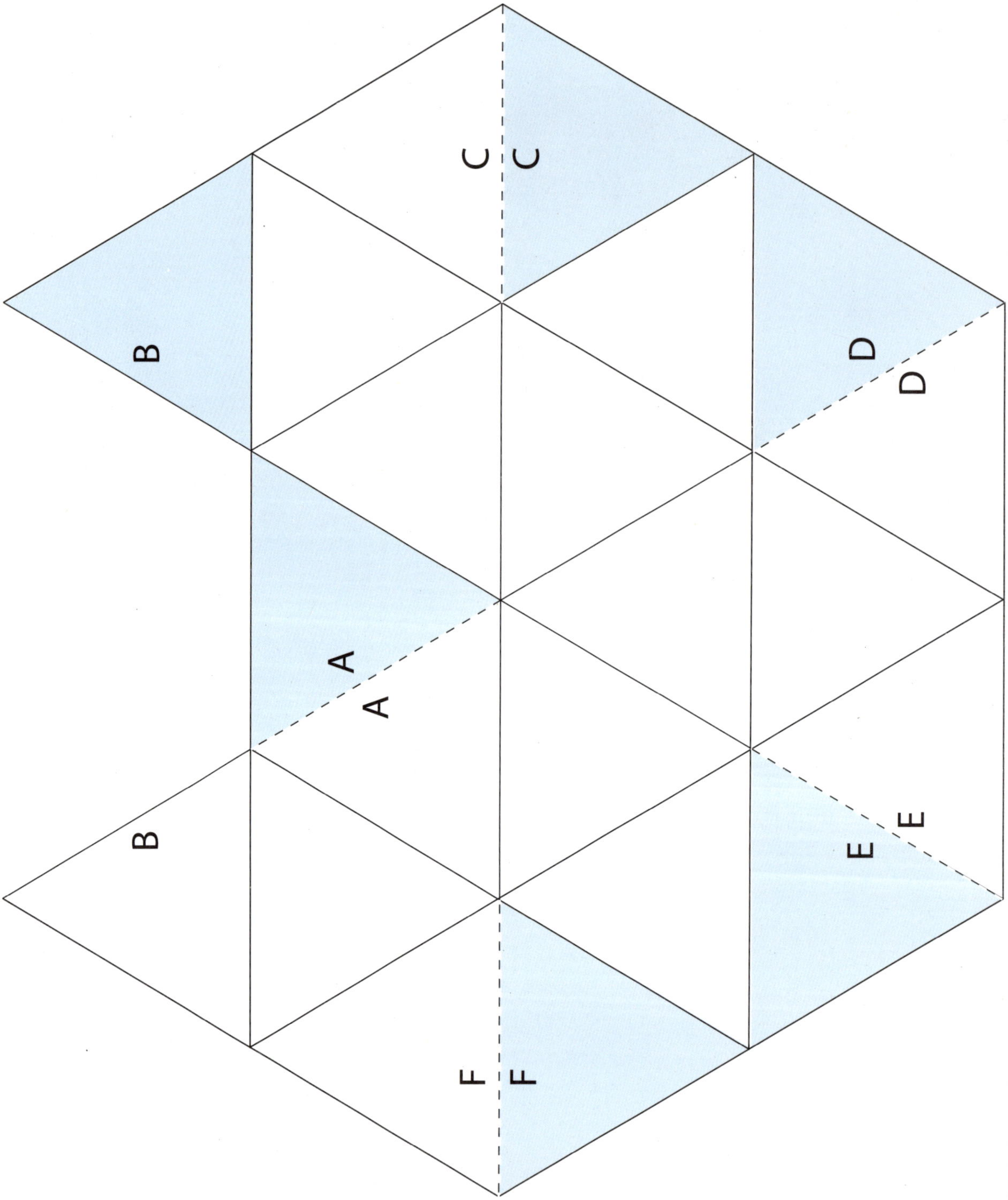

VORLAGE NIETENSCHALE
VON SEITE 36

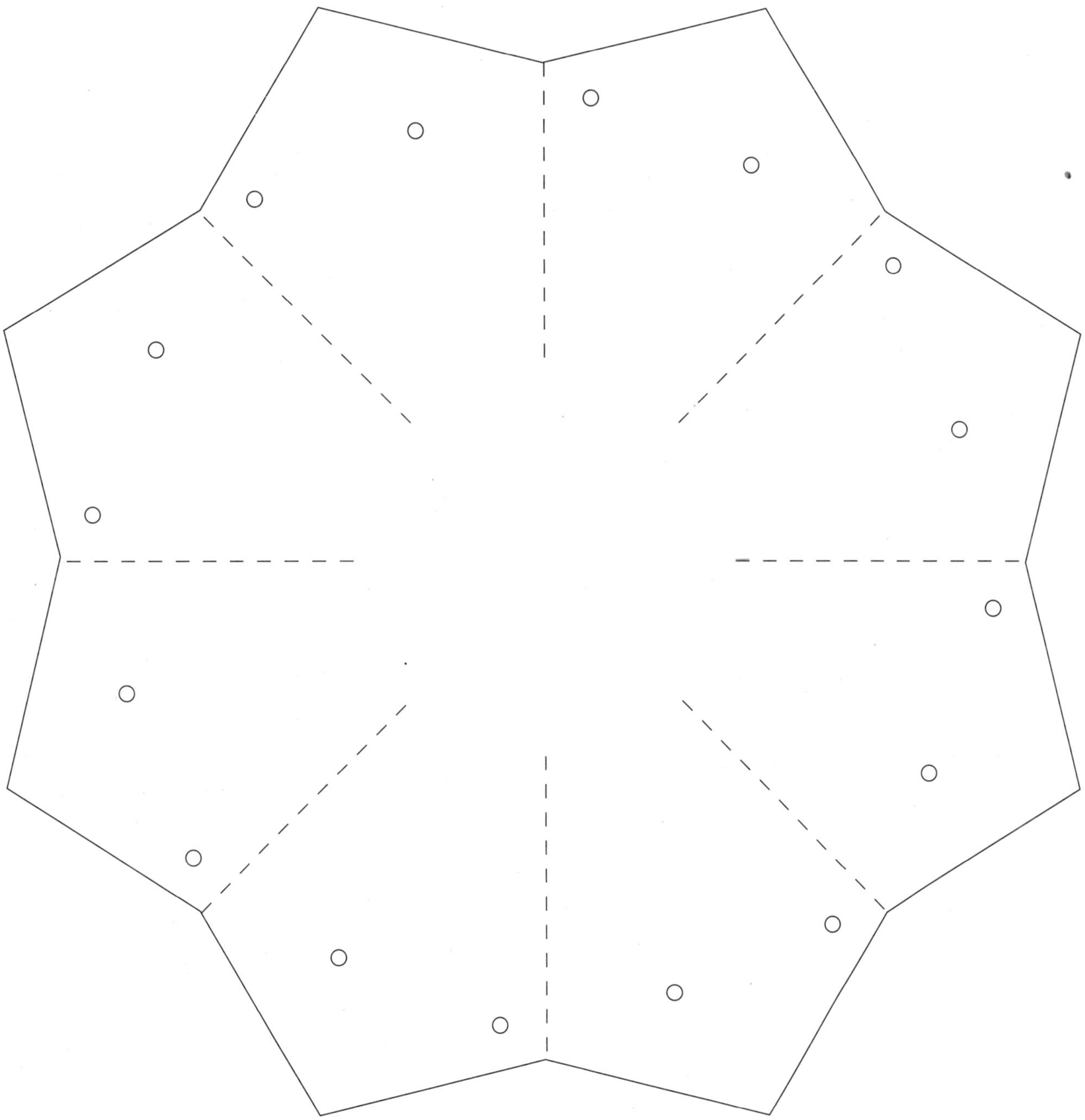

VORLAGE ZIERFISCH
VON SEITE 98

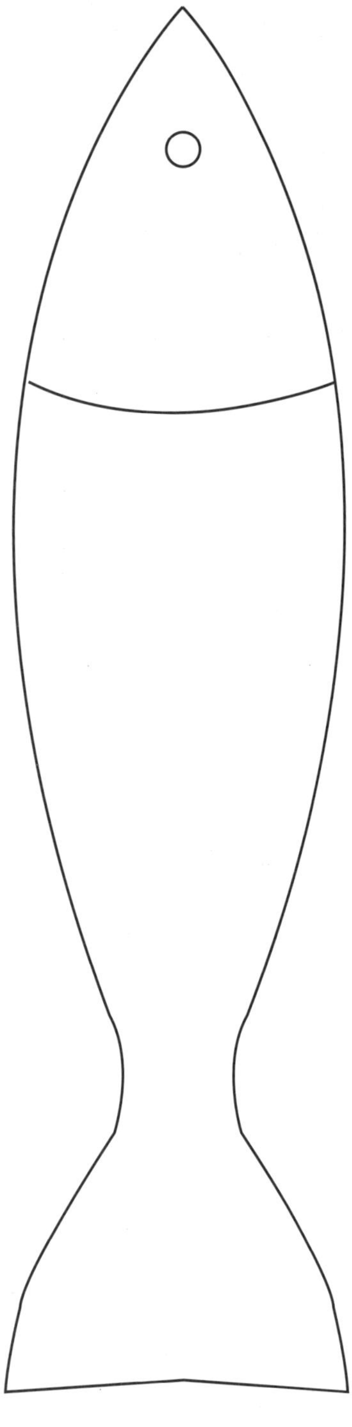

BLÄTTERVORLAGEN
VON SEITE 112

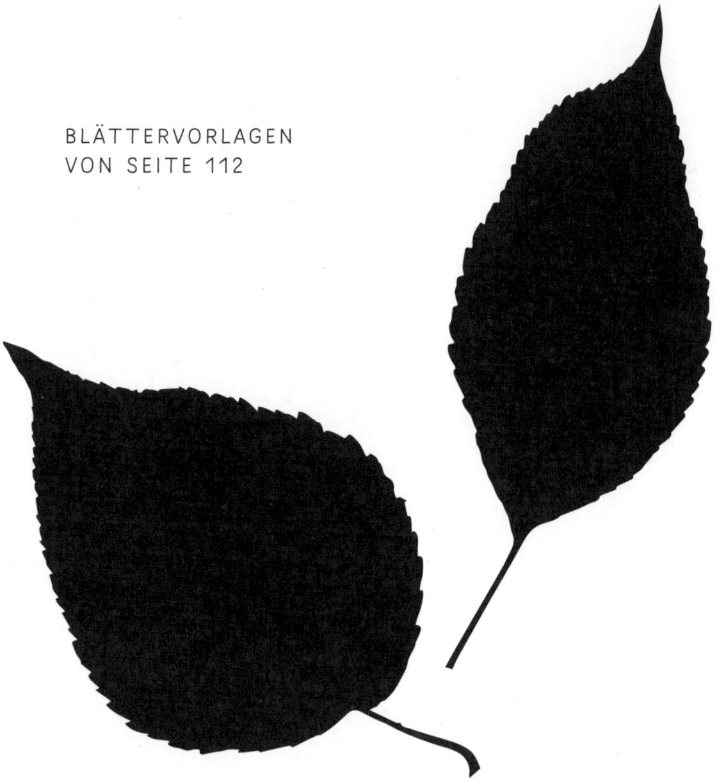

TIERSCHABLONEN
VON SEITE 44

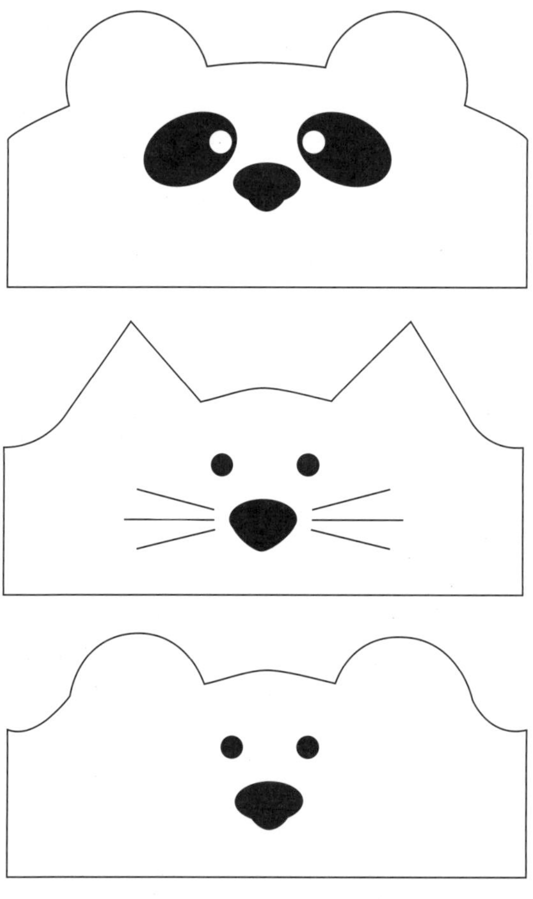

ANLEITUNG SCHLINGSTICH
VON SEITE 100

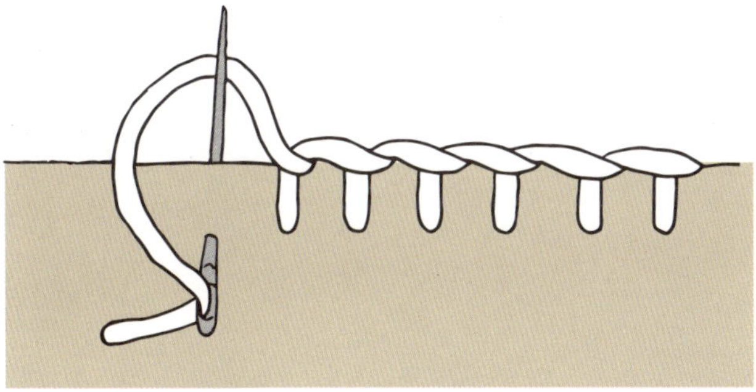

NADEL DURCH DEN STOFF NACH HINTEN FÜHREN, FADEN HINTER DIE NADEL LEGEN UND FESTZIEHEN, WIEDERHOLEN ...

ANLEITUNG ZUM BINDEN EINES FOTOBÜCHLEINS VON SEITE 94

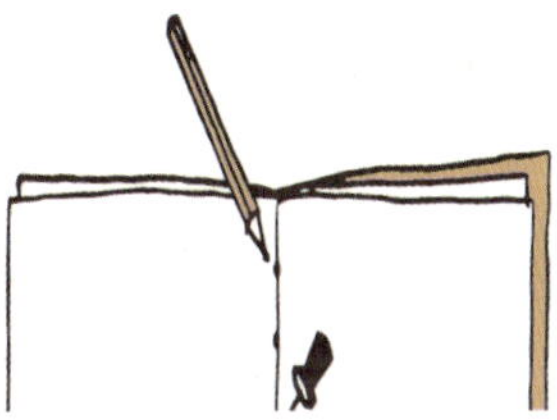

MIT EINEM STIFT MARKIERT MAN SICH DIE DREI PUNKTE IM FALZ. DIE ABSTÄNDE SOLLTEN GLEICH SEIN. ANSCHLIESSEND MIT EINEM PIEKSER DURCHSTECHEN.

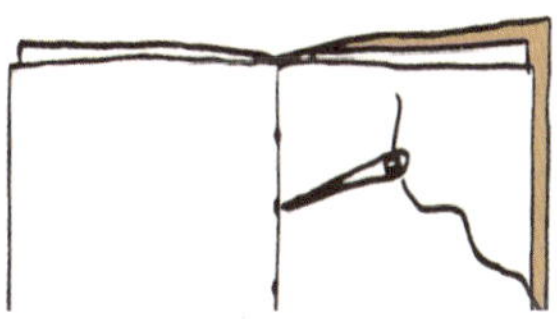

DEN STERNCHENSZWIRN MIT EINER NADEL VON INNEN DURCH DAS MITTLERE LOCH ZIEHEN. EIN CA. 6 CM LANGES FADENENDE STEHEN LASSEN.

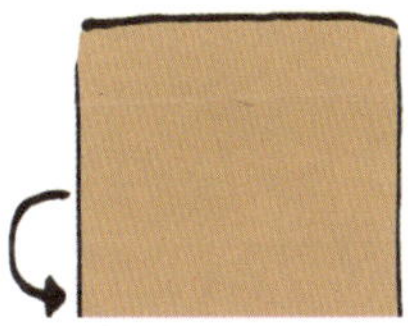

DANN VON DER AUSSENSEITE IN DAS UNTERE LOCH STECHEN UND DEN FADEN NACH INNEN HINDURCHZIEHEN.

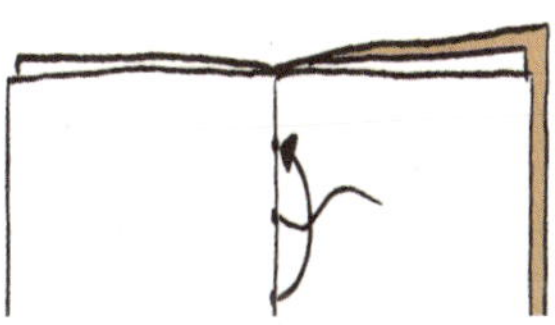

INNEN DANN ÜBER DIE MITTE IN DAS OBERE LOCH STECHEN UND DEN FADEN NACH AUSSEN ZIEHEN.

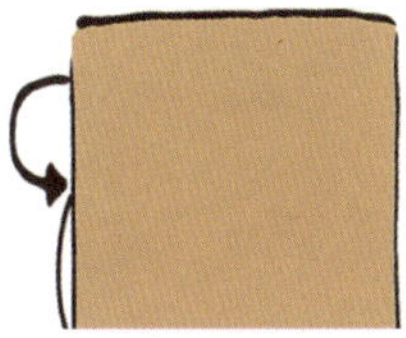

NUN VON DER AUSSENSEITE DEN STERNCHENZWIRN WIEDER DURCH DAS MITTLERE LOCH NACH INNEN ZIEHEN.

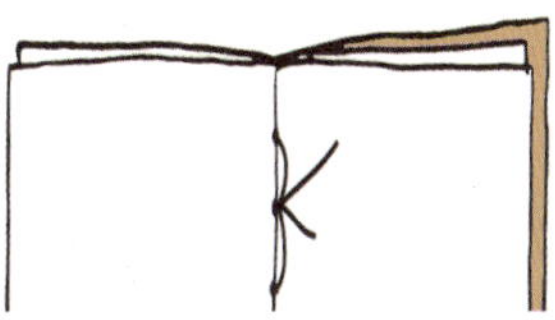

ANSCHLIESSEND DIE BEIDEN FADENENDEN GUT FESTZIEHEN UND MITEINANDER VERKNOTEN.

VORLAGEN DANISH HEART
VON SEITE 108

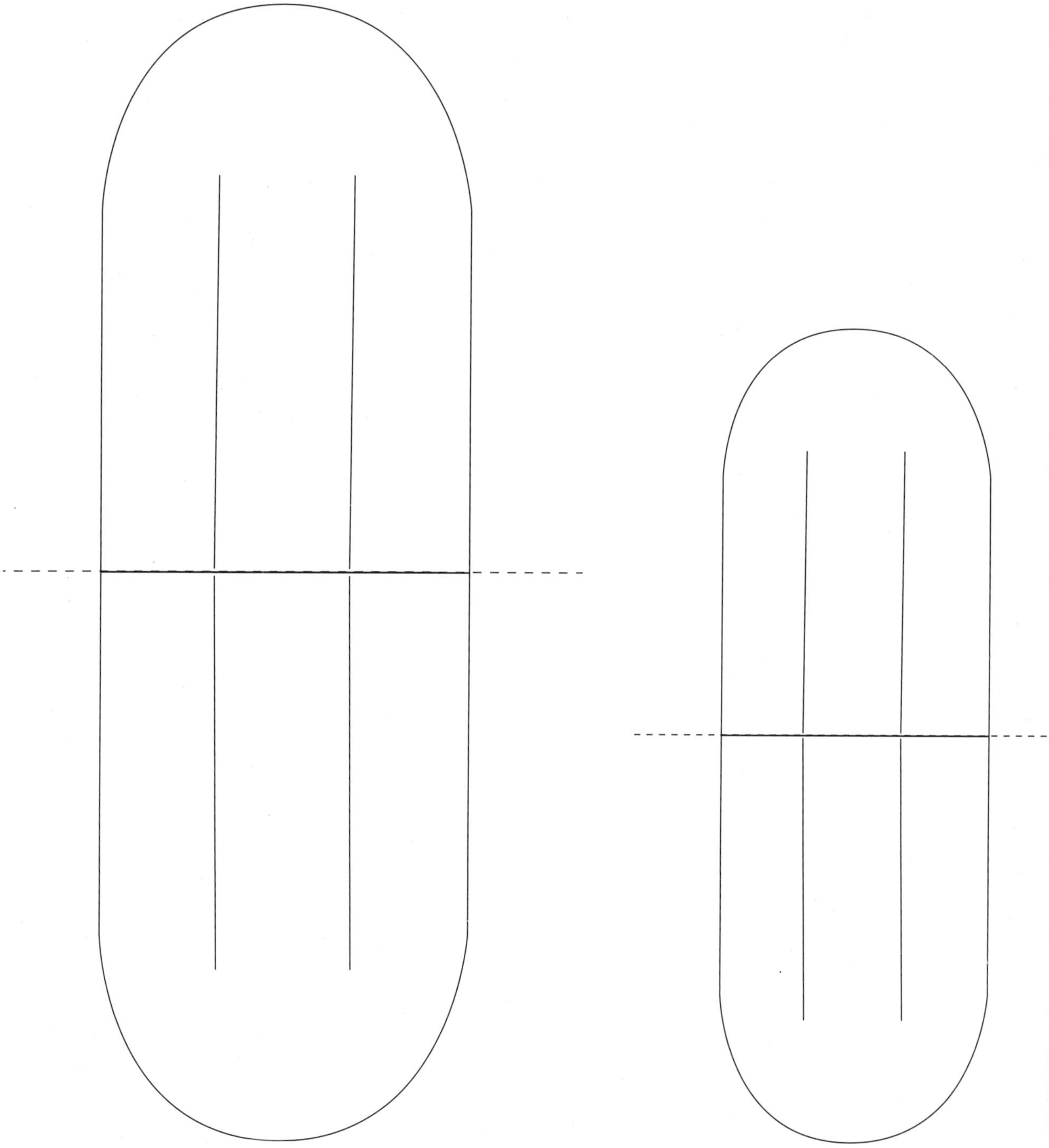

ANLEITUNG DANISH HEART
VON SEITE 108

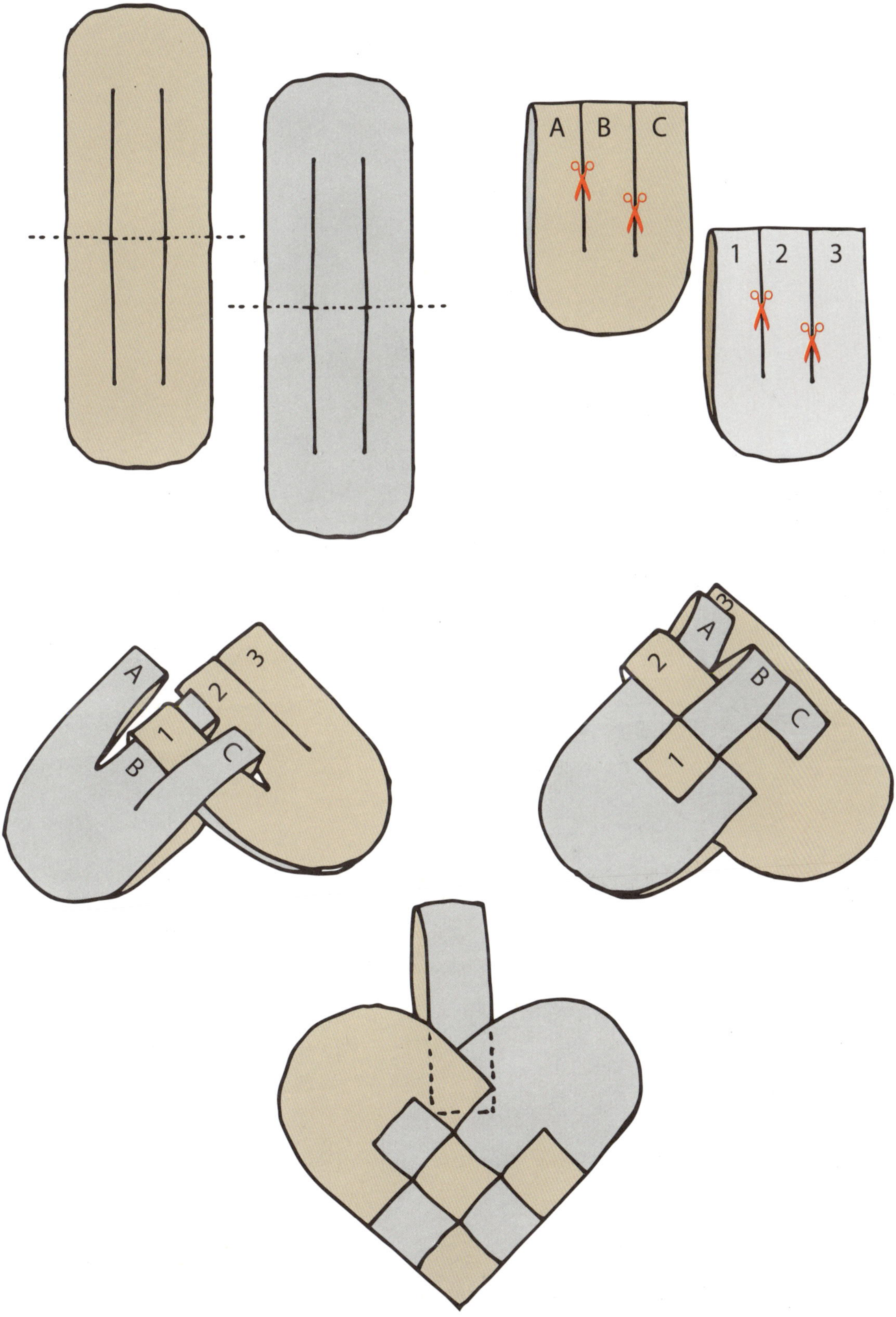

VORLAGE VISITENKARTEN-ETUI
VON SEITE 40

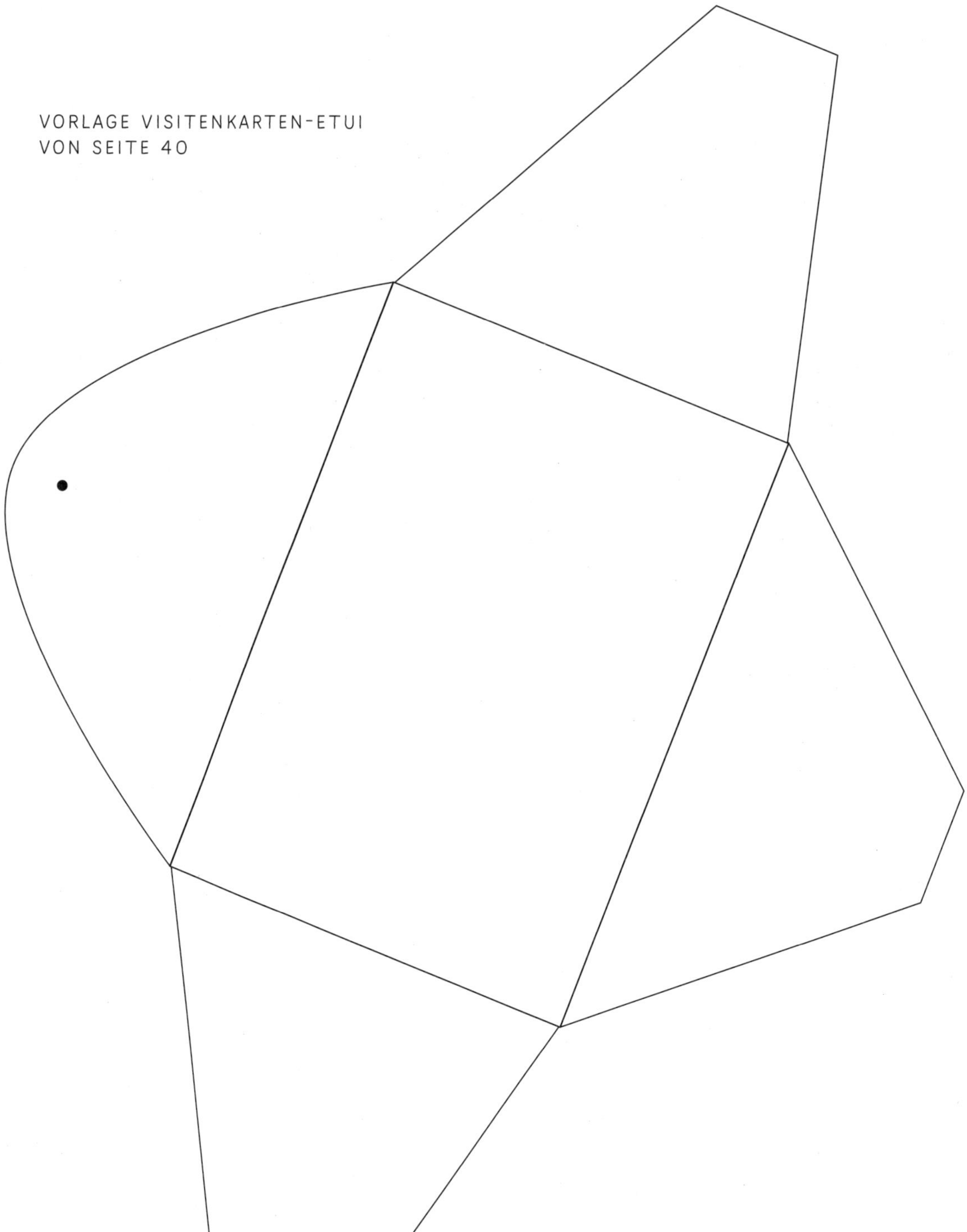

VORLAGE SECHSECKSCHALE
VON SEITE 32

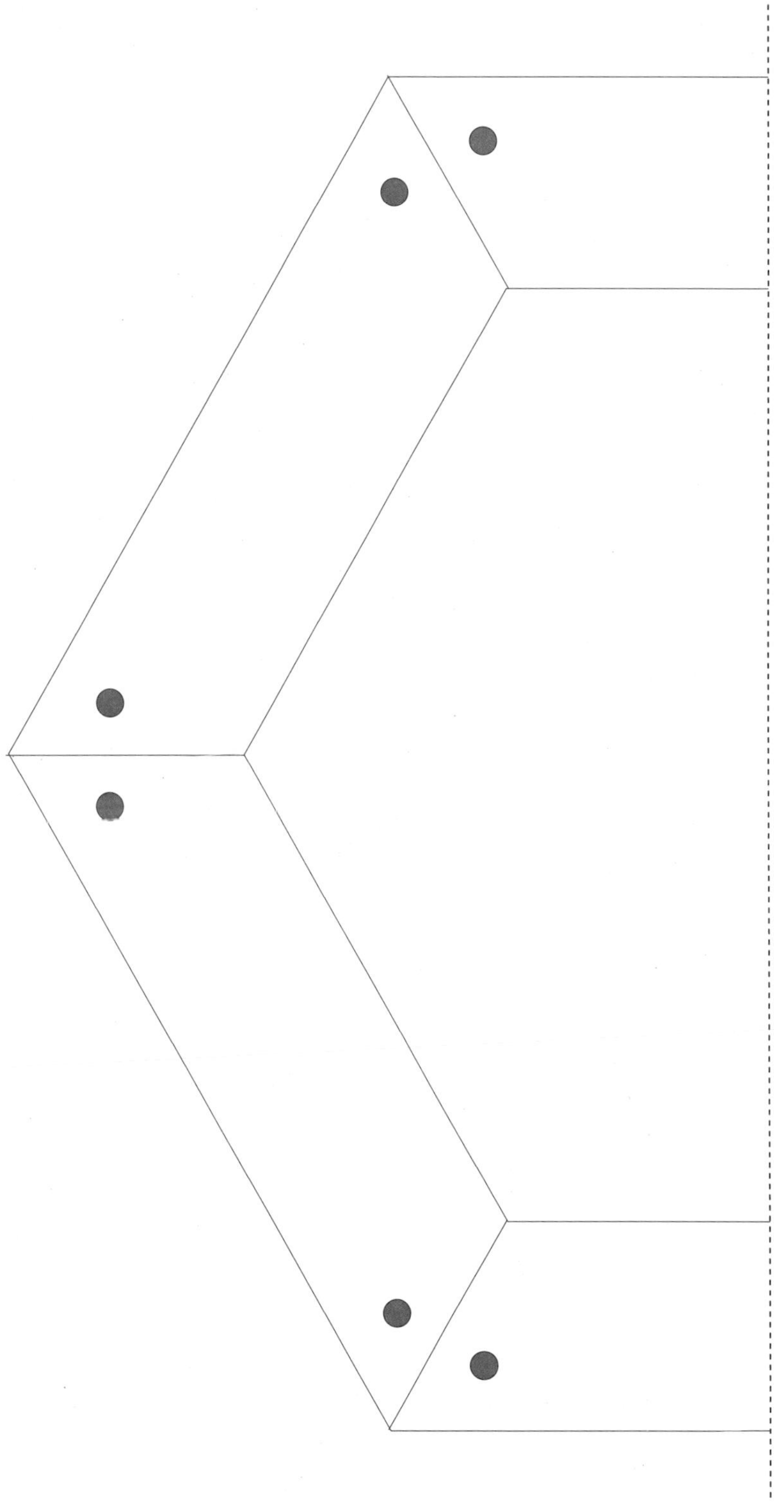

DRUCKVORLAGEN
VON SEITE 102

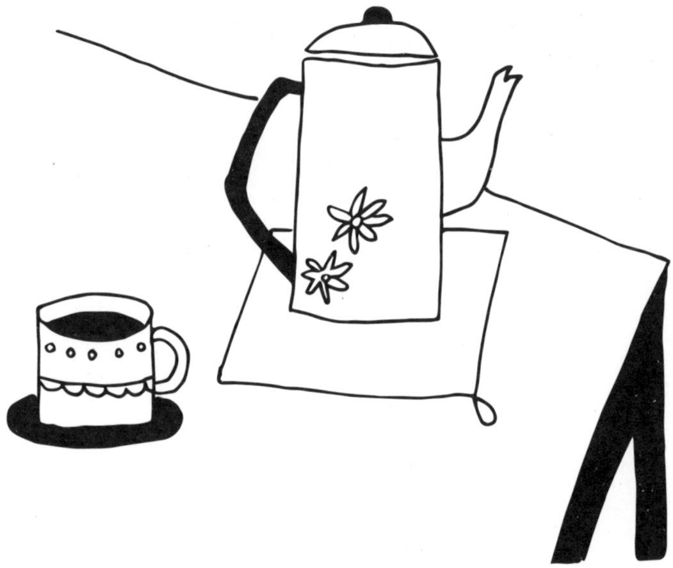

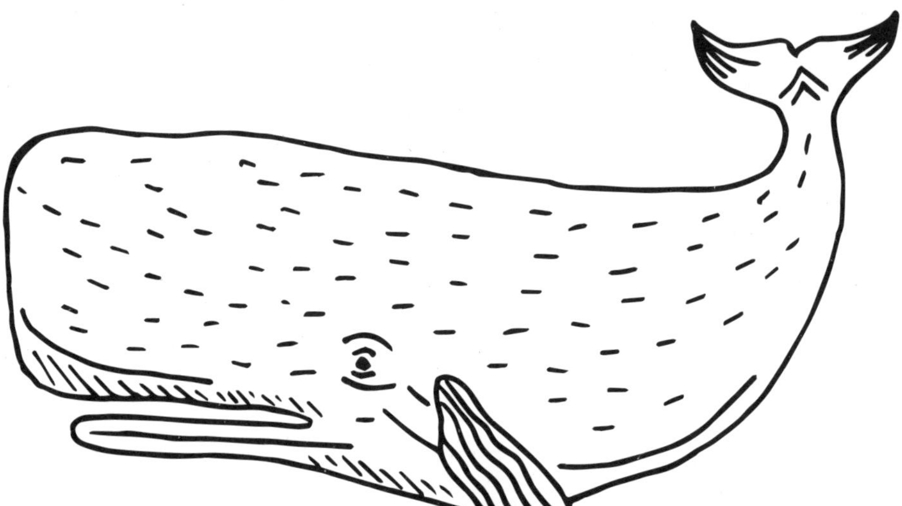

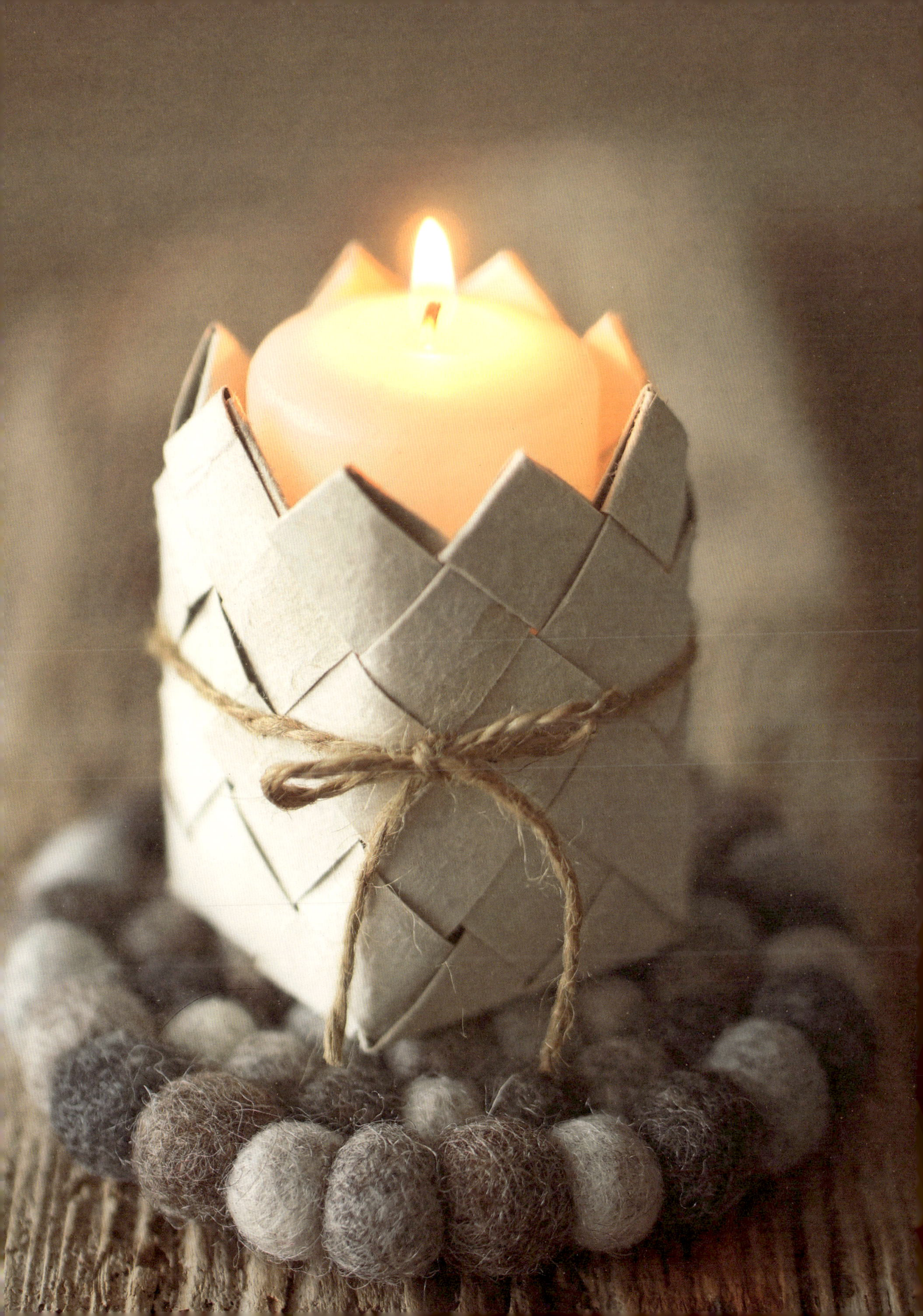

Impressum

Autorin: Ina Mielkau
Fotos und Grafiken: Ina Mielkau
Produktmanagement: Svenja Wiglinghaus
Lektorat: Sigrun Borstelmann
Korrektorat: Susen Truffel-Reiff
Umschlaggestaltung: Ina Mielkau
Layout und Satz: Ina Mielkau
Repro: LUDWIG:media
Herstellung: Julia Hegele
Printed in Türkiye by Elma Basim

★★★★★

Sind Sie mit diesem Titel zufrieden? Dann würden wir uns über Ihre Weiterempfehlung freuen. Erzählen Sie es im Freundeskreis, berichten Sie Ihrem Buchhändler oder bewerten Sie beim Onlinekauf.
Und wenn Sie Kritik, Korrekturen oder Aktualisierungen haben, freuen wir uns über Ihre Nachricht an Christophorus Verlag, Postfach 40 02 09, 80702 München oder per E-Mail an lektorat@verlagshaus.de.

Unser komplettes Programm finden Sie unter

www.christophorus-verlag.de

In diesem Buch wird aus Gründen der besseren Lesbarkeit das generische Maskulinum verwendet. Weibliche und anderweitige Geschlechteridentitäten werden dabei ausdrücklich mitgemeint, soweit es für die Aussage erforderlich ist.

Die Deutsche Nationalbibliothek verzeichnet diese Publikation in der Deutschen Nationalbibliografie; detaillierte bibliografische Daten sind im Internet über http://dnb.d-nb.de abrufbar.

ISBN 978-3-8388-3862-5

MIX
Aus vorbildlich bewirtschafteten Wäldern
FSC® C164814

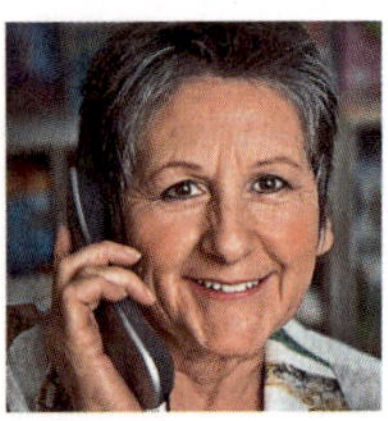

Kreativ-Service

Sie haben Fragen zu den Büchern und Materialien? Frau Erika Noll ist für Sie da und berät Sie rund um alle Kreativthemen. Rufen Sie an! Wir interessieren uns auch für Ihre eigenen Ideen und Anregungen. Sie erreichen Frau Noll per E-Mail: **mail@kreativ-service.info** oder Tel.: **+49 (0) 5052/91 18 58**

Besuchen Sie uns im Internet: www.christophorus-verlag.de